钱锺书
研究文库

客里为欢
事未胜

钱锺书与蓝田

吴勇前　著

河南文艺出版社
·郑州·

图书在版编目(CIP)数据

客里为欢事未胜:钱锺书与蓝田/吴勇前著. --郑州:
河南文艺出版社,2024.9
（钱锺书研究文库/陆建德主编）
ISBN 978-7-5559-1481-5

Ⅰ.①客… Ⅱ.①吴… Ⅲ.①钱钟书(1910-1998)-生
平事迹 Ⅳ.①K825.6

中国国家版本馆 CIP 数据核字(2024)第 017878 号

丛书策划	李建新
丛书统筹	王 宁
本书策划	王淑贵
责任编辑	王淑贵
责任校对	梁 晓
书籍设计	书籍/设计/工坊 刘运来工作室 徐胜男
责任印制	陈少强

出版发行	河南文藝出版社	印 张	9.25
社 址	郑州市郑东新区祥盛街 27 号 C 座 5 楼	字 数	210 000
承印单位	郑州市毛庄印刷有限公司	版 次	2024 年 9 月第 1 版
经销单位	新华书店	印 次	2024 年 9 月第 1 次印刷
开 本	889 毫米 × 1194 毫米 1/32	定 价	58.00 元

国立师范学院九思堂

钱基博与钱锺书于蓝田合影

師範有院內教育事業當其中心工作，各院無論教育之實施、個人教育其中，涵泳薰陶，愛敬所感，其中教育者養之最高。

日本論（寫宗霈生）

侯嘉璠

蒼哉！敢認爲新，何嘗有耶？貪罔營積以待時，言義以懲群隳世變而不能用其力；比不知無患，復數十百年之休養生氣，靜隳世變而不能用其力；一旦衆人樹起而我獨弱，出繪力以其承歟，未有不致返定新者；燕及其庶羞萬雄，廟堂之上，静隳無術，攻藥則力退，久暴師而用不足，顧長挽叛，厲力禦衝，其臘有術可以臻出本，無敵不克隳，昔在日本之初維新，勵精圖治，非俐熱也且其殘破甚如兵戰雖数十年；力以寬而克，氣以善而愈出一戰勝我再戰勝俄，然以及英美而大則師老西方疲、靜以倒戈、方徵李宇備鏡爭，莫之東京，而領士之愁心，方萬國角力爭先、力以寬而克，中國困於積弱，俄獨恃其論威來攻；迄東之強冷、河北之寬貪，

句。廬峯相見我比時惜

夜坐

獻存

和作

燕謀

和作

仁甫

和作

宗瓏

除夕

獻存

和作

顯之

和作

伯宜

寡園樹木

獻存

和作

伯宜

和作

顯之

前　　言

关于著名现代作家、文学研究家钱锺书的研究可以说汗牛充栋，但是对他 1939 年冬至 1941 年夏在蓝田国立师范学院的任教经历和生活介绍却简略或语焉不详，即使钱锺书传记类专著也是如此。是这段经历在钱锺书的一生中不重要吗？当然不是。

钱锺书在蓝田国立师范学院任教的经历，对他的人生和诗文创作、学术研究来说，都是极其重要的：

是他的性格由"狂"到"不狂"的转变期，是他思想感情更加丰富深厚的时期；

是他散文创作的重要收获期；

是他学术论文的发展期和学术著作的初始期；

是他诗作创作的一个高潮期；

是他小说《围城》的孕育期……

由于钱锺书在这时期写的日记和与杨绛的通信没有公开，致使以前有关钱锺书的众多传记对这段经历都是一笔带过，语焉不详。

本人通过广搜资料、深入调查，特别是深入挖掘国立师范学院的档案资料，2018 年出版了《钱锺书在蓝田》一书，该书对钱锺书在蓝田国立师范学院时期的诗文创作、学术研究、《围城》的孕育等有较深的挖掘，但对他性格的转变、思想感情的展示不够。

思想是人的灵魂，情感也是人的灵魂。没有思想的人，是行尸走肉；没有情感的人，则是木偶傀儡。写人物传记应充分展示传主的思想和情感，如此，传主才会是一个活生生的人。

杨绛在《记钱锺书与〈围城〉》里说："我认为《管锥编》《谈艺录》的作者是个好学深思的锺书；《槐聚诗存》的作者是个'忧世伤生'的锺书；《围城》的作者呢，就是个'痴气'旺盛的锺书。"这道出了钱锺书在蓝田国立师范学院时期丰富多彩的性格特征。

刘梦芙《二钱诗学之研究》中的《〈槐聚诗存〉初探》在引述上面杨绛的这段话后说："道及钱氏个性体现于多种著作中之不同侧面，然未融通——《谈艺录》《管锥编》岂非忧患之书乎？《围城》中岂止'痴气'，而无哀世之意乎？《槐聚诗存》中亦见作者之'好学深思'与'痴气'。若扼要言之，'忧世伤生'之情感，诚为贯穿《槐聚诗存》始终之主旋律，极能展现诗人之内心世界。"该文还说："而欲识钱翁之真性情，则当细读《槐聚诗存》，且钱氏深居高隐、避俗逃名之思想本源，亦时时流露于《诗存》中。"

范旭仑在《钱锺书的性格》一文里说："……钱锺书到湖南蓝田教书，《谈艺录》序云：'比来湘西穷山中，悄焉寡侣'；'涸阴乡里牢里客'，'偏教囚我万山深'，是彼时《槐聚诗存》的主题。"

因此，本书以钱锺书写于蓝田的诗文为纬线，以他在蓝田的生活经历与交往为经线，经纬交织，充分挖掘和揭示出他的思想感情,表现其性格的变化,力求较全面地展示出在抗战时期、在国立师范学院这一环境中的"这个"钱锺书来,以及他在这一时期的文学和学术成就。

钱锺书所处的蓝田国立师范学院的环境是有利于他进行学术研究和学术写作的。国立师范学院有丰富的典籍藏书;有一种"仁爱精勤"的校园文化氛围,学术气息浓厚;有情感相通、理解他、支持他的长者,有亲如兄弟或互为知音的同人,有一群仰慕他的奋发向上的学生。蓝田,这山区小镇,虽然离前线很近,差不多能闻到硝烟味,听到枪炮声,但它很安宁;它也并非偏僻之地,它地处湖南的几何中心,是当时湖南教育文化重镇,与外界的交通邮电是比较方便的,钱锺书在这里能与天南海北的朋友通信联系,能感知天下大事;同时,蓝田澎湃着抗日的浪潮,国立师范学院的教师大都怀抱"教育救国"的理想,学生大都立志读书不忘救国。在蓝田的钱锺书与就读清华、任教国立西南联合大学时的钱锺书性格上有巨大的转变;他欣赏美好河山、传承民族传统文化都有一种迫切感,生怕哪一天美好河山会遭到日寇的蹂躏,民族传统会被日寇篡改。这一时期,钱锺书"东海西海,心理攸同;南学北学,道术未裂",两者可打通的重要理论已形成,并付诸实践。当然,钱锺书来蓝田的颠簸流离是非常艰难的,在国师的生活也是艰苦的,两地分居的相思是深厚的。所有的这一切,给钱锺书带来了深沉的欢乐、忧愁与相思之苦,也给他的诗歌、散文、小说创作提供了丰富多彩的生活素材。

蓝田是钱锺书人生的重要转折点,是他文学创作、学术研究的重要驿站,是他忧乐相思之地。钱锺书来蓝田是有几分不情愿的,但离开后,他对蓝田是怀念的。

钱锺书在蓝田的文学、学术方面的成就在中国现代文学史上、学术史上都占有重要的地位,具有巨大的研究价值。可以这么说,不详细和深刻了解钱锺书在蓝田这段生活经历,对他思想性格的把握、对他的研究就难以做到全面、深刻。

吴勇前
2020 年元旦于涟源一中光明山下

目　录

1

一 辗转千里 心神交瘁

"记我行南浦,送君折柳,君逢驿使,为我攀梅。落帽山前,呼鹰台下,人道花须满县栽。都休问,看云霄高处,鹏翼徘徊。"这是辛弃疾《沁园春·送赵江陵东归再用前韵》里的词句。1939年夏,即将而立的钱锺书面对重要抉择,可能也曾独自徘徊。

是继续去昆明由当时的国立北京大学、国立清华大学、私立南开大学组建的西南联合大学任教,还是去刚创建的位于今湖南省涟源市蓝田街道光明山的国立师范学院(简称"国师")任教?

钱锺书(1910—1998),字默存,号槐聚,笔名中书君,中国学者、作家。1910年11月21日(农历十月二十日),出生于江苏无锡的一个教育世家。父亲钱基博(字子泉)是文学家,1938年在国师任国文系教授兼系主任。钱锺书1933年毕业于清华大学外文系,后在上海光华大学任讲师。1935年,以第一名成绩考取英国庚子赔款公费留学生,去英国牛津大学艾克赛特(又译为"埃克塞特")学院英文系学习。1935年与妻子杨绛(本名杨季康)同赴英国。1937年,获英国牛津大学B. Litt学位后,又去法国巴黎大学研究一年。1937年12月南京沦陷,国家到了生死存亡的关头;1938年3月德国吞并了奥地利,第二次世界大战爆发在即。同年秋,钱锺书与杨绛和女儿乘法国游轮回国。钱锺书在动身回国之时,就接到西南联合大学文学院院长冯友兰的复函,破例聘请他为外文系教授,月薪三百元。钱锺书喜出望外,船到香港便先行下船,经越南海防市转到云南昆明。杨绛和女儿回到上海,住在法租界里的霞飞路来德坊其父亲租住的房子里。

1939年西南联合大学一放暑假,钱锺书就立刻回到上海。这时,钱锺书的女儿圆圆两岁多,钱锺书每天"老鼠哥哥同年伴"地没大没小地陪她玩儿,陪她一起淘气,享受着天伦之乐。但暑假刚过一半,钱锺书接到父亲从蓝田国师寄来的信,信上说希望钱锺书到国师去任教,顺便照顾他。

"人往高处走,水往低处流。"杨绛希望丈夫能成就一番文学、学术上的事业。20世纪40年代,为了钱锺书有充裕的时间创作长篇小说《围城》,她承担家务,劈柴烧饭洗衣,甘做一个"灶下婢"。此时,自然不愿丈夫去蓝田,认为公公钱基博不过是以照顾他为借口,要钱锺书去国师任教,因为国师是1938年下半年创办于当时的安化县蓝田镇(今为涟源市蓝田街道)的一所新学院,地处偏僻的山区小镇,聘请教师不易;还认为钱锺书如果辞职他就,以后要再回到清华去任教就难了。[1]

但是,钱锺书家里的人对此事一致沉默,让钱锺书自己看着办。对于书香之家的人来说,百善孝为先是懂的。不理父亲的要

---

〔1〕吴学昭.听杨绛谈往事.北京:生活·读书·新知三联书店,2008.

求,就是孟子所指责的"不得乎亲,不可以为人;不顺乎亲,不可以为子"。国师处于偏僻之地,但是两千多年前的庄周就说"事其亲者,不择地而安之,孝之至也"。

钱锺书当然懂得这些道理,但他也知道知遇之恩当衔环以报,不能"负母校庇荫之德"(钱锺书给西南联合大学校务委员会常委兼主席梅贻琦信中之语),只在西南联合大学教了一年书就辞职他就。

但是,能不去国师吗?作为钱氏三家(钱基成、钱基博、钱基厚)的长子,其堂兄弟十人,能不做出孝顺的表率吗?并且其父亲钱基博确实长期患有心脏硬化病,肋间神经常常作痛,此时已52岁了。在中国人的平均寿命还不高的年代,确实是老人了。虽然在国师有钱基博的学生做他的助教,兼照顾其起居,但是有亲人在身旁,会有任何人无法替代的天伦之乐和亲情的慰藉。

当时,国师院长廖世承在暑假时回到上海聘请教师,并带来聘书,聘请钱锺书为国师英文系教授兼系主任,月薪四百元。[1]

9月中旬,钱锺书写信给西南联合大学外文系主任叶公超,说他因老父多病,需要照顾,下学年不能到校上课。这不是一封辞职信而是请假信,但是一个月中没有收到叶公超的回复。于是,11月1日,钱锺书便告别妻子、女儿和其他亲人,和国师在上海聘

---

[1]蒋洪新《〈围城〉内外故事:钱锺书与国立师范学院》:"笔者在湖南档案馆查到钱锺书当年在国立师范学院教员调查表两份,其中写道:钱锺书,男,别号默存,年龄三十,籍贯江苏省无锡县,已婚,到职年月民国二十八年八月(笔者按:这是以廖院长发聘书为准),学历国立清华大学文学学士,英国牛津大学 B. Litt,法国巴黎大学研究生经历;有光华大学讲师、中国评论周报编辑、西南联大教授、牛津大学东方哲学宗教丛书特约编辑。教员职称教授,担任教学系科及课程英语;职员职称系主任,月薪四百元。备考中华民国三十年七月满辞职。"据此,可知廖世承是携带着聘书去上海的。

请的沈同洽、徐燕谋、周缵武、张贞用等教师一起离开上海,前往蓝田,随行的还有去当时搬迁到湖南辰溪的湖南大学任教的邹文海。

从上海到今湖南省涟源市蓝田街道有 1200 多公里,如果乘坐快速火车是 1 天 16 小时 33 分;如果坐高铁,从上海虹桥到娄底南仅 6 个多小时,再从娄底南打车到蓝田 1 个小时左右;如果是自驾,全程 13 小时左右。但在当时交通不发达又是战火纷飞的年代,则不是一次轻松的旅行。对此,钱锺书有心理准备,他临行前有诗《叔子赠行有诗奉答》:

> 勤来书札慰离情,又此秋凄犯险行。
>
> 远出终输翁叱犊,漫游敢比客骑鲸。
>
> 已丁乱世光阴贱,转为谋生性命轻。
>
> 与子丈夫能壮别,不教诗带渭城声。[1]

叔子,原名冒效鲁,1938 年,钱锺书携妻女乘法国游轮回国,与他相识于船上,两人一见如故。他写诗为钱锺书送行,钱锺书写此诗作答。

给朋友的作答诗中如是说,但与家人离别时的心情则是不同,请看钱锺书的另一首《待旦》诗:

> 梦破抛同碎甑轻,纷拿万念忽波腾。
>
> 大难得睡钩蛇去,未许降心缚虎能。

---

[1]钱锺书.槐聚诗存.北京:生活・读书・新知三联书店,2003.

市籁咽寒方待日,曙光蚀黯渐欺灯。

困情收拾聊申旦,驼坐披衣不语僧。[1]

这首诗写的是钱锺书临行前一夜难眠的情景:

梦醒如古代孟敏抛弃已破的饭甑、连头也不回就离开这般容易,但千思万念纠结心头,像波涛迅速翻腾。

万念如毒蛇,很难把它钩去,好不容易才安心睡下,守心虽如缚虎那样难,但也能做到,而摒除心中的千思万念却不可能做到。

等天亮,听到市井传来滞涩的竹箫声,顿感凄凉,望窗外,曙光慢慢遮掩了灯光。

披衣起坐,静静地如一个不问世事的人。

人未行,离愁别绪已塞满了心中,而路途中的艰难更是出乎想象。

张贞用到国师后,在院刊上发表了一篇《前后湘行百绝自序》,回忆了他被聘以及与钱锺书等人来国师的经历。文中说"浮海而北(按:应为"南"),抵浙之鄞县,乃诞登于陆,自奉华(奉化)之溪口,走嵊县、长乐、永康、金华,以达赣之上饶、贵溪、鹰潭、临川、南丰、广昌、宁都、太和、吉安,遂入湘,而历茶陵、耒阳、衡阳、宝庆以至蓝田,经三省五千里,历一月又四日,路非不远,时非不久也。……"[2]后来钱锺书在《围城》里记叙了方鸿渐等五人从上海出发到达三闾大学的行程:经宁波、溪口,过金华、鹰潭、南城、宁都、兴国,滞留吉安,从界化陇进入湖南,来到邵阳,第二天

〔1〕钱锺书.槐聚诗存.北京:生活·读书·新知三联书店,2003.
〔2〕张贞用.前后湘行百绝自序.国师季刊,1941.

下午就到了学校。这行程线路与《前后湘行百绝自序》里所描写的大致相当。《围城》第五章里所描写的方鸿渐们一路上的艰辛就是这群人辗转几千里的真实反映。

徐燕谋也写了一首长诗《纪湘行》，生动地描述了从上海到蓝田的艰辛历程。乘船离沪，一路惊险不断，"晚出吴淞口，废垒撑空阔。寒风厉鬼号，余霞凝碧血。波涛上薄天，天怒向下遏。羲和亦既疲，海天任劫夺。行行入浑茫，终夜听澎湃。明旦船头望，越山峙屹屹。海疆千万里，浙闽仅未撤。双目久昏瞀，快意今一豁。短短溪口道，狼狈不可说。孟冬潦水尽，齿齿乱滩出。怪石伺水底，犬牙竞凹凸。篙师蛙曝肚，尺寸嗟力竭。纤者虫爬沙，首俯仅见胐。两岸有好山，云气幻奇谲。惜我怀抱恶，过眼吝一瞥"。

在江口换上了行驶缓慢的汽车，"不意风雨来，驰骤万马疾。仆夫苦推挽，泥泞胶车辙。后车撞前车，五步一颠蹶。久坐疲吾神，酸楚渐彻骨。转觉蓬底宽，腰腿容伸屈。俄顷暝色合，十程犹六七。暗中扪有我，身外俱相失。淋漓透重棉，寒气侵短褐。道旁多沟渠，同行顶几没。深夜到逆旅，酒肴粗罗列。各自抚惊魂，对食空呜咽"。

到浙江省奉化溪口，一行人停下来，兴致勃勃地游览雪窦山。雪窦山山水俱美，众人精神为之一振。钱锺书用《游雪窦山》一组诗记录当时的所见所闻所感。诗曰：

兹山未识名，目挑心颇许。

入户送眉青，犹湿昨宵雨。

云南地即山，践踏等尘土。

江南好山水，残剩不吾与。
自我海外归，此石堪共语。
便恐人持去，火急命游侣。
天教看山来，强颜聊自诩。

天风吹海水，屹立作山势。
浪头飞碎白，积雪疑几世。
我尝观乎山，起伏有水致。
蜿蜒若没骨，皱具波涛意。
乃知水与山，思各出其位。
譬如豪杰人，异量美能备。
固哉鲁中叟，只解别仁智。

山容太古静，而中藏瀑布。
不舍昼夜流，得雨势更怒。
辛酸亦有泪，贮胸肯倾吐。
略似此山然，外勿改其度。
相契默无言，远役喜一晤。
微恨多游踪，藏焉未为固。
衷曲莫浪陈，悠悠彼行路。

田水颇胜师，寺梅若可妻。
新月似小女，一弯向人低。
平生寡师法，开径自出蹊。
擘我妻女去，酷哉此别离。

老饥方驱后,津梁忽已疲。

行迈殊未歇,且拼骨与皮。

下山如相送,青青势向西。[1]

第一首写的是,来到雪窦山前,发现雪窦山太有情了,还没来得及欣赏它,它却如人以目传情。昨晚下了雨,今天草木上还是湿漉漉的;山更青了,满眼都是翠绿的,不禁想起云彩之南(不是指云南省)那地方,山多地少。但江南美好山河,如果被日寇占领,我们就不能够与它在一起了。自从我从海外留学归来,只有此山可以相互倾谈。我也担心它会被日寇占领去,于是赶快邀请朋友一起来游览。命运安排我们来游览这雪窦山,强作欢颜来夸夸它。但这欢颜里蕴藏的是满满的对山河破碎的担忧。

第二首诗写的游览之中,钱锺书不知不觉被雪窦山壮美的景象陶醉了,忘了痛苦,心灵又进入哲理的王国,想到孔子一句充满哲理的话——"知者乐水,仁者乐山;知者动,仁者静;知者乐,仁者寿"。

在第三首诗里,山中的瀑布又勾起了钱锺书的感触,"辛酸亦有泪,贮胸肯倾吐",还遗憾来这里游览的人多,担忧这山也藏不住了。

什么事勾起辛酸泪呢?第四首诗里告诉人们原来是寺中的梅树,使钱锺书想起了梅妻鹤子的典故,想起了自己的妻子;从一弯新月,想起自己的小女儿,心中又涌起离别之苦:"擘我妻女去,酷哉此别离"。行程还远,身心本已疲惫,但还要拼一身皮与骨。

---

[1]钱锺书.槐聚诗存.北京:生活·读书·新知三联书店,2003.

让我们再回到徐燕谋《纪湘行》诗中。游雪窦山后，他们一行人又乘坐老旧汽车进入炮火中的江西鹰潭，一路上惊心动魄："鹰潭俯要冲，最与战声密。虚惊日夕至，谣诼难究诘。侧闻南昌敌，负隅逞横猾。狡焉思南侵，伺隙来飘忽。"真想尽快过去，但"新车载熊罴，旧车无轫轹"，人急车急不得。只见沿路尽是逃难的人，惨况不忍睹："创伤在道路，扶携自相恤。断臂粗络缠，折足强跛躄。巨痛不用诉，斑斑征衣蔑。瘦面笑似哭，不怒眦亦裂。念彼皆人子，医药何可缺。"

一行人来到江西宁都，倒在旅店床上，钱锺书又梦见了小女儿在四处寻找父亲，现在是谁带你越过千山万水来看我呢？你还是一个大人不准单独出门庭的小孩儿。……正要责备女儿，一下就从梦中惊醒了。

惊醒后，钱锺书一定还在久久地回味着这个梦，于是翻身爬起来，用《宁都再梦圆女》诗记下这个梦——

> 汝岂解吾觅，梦中能再过。
>
> 犹禁出庭户，谁导越山河。
>
> 汝祖盼吾切，如吾念汝多。
>
> 方疑背母至，惊醒失相诃。[1]

一行人一路颠簸到了吉安。吉安西接湖南省。虽然快进湖南了，但钱锺书这一行人因雨和到邮局领取国师寄来的盘缠而在此滞留了7天。远行最怕下雨，一行人只好在旅店里的楼上听

---

〔1〕钱锺书. 槐聚诗存. 北京：生活·读书·新知三联书店，2003.

雨,不禁想起宋代词人吴文英《唐多令·惜别》词句所说的:"何处合成愁? 离人心上秋。纵芭蕉、不雨也飕飕。都道晚凉天气好,有明月、怕登楼。"

羁旅的离愁,和对家人的深深思念之情,使他记起宋朝词人姜夔《点绛唇·丁未冬过吴松作》有词句曰:"燕雁无心,太湖西畔随云去。数峰清苦。商略黄昏雨。"雨停了,他站在露天中看暮色中的远处山峰一个个云雾蒸腾,萧瑟愁苦,也好像在商量黄昏是否还要下雨呢。眼前的风物虽然在上海难以看到,但这是他乡之景,有什么值得留恋的呢?

旅途中羁留他乡的 7 天,度日如年。这愁闷之情就镕铸在《吉安逆旅作》诗中——

> 听雨居然此亦楼,潇潇心上合添秋。
>
> 空因居独生深念,未为闲多得小休。
>
> 清苦数峰看露立,蒸腾一突对冥搜。
>
> 眼前风物无堪恋,强挽诗人七日留。[1]

7 天之后,领取了国师寄来的盘缠,一行人继续艰难地西行。让我们再回到徐燕谋的《纪湘行》诗中——

仍旧乘车前行,一路颠簸难受,遭罪不少:"匆匆过南丰,及尝霜林橘。平生曾子固,瓣香竟未热。车行历崎岖,疾徐漫无节。上坡蜗缘墙,下坡鹿惊栝。时或折其轴,时或脱其辖。人处车厢中,若指之受捽。男履错女舄,痴突互填轧。衣襟污呕吐,行李纷

---

〔1〕钱锺书.槐聚诗存.北京:生活·读书·新知三联书店,2003.

撞碎。壮夫烂漫睡,张口出水鳜。老弱伛偻立,缩头入瓮鳖。承平仁义伸,艰危礼让诎。"战火留下的惨景使人悲痛万分:"我观车所经,原野颓坱圮。十里断炊烟,荆榛未剪伐。"一行人的一路苦况也一言难尽:饥肠辘辘,"艰难抵庐陵,囊空如洗括。街头食薯蓣,饿极胜崖蜜。羞为识者见,背面吞且噎";夜宿难眠,"床头白皑皑,谁辨霜与月。晨起着敝袷,洞穿饥鼠啮"。[1]

终于到了邵阳,距蓝田只70公里左右了,两天就可到达,心情才轻松起来。

对这段艰辛的行程,钱锺书在给西南联合大学总务长沈履(即沈茀斋,杨绛的堂姐夫)的信中也感叹道:"十月(按:农历十月)中旬去沪入湘,道路阻艰,行李繁重,万苦千辛,非言可尽,行三十四日抵师院,皮骨仅存,心神交瘁……"[2]在写《谈艺录》第56则时,钱锺书还念念不忘,先引用了清末著名诗人、学者、经学家郑珍(字子尹)的《自沾益出宣威入东川》诗:"出衙更似居衙苦,愁事堪当异事征。逢树便停村便宿,与牛同寝豕同兴。昨宵蚤会今宵蚤,前路蝇迎后路蝇。任诩东坡渡东海,东川若到看公能。"然后感慨地说:"郑子尹余读之于心有戚戚焉。军兴而后,余往返浙、赣、湘、桂、滇、黔间,子尹所历之境,迄今未改。形羸乃供蚤饱,肠饥不避蝇余;恕肉无时,真如士蔚所赋,吐食乃已,殊愧子瞻之言。每至人血我血,掺和一蚤之腹;彼病此病,交递一蝇之身。子尹诗句尚不能尽焉。"[3]钱锺书一路受的苦比郑子尹诗中

〔1〕徐燕谋. 纪湘行. 涟漪诗社. 涟河旧雨. 涟源:1999.
〔2〕杨绛. 钱锺书离开西南联大的幕后实情. 杨绛. 杂忆与杂写. 北京:生活·读书·新知三联书店,2015.
〔3〕钱锺书. 谈艺录. 北京:生活·读书·新知三联书店,2007.

所描写的更甚。

其实,来国师就学和任教的学生和教师大多有一段艰险的经历。国师 1938 级学生余泽清在《就学师院沿途见闻记》中是这样描述他从福建来蓝田的——

予身走千里,不以战局突变,夺我求学之志,由闽经赣来湘,就学蓝田之国立师院。备尝险阻,历尽风霜,终能安抵校中,亦平生之快事也!……慷慨离闽,铤而走险,自邵武至南昌。途次已入战时状态,渐近前线,但见如潮之难胞后撤,而如余之向前行者,寥寥可数!车过温家圳,遭敌机追逐,乃弃车避匿,同车某于当时蒙难焉!站旁列车,被燃烧弹焚毁,火光烛天,深为悲愤。自南昌到株洲情形相仿,时车行已失常规,仅疏散人口运输军士之列车得先驶,更感行路难矣!途中凡换车五次,费时三日,又曾偷搭兵车,夜睡军米车之顶,因欲避敌机袭击,敌机反而夜出。又以被褥为累,弃之萍乡;终附煤车抵株洲。适长沙大火之次晨也!时客车已无,军运益繁,难民多,而撤退之文武官员更多;于是以重资雇脚夫,担行李,过湘潭,素以小南京著称者,今成死城矣!十室九空,旅社饭馆皆停业。是夜乃强住于某民家,询知再西行,无汽车、火车、人力车可以代步,更无挑子担送行李,于是此千里伴我之书籍文具,将以助其为学者,再度遗弃,以减行箧之重。终以己力自背小包,鼓最后之勇气,步行数百里,遥抵蓝田;望见吾校蓝地白字之指路牌,欣然而呼曰:到矣!及入校,知报到办理入学手续者,予且为第一也！[1]

国师1938级刘炳信在《来校途中见闻记》中记叙了途中遇到与《围城》第五章所写的侯营长私带旅客发国难财一样的令人忧愤的事：

> 国事蜩螗，中原板荡，敌骑纵横，兵火连天；当此之时，余跋涉关山，险艰备尝。负笈以来，其途中所历险巇，与夫伤心惨目之事，固非笔墨所可形容矣。……（车上）坐未定，忽一军官以纸烟授余，余却而谢之。询其姓氏，始知其为广东人，姓胡名人杰，现任195师营长之职；并谓其先在莫师长部下充连长，后因莫师长贪图日人2500万之巨金，甘心卖国；羞与为伍，遂投效来此。言时声色俱厉，目眦发指，车中人闻之，莫不义愤填膺，切齿痛骂。余亦不觉椎胸太息，慨叹久之。俄而车抵株洲，车中人纷纷下车；余亦与同伴散步月台，见两旁伤兵杂卧，宛转呻吟；而市屋倒塌，仅存寥寥，满目苍凉，睹之心伤；吾民何辜，荼毒至此，彼苍者天，曷其有极！不久车复前行，经两小时，抵易家湾。余等本欲取道湘潭，遂下车至汽车站，询诸站长，始知因时局紧张，车已停驶。时则头昏眼花，惫不可支；然已夜深，求宿不得；遂在檐下小眠。风栖露宿，劳者欲休，亦胜温柔乡中多矣！已而东方发白，遂至河畔改乘帆船；一番风帆，半日达湘潭。亦以长沙大火之影响，谈虎色变；市面冷落，昔日繁华，一旦萧索。谁实为之，而至于此！下午发警报，人心益浮动，余遂

---

[1]蓝田：国立师范学院.国师季刊,1939.

乘火车往谷水进发……[1]

　　这是冒着战场硝烟而来的,绕道后方而来的也如此。61岁的国师教师章慰高在《自桂黔川鄂至湘西蓝田七绝诗38首》记叙了他从上海至香港,再经三水、梧州、柳州、桂林、贵阳、重庆、宜昌、沙市、藕池、南县、沅江、靖港、长沙、湘潭,方达蓝田国师,路程八千,为期三月,差不多绕了中国南方一个大圈,比钱锺书一行人经三省五千里,历一月又四日还要艰辛。诗中还记叙了“一路所经,先后遇空袭虚惊十九次,闻轰炸声,仅梧州、柳州、重庆三次耳”。柳州三次,作七绝两首记载了当时惊恐万分的情景,其诗曰:

　　　　柳江空袭作三回,两度虚惊未遇灾。
　　　　最后下车惟伏地,频闻轰炸响如雷。

　　　　航空校舍起浓烟,趋避无方伏野田。
　　　　远望敌机如鸷鸟,几回来去几盘旋。[2]

　　读了这些记叙,再读《围城》第五章,就更能体会到方鸿渐一行人辗转几千里的艰难。

　　杨绛在《记钱锺书与〈围城〉》里说:“我没和锺书同到湖南去,可是……锺书到湖南去,一路上都有诗寄我。……”吴忠匡在《记钱锺书先生》中也回忆说:“他从上海来湘西,路途所经即写进

〔1〕蓝田:国立师范学院.国师季刊,1939.
〔2〕蓝田:国立师范学院.国师季刊,1939.

《围城》中的那段旅程,他都有诗作。到了蓝田,就把这一册旅程诗稿交给我,我给他在小镇上仅有的一家小印刷所用折子本印行了二百份,他自署《中书君近诗》。"[1]遗憾的是,这些诗在《槐聚诗存》里只收录了《游雪窦山》《宁都再梦圆女》《吉安逆旅作》《耒阳晓发是余三十初度》等四首(组)。

12月4日,除邹文海一人继续西行去辰溪外,其余五人抵达蓝田国师。他们的到来,受到了全院师生的热烈欢迎。12月9日与12日,英语学会与国文学会分别开会欢迎新到的教师。

徐燕谋在《纪湘行》诗中高兴地写道:"师友喜我至,劳问殊亲切。"一路的心力交瘁一扫而光。

辗转三省五千里,历时34天,对钱锺书来说,一路思念入梦,忧愁满心。

〔1〕田慧兰等.钱锺书杨绛研究资料.北京:知识产权出版社,2010.

二　散步李园　乔木情思

钱锺书一行人到蓝田之前，国师就安排好了房间。他们一到，行李就被搬到了李园临近大门的东边一排楼房的楼上房间里，床铺、桌椅、洗面架等家具都是新制的，散发出杉树的清香，火盆已烧好了，木炭炽炽地红着，房子里暖洋洋的。窗下摆着一张书桌。教授级别使用的大书桌宽 3 尺，副教授级的有 2.8 尺，讲师的只有 2 尺。钱锺书房间的隔壁就是其父亲的房间，这是学院的有意安排。

钱锺书先去看望分别了一年多的父亲，父子相见自然十分亲热。钱基博仔细询问了上海与家里的情况。

按照当时教育部的规划，国师主要负责为江西、湖南两省培养中学教师。钱基博在为国师礼堂撰写的对联中，对湘赣两省的传统文化大力赞扬。其联曰："河山诚大好，衡岳陵，湘水清，匡庐秀，赣流长，钟南州灵淑之谓材，陶铸群伦归我范；问学亦何常，屈原骚，濂溪易，永叔文，陆子理，合两省圣贤以景行，从容中道作人师。"上联是说,这里的山河确实美好,湖南南有南岳衡山,北有岳阳和洞庭湖,清澈的湘江水把它们贯穿在一起;江西有风景秀丽的庐山,有源远流长的赣江;聚集南方聪慧秀美的人才,要把他们培育成一代新人。下联是说,这里的文化为什么长久不衰呢?战国时期有以屈原《离骚》为代表的楚文化;北宋有湖南道县的周敦颐,人称他为濂溪先生,是宋明理学的开山祖师;还有江西吉安的欧阳修,是北宋古文运动的领袖、唐宋散文八大家之一;还有江西金溪县的陆九渊,是南宋与朱熹齐名的理学家、教育家。我们应融合两省圣贤的高尚德行,从容不迫地达到中庸的境界,做一个为人师表的教师。

钱锺书在《国师季刊》创刊号上看到了父亲写的《国立师范学院成立记》和吴忠匡写的《国立师范学院赁舍李园记》。钱基博这样描述国立师范学院所在地:"其山曰光明山,距蓝田西一里许;重冈复岭,因山作屋,四面松竹,间以红树,惊红骇绿,抑亦寰宇之丽!而又有清流激湍,映带左右。于是乎藏焉修焉,息焉游焉,韬涵大和,无世俗纷华之好;而抟心壹志,得天下之英才而大淑之,用作新兆姓,树之坊表;其亦庶乎其可也!"[1]

吴忠匡这样描绘国师所租赁的李园:"……方广百亩;光明山峙其右,锡矿山在其左,重山复岭,虎踞龙蟠以为之屏;松杉大万,苍翠扑人眉宇,而杂以红树丹枫,参差掩映,惊红骇绿,极幽冷艳腻之致。其中房屋二百间,重阿曲房,长廊逶迤,皆因山之高下而为陟降者;凿地为沼,植花成圃。其前广场十亩,绿草如褥,俯首以望,远山近树,云影溪流,萦青缭白,如列几席。自余入湘,所历

〔1〕蓝田:国立师范学院.国师季刊,1939.

地群山围抱,树木茂密,罔不蔚然深秀,然而茅檐土阶,未足以称;若夫擅溪山之秀,有台榭之胜,盖未见有如李园者也!"[1]

国师学生刘绍东在《李园记》一文里用简洁的语言描写李园,其建筑"上下三正两横,住房大小百多间,内涵高阜花圃、低洼池亭,墙外内精培松竹常绿乔木,全仿苏杭名园规制。登阜楼放览,兴岭头含,龙山尾接,蓝河(按:蓝溪河)北润,涟水南朝……"[2]

廖世承租赁李园时,李园的主人是李燮和的胞弟李卓然。李卓然,官名李云龙。曾任光复军北伐总司令部中将参谋长,民国癸丑(1913)特授陆军少将加中将衔。李卓然一生热心革命和教育,欣然同意将李园出借创办国立师范学院,并动员家族近百口人搬出李园。李卓然的二兄长是大名鼎鼎的李燮和,他"弱冠读船山书,慨然兴亡国之痛"。青年的他路过娄底,面对清廷统治下祖国大地一片疮痍,在旅店墙壁上题词两首,其中有"黄胄长年论异族,愿从地下借雄兵"之句,表达了他用武装推翻清廷、拯救中华的壮志。他东渡日本,参加同盟会,活动于南洋,光复上海,力主北伐,先后任上海起义的"临时总司令"、吴淞军政分府总司令、光复军总司令、援鄂联军总司令、光复军北伐总司令、长江水师总司令。1916年6月,归隐家园,不再问政治。1927年农历八月病逝。

钱锺书在《围城》第六章里说"三闾大学"这"摇篮也挑选得很好,在平成县乡下一个本地财主家的花园里,面溪背山",这"乡下一个本地财主家的花园"的原型就是李园。学院开办的头两年

---

[1]蓝田:国立师范学院. 国师季刊,1939.

[2]贺孟生. 鸣盛集. 娄底:2005.

里,也就是钱锺书刚到时,学院的几百学生和一部分教师、学院行政机构都挤在这有二百来间房子的李园里。没有合适的房间做教室,学院便在李园内后山上新建一栋有大小九间教室的建筑(原址在今涟源市政府档案馆一带),命名为"九思堂"。这名称源于《论语》:"孔子曰:君子有九思,视思明,听思聪,色思温,貌思恭,言思忠,事思敬,疑思问,忿思难,见得思义。"孔子的意思是说,君子在九个方面多用心考虑:看,要考虑是否看得清楚;听,要考虑是否听得明白;脸色,要考虑是否温和;态度,要考虑是否庄重恭敬;说话,要考虑是否忠诚老实;做事,要考虑是否认真谨慎;有疑难,要考虑应该询问请教别人;发怒,要考虑是否会产生后患;见到财利,要考虑是否合于仁义。这里包括了当时社会对个人道德修养的各种规范,如温、良、恭、俭、让、忠、孝、仁、义、礼、智等,可看出学院对学生的道德修养要求是严格的。而学院的校训就是"仁爱精勤"。"仁爱"出自《淮南子·修务训》:"尧立孝慈仁爱,使民如子弟。""精勤"出自《后汉书·冯勤传》"以图议军粮,在事精勤,遂见亲识",谓专心勤勉。

钱锺书想起在途经耒阳过虚岁30生日那天,在耒阳的旅店里,屋子里还是黑沉沉的,只听到窗外的雄鸡一声比一声长地啼叫着。出门一看,村子里一片沉寂,晨曦中不见炊烟袅袅升起。想到自己在烽火中千里迢迢去谋生,真有点像陶渊明后悔自己为谋生曾"误落尘网中,一去三十年"那样。

当时,钱锺书心情凝重,出发前,匆匆写就《耒阳晓发是余三十初度》一诗,诗曰:

破晓鸡声欲彻天,沉沉墟里冷无烟。

哦诗直拟陶元亮,误落尘中忽卅年。[1]

没有蛋糕,没有蜡烛,更没有生日祝福,但冷寂的生日正好反思人生、憧憬未来,促使人成长、成熟。

在蓝田这小镇能立德、立功、立言吗?但想想父亲来到蓝田只有一年多,却已出版了《孙子章句训义》和《中国文学史》(上古至隋唐)两部著作;并且有人告诉他,这小小的蓝田,竟有好几家出版社,这自然会令钱锺书感到震惊,一定要上街好好"探探险"。

从此,"三十而立"的情结便深藏于钱锺书的心底。

到学院的头几天,学院没有安排钱锺书等人上课,让他们好好休息,解除旅途的辛劳。白天和晚上,学院的学生都在李园内的"九思堂"上课、自习,除了开餐和课外活动时,李园里安静极了。这时在李园散步确实是一种享受。李园内外松柏苍翠,花木扶疏,园内亭台楼阁,水榭垂杨,曲径通幽,全是仿苏杭园林规制。但规模比苏州留园、拙政园要大得多,宽敞得多,钱锺书觉得廖院长真是会选院址,也感觉到父亲与吴忠匡对李园的描写没有矫情虚饰。特别引人注目的是园中参天的松树和婆娑的竹林。松树在蓝田叫枞树,所以李园和附近区域又叫枞树山。枞树笔直挺拔,满身褐色的树鳞斑斑,就像古代挺立的满身披挂的威风凛凛的武将,护卫着这里的安宁。日机来临时,防空警报一响,全院师生都躲进枞树林掩蔽的防空壕里。钱锺书要到将近一个月后的1940年1月2日,才能体验到这一点。3日又有12架敌机过境蓝田。

<hr>

[1]钱锺书.槐聚诗存.北京:生活·读书·新知三联书店,2003.

此时,钱锺书满怀兴致地欣赏着园中的古树和翠竹,只见苍老的树根全都凸现出地面上,如人箕踞一样随意伸展,竹根在地面上爬行,四处伸展。再顺着树干仰望,只见遒劲的树枝上搭着鸟窝,不禁在心头吟诵起《庄子·逍遥游》里"鹪鹩巢于深林,不过一枝"之句,还想到刘𫗧《隋唐嘉话》记载的典故:唐朝宰相"李义府始召见,太宗试令咏鸟,其末句云:'上林如许树,不借一枝栖。'帝曰:'吾将全树借汝,岂唯一枝?'"唐太宗在这里把自己比喻为一棵可为人才提供栖息的大树。钱锺书想,既来之则安之,就暂时借国立师范学院这棵大树的一枝栖息吧。

钱锺书敏捷的思维马上溯源到了更远的古代。在夏朝,人们就常常用高大的树木做社树,祭土地之神。漂泊他乡的人一看到乔木就会引发思乡之情、游子之意。唐代于逖《野外行》诗里就这样写道:"寒鸦噪晚景,乔木思故乡。"刘禹锡在《晚岁登武陵城顾望水陆怅然有作》诗中也吟道:"孤臣本危涕,乔木在天涯。"自己的故乡在哪里呢? 无锡早在钱锺书留学英国时就被日寇占领了,岳母在逃难中病故,亲人们都只能寓居上海。故乡已经没有了!钱锺书心里疼挛着,痛苦着。自己漂泊到这李园里,犹如北周时期的庾信羁旅异国他乡,常怀故国之思,以《小园赋》来抒发浓厚的乡关愁思。虽然《小园赋》开头说"若夫一枝之上,巢父得安巢之所;一壶之中,壶公有容身之地",但这是反话,结尾处才是痛苦的呻吟:"遂乃山崩川竭,冰碎瓦裂,大盗潜移,长离永灭。摧直辔于三危,碎平途于九折。荆轲有寒水之悲,苏武有秋风之别。关山则风月凄怆,陇水则肝肠断绝。龟言此地之寒,鹤讶今年之雪。百龄兮倏忽,光华兮已晚。不雪雁门之踦,先念鸿陆之远。非淮海兮可变,非金丹兮能转。不暴骨于龙门,终低头于马坂。谅天造兮昧昧，嗟生民兮浑浑。"

《小园赋》句句用典，对今天的我们来说，翻译一下更容易懂得钱锺书想到《小园赋》的痛苦心情。庾信上面的这两段文字，有人翻译为："在一枝树权上，巢父就获得了安家的处所；在一只葫芦里，壶公就找到了容身的地方。""不料山崩地裂，河流枯竭，冰消雪散，石碎瓦解，大盗侯景篡权作乱，江南故国陷于灭顶之灾。我回国的平坦大道一下子就被摧毁，变得像三危山、九折坂一样艰险难行。如同燕太子为荆轲在易水饯行，又如同李陵在匈奴为苏武送别，我与他们一样从此有去无回，只能长留在异国他乡。关中的山川风月使我满怀凄怆，陇头流水一类的歌曲更让人痛彻肝肠。这里严寒多雪，完全不同于故国江南。人的一生很快要过去了，我已开始进入晚年。虽然不想洗雪以往遭遇的不幸，但还是丢不开南归故乡这个意念。可怜我既不能像雀雉入淮海而发生变化，又不能像金丹在土釜中一连九转。我如果无法如愿回到南方，最后也只好在北朝忍辱负重地活下去了。看来昏暗的天意就是这样的，对纷乱的人生我只有叹息而已。"

钱锺书默念着《小园赋》，来到李园的小池边。小池泛着涟漪，落叶在池水中漂泊无依，感觉到自己就像是池水中随风漂转的落叶，心中不禁涌现出庾信《枯树赋》中的文句："桓大司马闻而叹曰：'昔年种柳，依依汉南；今看摇落，凄怆江潭。树犹如此，人何以堪！'"

原是乘兴赏园，却满怀极度的愁苦而归。钱锺书拖着沉重的脚步回到房间，操笔将散步的感受凝结成来到蓝田后的第一首诗《山中寓园》。诗曰：

箕踞长松下,横眠老竹根。

一枝聊可借,三径已无存。

故物怀乔木,羁人赋小园。

水波风袅袅,摇落更消魂。[1]

　　钱锺书还以同样的题材写了一首《寓园树木》诗,借乔木来抒发离愁别绪。这首诗发表在 1940 年 2 月出版的《国师季刊》第六期上,未收入《槐聚诗存》。诗曰:

阅世长松下,读书秋树根。

来看身独槁,归种地无存。

故物怀乔木,羁人赋小园。

况逢摇落节,一叶与飘魂。

　　钱锺书来蓝田已是 12 月初了,但由于蓝田地处湖南中部,属亚热带,12 月初相当于北方深秋,故诗中仍用"秋树""摇落节"等语。况且在中国传统文化中,抒写离情别绪爱用秋天的意象。这诗的大意是,伫立在高高的松树下,可与它一起阅读社会这部长长的史册;秋高气爽的时候,好坐在这粗壮的树根上静静地读书。但我来到这里欣赏它时,自己却心如槁木死灰;想回故乡种地,但故乡已被日寇占领。看到这高大的树木,心情就像庾信以《小园赋》来抒发羁旅异国他乡、常怀故国之思那样忧伤。更何况是在这"萧瑟兮草木摇落而变衰"的季节呢,自己就像一片树叶一样随风飘零啊!

---

〔1〕钱锺书.槐聚诗存.北京:生活·读书·新知三联书店,2003.

三 学生偶像 育人之乐

1929 年,钱锺书因"国文特优,英文满分"被清华大学录取,进入清华外文系。入学不久后钱锺书就以博学强记震惊师生。吴宓曾经称赞道:"自古人才难得,出类拔萃、卓尔不群的人才尤其不易得。当今文史方面的杰出人才,在老一辈中要推陈寅恪,在年轻一辈中要推钱锺书。他们是人中之龙,其余如你我,不过尔尔。"钱锺书在同学中便很快有了"清华之龙"的雅号,与曹禺和颜毓蘅并称为外文系"三杰"。[1] 1938 年钱锺书留学刚回国就被清华大学破格聘为教授,又被聘请到国师任英文系教授与系主任,肯定是人未到而名声已先到了。

得知钱锺书一行已从上海动身来蓝田的消息后,国师的学生特别是英文系的学生就在翘首期盼了。

此时,国师已招收了两届学生,是由当时的教育部统一组织

---

[1]郑朝宗. 海夫文存. 厦门:厦门大学出版社,1994.

招生。1938年10月20日,教育部统一招生委员会分发国立师范学院1938级各系学生名额共171人。但由于11月13日凌晨长沙发生了震惊中外的"文夕大火",一些寄发录取通知书的邮件和刊登开学通知的报纸被烧,再加上战乱,一些地方已沦陷于日寇铁蹄之下,交通被阻断,到校学生只有106人。这些学生中一部分相当有才华,《国师季刊》创刊号上就刊载了12位学生写的13篇(首)诗文,其中的《别》是颜克述翻译拜伦的诗作。石声淮的入学考试作文,大得钱基博的赞赏,入学时,就会英语和德语,还弹得一手好钢琴。还有张斌等学生创办《新星》杂志,惊动国民党高层,张斌后来成为著名的语言学家、全国高等师范院校现代汉语教学研究会名誉会长;郭晋稀是新中国成立后国内较早研究《文心雕龙》的学者之一。

1939年8月,因战争无法举行全国高等学校统一招生考试,改为分区考试,国师主持辰溪区蓝田分区的考试和阅卷,自主划分数线录取新生。招收学生267名。国师不盲目增加招生人数,再加上当时蓝田及附近集中了长沙大部分有名的中学,录取的学生质量也高,如这一级英文系的学生张文庭于1940年春以国立各级院校统考蓝田区考生第一名的成绩获得教育部奖励,新中国成立后为湖南师大教授、著名学者;教育系李伯黍教授开了我国品德心理研究这一领域的先河,曾为中国心理学会教育心理专业委员会委员;教育系学生朱曼殊曾系统研究小学儿童解答数学应用题的思维活动和儿童语言发展,其研究得到了国际心理学界的关注和认同。

1941年全国抗战进入了艰苦的相持阶段,主要交通干线被日寇阻断,招生考试由各学校自行组织。由于国师名师云集、管理严格、办学质量高,报考国师的人增加,但国师并没有盲目扩大招生。廖院长说:"我们并不希望学生多,也绝不因为投考的人少而滥收学生,程度不好的宁可不取。我个人意见,等到师范学院办得有基础后,师范学院的学生应该选择全国各中学最优秀的青年,他们的体格要好,志趣要纯正,要好学不倦,要热心服务。这样的师院毕业生,出去领导青年,国家才有希望。"

国师大部分教师抱有"教育救国"的理想,学生怀着"读书不忘救国"的情怀,因此教风、学风端正。国师 1938 级史地系学生桂多荪在《"国师"初建时期的点滴回忆》一文中回忆说:"在学习上,朝气蓬勃,勤学、善诱。晨操、上课、自习,纪律严明,学风敦厚。"[1] 1938 级教育系学生薛光祖在《发扬国师精神报师恩》一文中回忆道:"国师教育系考试风气一向很好,犹忆当年本班考试时,老师很信任学生,有时远离试场,学生亦从无左顾右盼或其他舞弊情事发生,大家都以此为荣,以此为傲。"[2]

钱锺书在国师的 1939 年至 1941 年,是国师的发展时期。此时"长沙大战至再至三,常德被围,危如累卵,狼奔豕突,每岁不宁,本院虽接近前线,惊心烽火,但好整以暇,弦诵自若"[3]。

国师重视对学生道德品质的教育,重视专科和专业的训练。训导主任任孟闲在《训导概况》中认为国师培养的是未来的中等学校的教师,因此学生"必须备具高尚纯洁之人格,严正真诚之态度,丰富有用之学术,继续研究之兴趣,尤非有坚强的民族意识、热烈的牺牲精神、刚健笃实的体魄、刻苦耐劳的习惯",否则不足

〔1〕邱超文.《围城》之城. 北京:中国文史出版社,2007.
〔2〕邱超文.《围城》之城. 北京:中国文史出版社,2007.
〔3〕廖世承. 本院两周年纪念. 蓝田:国立师范学院旬刊,1940.

以为人师。正因为这样，国师学风好，学生专业水平高，教育教学效果优良。1940年第一届全国专科以上学校学业竞试，教育部传令嘉奖了十二所大学，分别是：国立中央大学、私立岭南大学、国立武汉大学、国立浙江大学、国立中山大学、四川省立重庆大学、国立厦门大学、私立东吴大学、国立西南联合大学、国立师范学院、国立四川大学、私立复旦大学。国师为第十名。第一届甲乙类竞试决选生全国师范学院共六个名次，国师就占了三个名次；第二届甲乙类竞试决选生及丙类成绩次优特予奖励学生全国师范学院共十二个名次，国师就占了五个名次；第三届甲乙类竞试决选生全国师范学院共二十二个名次，国师占了十四个名次；第四届决选生及成绩次优特予奖励学生全国师范学院共四个名次，国师占了三个名次。足证国师是同类师范学院中的佼佼者。

《孟子·尽心上》里说"君子有三乐"，其中一乐就是"得天下英才而教育之"。此时的钱锺书自然也会有这种乐。他夸奖国师英文系1939级学生张文庭是"bluestocking"（好读书的女才子）。张文庭1944年毕业，留校任教，新中国成立后，为湖南师范大学教授，曾给研究生开过"英语散文"。张文庭在商务印书馆出版了莎士比亚注释丛书之《亨利四世》和《威尼斯商人》，与人合译《孟子》，参与翻译审校《韦氏大词典》，是一位著名的英语语言文学专家。

与张文庭同班的周令本20世纪90年代翻译出版《简·爱》，据称是现存版本中最好的译本。还有国师1939级英文系学生陈晔群，毕业后，任军事委员会外事局翻译，曾在陈纳德将军的"飞虎队"做英文翻译。

钱锺书在英文系开设有"英语散文"等课程。张文庭回忆说

钱锺书先生是她当年课讲得最好的老师之一。[1] 语言学家许国璋是钱锺书在西南联大时的学生,他回忆道:

> 钱师讲课从不满足讲史实、析名作。凡具体之事,概括带过。而致力于理出思想脉络,所讲文学史,实是思想史。师讲课,必写出讲稿,但堂上绝不翻阅。既语句洒脱,敷陈自如,又禁邪制放,无取沉长。学生听到会神处,往往停笔默记,盖一次讲课,即是一篇好文章,一次美的感受。课堂板书,师喜用英国伊丽莎白朝之意大利体。字体大而密,挺拔有致。凡板书,多为整段引语,拉丁语、古法语、意大利语随手写出。[2]

周令本回忆说,钱锺书先生"风度翩翩,是当时衣着最讲究的年轻教授,课上得精彩极了,他是学生崇拜的偶像。课余男同学总围着他。平时他喜欢跟与他从上海来的几位如徐燕谋先生在一起"[3]。

钱锺书在西南联大教过的学生许渊冲的回忆更具体,说钱先生上课时,"戴一副黑边大眼镜,穿一身藏青色西服,可以使年龄显得大一点。讲大一英文时,他低头看书比抬头看学生的时候多,双手常常支撑在讲桌上,左脚直立,右腿稍弯,两脚交叉,右脚尖顶着地。他讲课……却只说英文,不说中文;只讲书,不提问;

---

〔1〕蒋洪新.《围城》内外的故事:钱锺书与国立师范学院.邱超文.《围城》之城.北京:中国文史出版社,2007.
〔2〕张文江.文化昆仑钱锺书传.台北:台湾业强出版社,1993.
〔3〕蒋洪新.《围城》内外的故事:钱锺书与国立师范学院.邱超文.《围城》之城.北京:中国文史出版社,2007.

虽不表扬,也不批评,但是脸上时常露出微笑。记得当时昆明的电影院正放映莎士比亚的名剧《罗密欧与朱丽叶》,他就微笑地说,有些人看了这部电影,男的想做罗密欧,女的想做朱丽叶"。"钱先生讲课谈笑风生,妙语如珠,大有'语不惊人死不休'之概"。[1]

国师鼓励学生组织各系科学会及其他有益于身心健康的会社,各系以"学术以切磋而进,志行以砥砺而敦"为宗旨均成立了学会,学会活动十分活跃。英语学会不仅有英语系的学生参加,其他系的学生,只要有兴趣也可参加。学会要求每人选定一本英文文学名著在半年内看完,然后举行读书报告会。于每周集会时确定三人报告自己的读书心得,导师评定成绩,并且作为学年成绩评定等级的依据。对那些优秀的学生,发放奖品,给予鼓励。学会还每周集会,安排三人进行英语演讲,演讲题目多是关于名著介绍及时事讨论,并且邀请教授讲演。

据《国立师范学院旬刊》第10期记载,1940年2月3日,英语学会举行学术演讲,钱锺书以《美国的英语》为题进行了精彩的讲演,比较了英美语言的差别,揭示了美国英语的特点,并详尽举例阐释了多个单词合成语在英美两国不同的含义,令学生眼界大开。《国立师范学院旬刊》第15期记载,1940年4月6日,英语学会召开第二次常会并举行演讲练习,钱锺书、汪梧封两教授莅临指导,分别对杨怀远等八位同学的演讲进行了讲评。

不仅英文系的学生崇拜钱锺书,其他系的学生以钱锺书为偶像,也常来听他的课,向他请教。1938级史地系学生桂多荪在

---

[1] 李洪岩. 智者的心路历程——钱锺书生平与学术. 石家庄:河北教育出版社,2002.

《"国师"初建时期的点滴回忆》里说:"我系住房同钱锺书教授是'洛阳女儿对门居',有时也去他房中'听'他谈心,因为插不上嘴,只是'听',也百'听'不厌;有一次,我拿了我的'小说'习作《方圆说》请他看,他大加赞许,也谈了许多外国典故给我听。可惜后来改写,我们搬了家,便没再请他过目了。[1]

"又据我在上海教师进修学院和上海教育学院的同事兼难友陈思卓先生见告,钱公在湖南蓝田国立师范学院担任英语系主任时,他正在那儿读书。他学的是物理,却爱听钱公上课。"[2]

那些在钱锺书离开蓝田后入校的学生则大感遗憾。1943级英文系学生何大基回忆说:"我们英语系的师资力量比不上国文、教育系,但同学们引以为荣的是钱基博教授的公子、学贯中西的钱锺书先生,在蓝田时期曾任英语系主任。遗憾的是我没有在钱锺书先生离校前听过他的课。"[3]何大基国师一毕业,就担任印度驻华使馆外交文书笔译。新中国成立后,先后在外交部驻印度、巴基斯坦使馆从事南亚研究和外交翻译工作,成为著名的翻译家,1979年、1981年曾两次应邀赴维也纳联合国工业发展组织担任审校。

虽然国师学生把钱锺书作为偶像,但他教育学生不要盲目崇拜权威。国师1939级体童科学生谢力中回忆说:"钱默存师为百年唯见的文学高才。英语系学生中有人问他:'林语堂的英文造诣如何?'林是当年流行的英语多产作家之一,在文林颇富有盛

〔1〕谢力中.光明山点滴:一九三九一四零肄业蓝田国师回忆.原载台湾国立师范学院创校四十周年纪念集,转引自邱超文.《围城》之城.北京:中国文史出版社,2007.
〔2〕桂多荪."国师"初建时期的点滴回忆.邱超文.《围城》之城.北京:中国文史出版社,2007.
〔3〕刘衍文.漫话钱锺书先生.冯芝祥.钱锺书研究集刊:第二辑.上海:上海三联书店,2000.

誉。不料默存师回答是'他(林)的英文是用脚指头写的!'"[1]

当然,钱锺书这不是对集现代著名作家、学者、翻译家、语言学家于一身的林语堂的总体评价,仅是就某一点而言的。若干年后,钱锺书在给许渊冲的信中肯定了林语堂翻译的优点,说许渊冲发表在《外国语》上的一篇文章里"抉剔林译佳处,既精细亦公允"。[2]

面对学生的崇拜,钱锺书自然不会在乎,因为"崇拜是使偶像自动倒塌的有效方法,没有一个大师不是败坏在弟子们手里的"[3],但是一定会感受到育人之乐。

钱锺书来到国师时,《国师季刊》只出版了四期,每期都刊载了钱基博的文章,钱锺书翻阅这些院刊,也会注意到院刊上发表的学生习作,一看就被这些学生的习作吸引了。如《国师季刊》第二期、第三期上分别刊登了雷柏龄的《除夕之宴》、颜克述和周化行的同题文章《论分食合食》。《除夕之宴》生动地描写了国师1938年除夕之夜师生共同进餐的情景:"是夕,院中华灯既明,号角声起,宴时已至,师生入座秩然,互祝毕,院长持杯肃立而相告曰:'国家凌夷,吾辈犹克享此宴乐者,浴血苦斗诸将士之赐也;弗敢忘,曷先尽一杯,以遥祝抗战必胜。'众皆应曰:'诺!'既而,师生交相劝酬,欢笑杂作;肴不丰而味滋,酒虽节而香浓,融融之情,洋溢座间,使人几忘此身之在客中矣!少酤,有离座起而歌者,作行军之曲,激昂慷慨,令人懦气全消,而神为之鼓舞;有大声疾呼者,剀切陈辞,以勖毋忘国难,又令人兴任重道远之思,而深自警惕。

〔1〕何大基.忆蓝田时期的国师.转引邱超文.《围城》之城.北京:中国文史出版社,2007.
〔2〕罗厚.钱锺书书札书钞续一.牟晓朋、范旭仑.记钱锺书先生.大连:大连出版社,1995.
〔3〕罗厚.钱锺书书札书钞续一.牟晓朋、范旭仑.记钱锺书先生.大连:大连出版社,1995.

所谓处安乐而不忘忧患者,是宴有之矣!"〔1〕这除夕宴的仪式体现了当时国民政府倡导的新生活运动的所谓"生活军事化"的要求。

国师生活、学习按当时的所谓新生活运动实施军事化管理。国师训导主任任诚在创办初期发表的《训导概况》一文中说:本学院训导标准"根据部定规程,既以遵照中华民国教育宗旨,及其实施方针,以养成中等学校之健全师资为宗旨,……而此所谓健全师资者,必须备具高尚纯洁之人格,严正真诚之态度,丰富有用之学术,继续研究之兴趣,尤非有坚强的民族意识,热烈的牺牲精神,刚健笃实的体魄,刻苦耐劳的习惯,不足以为人师,不足以负担教育建国之责任。故应针对吾人目的使命之所在,及上述种种需要之条件,制定训导方案,以实施于学生在修业期间所有生活各方面——如:衣、食、住、行、攻读、劳作、休闲、操练、集会,以及对于国家、对于社会等应有尽有之各项活动。——凡关于学生身心之修养,及一切行为之表现,无不为训导实施之范围。应为斟酌情况、俾能各得其宜,以分别适合于集团化、军事化、科学化之生活,以求达到部章所示严格的身心训练之标准"〔2〕。

而当时的"昆明的大学生活已经很'国际化'。上课、读书、听讲座,也会打桥牌、去夏令营、看外国电影"。〔3〕 两种生活环境的对比,给钱锺书的印象特别深刻。

国师师生平时就餐也是按新生活运动要求进行的,师生在集体食堂就餐,八人一桌,必须做到饮嚼无声,座必正席。当时国师

〔1〕蓝田:国立师范学院. 国师季刊,1939.
〔2〕蓝田:国立师范学院. 国师季刊,1939.
〔3〕汤晏.一代才子钱锺书.上海:上海人民出版社,2006.

还就食堂集体就餐是实行分餐制还是合餐制展开过辩论。有人提出要分食，认为这"可免病菌传染，是诚合乎卫生清洁之道矣"。有人主张合食，认为这样食量大的与食量小的可调济饭菜分量，并且碗筷交错，和乐融融。《国师季刊》上还选发了两篇代表正方与反方观点的文章，即颜克述和周化行各写的《论分食合食》。这两篇文章各从儒家学说和辩证法的理论上申述了自己的看法。钱锺书来时，师生共餐的制度有所松动，教师不必一日三餐都与学生同桌共餐，只每月与学生同桌共吃一次。钱锺书便有幸切身体验到了这种集体就餐时的重大仪式感："用膳采用合食制，每桌八人，其席次以抽签定之，每月一更换。每日三餐，一粥二饭，全体在食堂用。开餐前，学生排队入食堂坐定，待院长率教职员入座，军事教官发令，同时开动。"[1]加上国师的一些教师喜欢请客吃饭，钱锺书常常被邀赴宴，大快朵颐。这些引发了钱锺书的灵感和思考，于是一篇妙趣横生的散文《吃饭》就写成了。

《吃饭》开头就写自己对国师吃饭这段生活体验的深刻感悟："吃饭有时很像结婚，名义上最主要的东西，其实往往是附属品。"文中说："统治尽善的国家，不仅要和谐得像音乐，也该把烹饪的调和悬为理想。在这一点上，我们不追随孔子，而愿意推崇被人忘掉的伊尹。伊尹是中国第一个哲学家厨师，在他眼里，整个人世间好比是做菜的厨房。《吕氏春秋·本味篇》记伊尹以至味说汤那一大段，把最伟大的统治哲学讲成惹人垂涎的食谱。"

钱基博在1952年写的《自我检讨书》里回忆道："我在蓝田，有一个冬天，同事约我吃夜饭，我苦辞。到了晚上，主人引了一个

---

[1]陈雪."百岁少年"许渊冲:始终站在美这一边.光明日报,2021.

轿子来,说:'院长已到了!'我不得已,只有去,看到这朋友一个十多岁的儿子,新近跟着母亲从沦陷地方出来,身穿破棉袄,索索抖。我说:'某人!你有钱请大家吃饭,何如替孩子身上添一件新棉袄。'这朋友很窘。其实这朋友何曾愿。"这是自己没饭吃却请有饭吃的人吃,是没办法,可惜钱锺书没体验到这一点。

《国师季刊》第三期上刊登了石声淮的《非乐》、张斌和唐炳昌的同题文章《晨读与夜读》。《非乐》是对墨子的观点进行辩难,它从古代社会以礼乐治国的"乐"说到娱乐的"乐":"世之论乐者,每谓音乐悦性怡情之为娱乐,可以侑觞助茗;于是乐谱拟乎消闲之书,管弦侪乎蒲樗之具,抑亦异乎所闻已!……"[1]张斌的《晨读与夜读》说:"古人之读也,挑灯者有之,凿壁者有之,映雪而读者有之,读而刺股者亦有之。小子不敏,虽知仰慕,何敢妄此昔贤,以遗(贻)笑大方。然读书之乐,亦有一二可述焉。夫晨兴而起,读则心旷神怡,书味津津,此乐之共有者也。夫乐之尤者,不止此……"[2]这两篇习作都围绕"乐"这个话题,也引发钱锺书的深思,深思的结果就写成了散文《论快乐》。《论快乐》从外国说到中国:"在旧书铺里买回来维尼(Vigny)的《诗人日记》(*Journald' unpoète*),信手翻开,就看见有趣的一条。他说,在法语里,喜乐(bonheur)一个名词是'好'和'钟点'两字拼成,可见好事多磨,只是个把钟头的玩意儿(Silebonheurn' étaitqu' unebonnedemie!)。我们联想到我们本国话的说法,也同样的意味深永,譬如快活或快乐的快字,就把人生一切乐事的飘瞥难留,极清楚地指

〔1〕蓝田:国立师范学院. 国师季刊,1939.
〔2〕蓝田:国立师范学院. 国师季刊,1939.

示出来。所以我们又慨叹说：'欢娱嫌夜短！'"阐述后，再进一步论述"'永远快乐'这句话，不但渺茫得不能实现，并且荒谬得不能成立"，和"快乐由精神来决定"的观点。

同时，国师在当时偏僻的蓝田小镇，在抗战这艰苦的岁月里，为了活跃学院气氛，提振师生的精气神，融洽师生感情，常在节假日举行师生同乐会。

《论快乐》的末尾三段深刻阐述了精神决定快乐的根本原因，并举生活中的事例来分析："洗一个澡，看一朵花，吃一顿饭，假使你觉得快活，并非全因为澡洗得干净，花开得好，或者菜合你的口味，主要因为你心上没有挂碍，轻松的灵魂可以专注肉体的感觉，来欣赏，来审定。要是你精神不痛快，像将离别时的筵席，随它怎样烹调得好，吃来只是土气息、泥滋味。"接着阐述道：

> 发现了快乐由精神来决定，人类文化又进一步。发现这个道理，和发现是非善恶取决于公理而不取决于暴力一样重要。公理发现以后，从此世界上没有可被武力完全屈服的人。发现了精神是一切快乐的根据，从此痛苦失掉它们的可怕，肉体减少了专制。精神的炼金术能使肉体痛苦都变成快乐的资料。于是，烧了房子，有庆贺的人；一箪食，一瓢饮，有不改其乐的人；千灾百毒，有谈笑自若的人。所以我们前面说，人生虽不快乐，而仍能乐观。

这些阐述不正是对张斌的《晨读与夜读》所谈"乐"的理性升华吗？当然钱锺书的《论快乐》全文中外打通，古今打通，旁征博引，层层深入，语言妙趣横生，洋洋洒洒一大篇，水平自然比学生习作要高许多,但都是围绕"乐"这个话题说的。

国师每周一举行总理(孙中山)纪念周会,每月举行国民月会,每学期开始和结束时举行始业式和结业式或学生毕业典礼等,这些集会上都有学院领导或邀请教授作主题讲演,以熏陶学生的思想情操。钱锺书刚来国师不久,就被邀请在1940年1月8日第三十五次总理纪念周会上作讲演;钱锺书自然也听过许多次别人的演讲,在他的散文《谈教训》里,谈自己对此的感受:"我常奇怪,天下何以有这许多人,自告奋勇来做人类的义务导师,天天发表文章,教训人类。"作主题演讲的人不一定个个都是道德高尚的人,"在那所学院里,一些当上了教授的和想望当教授而俨然以教授自居的,在同伙和学生面前,每好装模作样地表现自己,或是想隐藏起一些东西来吧,显得十分可笑。锺书对这些来自三家村学究式的种种自欺欺人的生活态度,自然看不惯,感到生气,感到厌恶。"[1]还说"有导师而人性不改善,并不足奇;人性并不能改良而还有人来负训导的责任,那倒是极耐寻味的"。"头脑简单的人也许要说,自己没有道德而教训他人,那是假道学。"钱锺书接着分析说:

> 我们的回答是:假道学有什么不好呢?假道学比真道学更为难能可贵。自己有了道德而来教训他人,那有什么稀奇;没有道德而也能以道德教人,这才见得本领。有学问能教书,不过见得有学问;没有学问而偏能教书,好比无本钱的生意,那就是艺术了。真道学家来提倡道德,只像店家

---

〔1〕吴忠匡.记钱锺书先生.田慧兰等.钱锺书杨绛研究资料.北京:知识产权出版社,2010.

替自己存货登广告，不免自我标榜；绝无道德的人来讲道
学，方见得大公无我，乐道人善，愈证明道德的伟大。

没有国师的这段生活和工作经历，钱锺书就不会有《谈教训》
的创作。

国师的生活和工作经历，激发了钱锺书散文的创作灵感，为
他的创作提供了丰富的素材。钱锺书在国师创作的《窗》《论快
乐》《吃饭》《读〈伊索寓言〉》《谈教训》等五篇散文，后来都收入
散文集《写在人生边上》，占了这散文集一半的篇数。可以这样
说，国师时期是钱锺书散文创作的一个丰收期。

1998 年 12 月 19 日，钱锺书逝世，除湖南师范大学和湖南师
范大学外文系发来吊唁电外，昔日国师的学生敬献了挽联。挽联
写道："学贯中西，传道蓝田国师，写就围城讽世俗；闻名中外，培
育万千英才，共挥热泪吊良师。"署名为"湖南师大英语系学生：刘
家道、张扬熙、郑培坤、周令本、徐英仲、石瑜敬"。其中刘家道、张
扬熙、周令本、徐英仲都是国师 1939 级英文系学生。

四　志向有异　幸亲可侍

钱锺书来蓝田,是公私兼顾。"公"是为任教国师,"私"是为侍奉父亲。

钱基博(1887—1957),是我国现代著名的古文学家和教育家。从小学教员到中学教员,再到大学教授。1923年应孟宪承之请任上海圣约翰大学国文教授。钱基博在《自我检讨书》里谈到应聘圣约翰大学国文教授的缘由时说,当时上海的各教会大学的学生只认真读英文,而不把国文课当一回事,也不重视国文教师。孟宪承应聘到圣约翰大学任国文主任,想找一位对国文有坚定自信,不怕学生麻烦的人同去,以扭转这种风气。于是钱基博一口答应。钱基博回忆说,上课时,"我开口第一句问:'诸位!请问是哪一国的国籍?'学生目瞪口呆,无一人对。接下去,我就说:'诸位!毫无问题是中国人。然而诸位一心读英文,不读国文,各位的心,已不是中国人的心!我听说诸位到圣约翰读书,每年花费须五百多元。我想诸位家里,花了五百元一年,卖掉你们做外国人！我想诸位祖宗有知,在地下要哭！我今天已不是圣约翰雇聘的一个国文教员,而是一中国父老的身份,看你们作子弟,挽你们的心,回向中国！我想你们不愿,也得愿;因为你们身里有中国人的血！'我意气愤昂,声音愈说愈响。而学生仰面朝着我,寂然无哗！我知学生心里已感动。"

1925 年,上海爆发"五卅惨案",全国各大中城市纷纷罢工罢课,声援上海人民的反帝斗争,圣约翰大学和附中的师生也组织罢课抗议,但遭到校方阻挠。于是 553 名学生和以孟宪承、钱基博为首的 19 名华籍教师集体宣誓脱离圣约翰大学,在各方的鼎力相助下,成立了光华大学。钱基博任中国文学系主任;廖世承任教育系主任,后任光华大学副校长兼附中主任。廖世承在光华十年,立足于附中,面向整个中等教育,对中等教育的历史、现状,做了比较全面系统的研究。

1938 年 7 月 27 日,廖世承奉命创办国立师范学院。8 月 11日回到上海恳请钱基博去湖南办师范学院并担任国文系主任。钱基博一听为抗战救国培养人才,立刻答应下来,并帮廖世承联系在上海的曾为光华大学的同人,一起到国立师范学院任教。此时钱锺书还在国外,9 月从法国乘船回国,10 月到达香港,下船便直赴昆明,任教于西南联合大学。

1938 年 11 月 11 日,钱基博与国文系副教授周潋、英文系教授汪梧封自上海辗转来蓝田,任国立师范学院国文系教授、系主任。

据吴学昭所记杨绛回忆:"锺书在蓝田,对爹爹的'侍奉'也只是每天午后和晚饭后,到毗邻的老夫子屋里坐一会儿,说说话。再就是经常亲自为爹爹炖鸡汤,这是他在牛津阿季生小孩时练就的手艺。孟宪承先生当面对老夫子赞他儿子孝顺，老夫子说：'这是口体之养，不是养志。'孟先生说：'我倒宁愿口体之养。'可是爹爹总责怪儿子不能'养志'。爹爹所谓的'志'，锺书不能完全认同，儿子的'志'，爹爹又完全不理解。锺书心上感到委屈，只能跟阿季说说。"[1]

《吕氏春秋·遇合》："凡举人之本，太上以志，其次以事，其次以功。"在中国传统文化里，对于一个人来说，"志"是最重要的。至于养什么志，则因人而异，因时而异。

钱基博自己养的是怎样的"志"呢？钱基博与孟子的生日相同，都是阴历二月初二，他在《孟子约纂》一书中说："意者天之启予？孟子之学，将待予小子而昌明矣乎！"表达他愿成为一个20世纪的孟子的意愿。在国师开学典礼上，教职员献了一块"击蒙御寇"的匾额，这匾额的铭文是钱基博撰写的，这"击蒙御寇"四个字，即是钱基博在国难时的"志"，即树立教化以御敌人。

要求钱锺书养什么"志"呢？钱锺书是他的长子，要求自然要高。钱基博曾手书《题画谕先儿》（钱锺书出生时，其伯父给他取名为仰先，字哲良），告诫他说："少年人不可不有生意。所谓生意者，须知早春吐蕾，含而未秀，乃佳。吾常目此时曰酿春，愈酝酿，生意愈郁勃。……汝在稚年，正如花当早春，切须善自蕴蓄。而好臧否人物、议论古今以自炫聪明。浅者谀其早慧，而有识者则讥其浮薄。"[2]这是告诫少年钱锺书要有朝气，也要谨慎，埋头蕴蓄才能。

---

〔1〕吴学昭. 听杨绛谈往事. 北京：生活·读书·新知三联书店,2008.
〔2〕王玉德. 钱基博评传. 武汉：湖北人民出版社,2018.

钱锺书在清华读书时,崭露头角,钱基博得知儿子"知与时贤往还,文字太忙"非常高兴。但又听到儿子曾说出"孔子是乡绅,陶潜亦折腰"这种对古人不尊敬的话,又感到"在儿一团高兴,在我殊以为戚"。他告诫钱锺书:"现在外间物论,谓汝文章胜我,学问过我,我固心喜!然不如人称汝笃实过我、力行胜我,我心尤慰!清识难尚,何如至德可师!淡泊明志,宁静致远,我望汝为诸葛公、陶渊明,不喜汝为胡适之、徐志摩。如以犀利之笔,发激宕之论,而迎合社会浮动浅薄之心理,倾动一世;今之名流硕彦,皆自此出。得名最易,造孽实大!"[1]并将钱锺书的字"哲良"改为"默存"。要求他"立身务正大,待人务忠恕"。这时要求钱锺书养的是"淡泊明志,宁静致远"之志,先做人,不要去追求一时的名声。

在国难时期,知识分子应养怎样的"志"呢?国师创办之初,钱基博对师生演讲时说:"寇深矣,国危矣,吾人当此危急存亡之秋,虑无不思所以自处;凡我邦人之有血气者,虑无不恫心疾首,覆亡是惧,亦且勠力同仇,有死无二!不知吾党智识分子之身受高深教育者,当此日强寇凭陵,尽人敌忾,将别出四万万之人而自有其身份与价值耶?抑亦同其勠力同仇,而有不能以自外于四万万之范畴者耶?"[2]

"人生艰难惟一死;如勇士不忘丧元,志士而在沟壑,不难一死,何志之挫!孔曰成仁,孟曰取义,此则我中华民族之精神,而古圣昔贤之所留贻,以世世诏我子孙而立国于不敝者也!匹夫慕

〔1〕钱基博.谕儿锺书札两通(其二).上海:光华半月刊,1932.
〔2〕蓝田:国立师范学院.国师季刊,1939.

义,何处不勉。当此喋血抗战,再接再厉,勇士前仆后继之丧其元者何限!特是吾党智识阶级之身受高等教育者,是否能为不忘沟壑之志士,则殊未敢以信!夫富贵逸乐,人之所欲;而在沟壑,则人人所畏沮也。然而不安于沟壑,则必耽富贵逸乐;而智识阶级之吾党,亦既养尊处优,若固有之,不安沟壑,亦固其所;此今日汉奸之所以多智识阶级,而为国人之大诟也!如能安于沟壑,富贵不淫,志节自坚,何有汉奸!"[1]概而言之,在国难当头时,知识分子要担负起救亡的重责,保持富贵不淫、威武不屈的民族气节,为国而死,在所不惜。这就是钱基博坚持的知识分子此时应养之"志"。

作为国师的教师,该担负怎样的救亡的重责呢?可从钱基博带钱锺书去拜访曹典球一事看出。

曹典球(1877—1960),湖南省长沙县人,著名的教育家。钱基博比曹典球小十岁,少年时读过曹典球应试秀才时的作文及另外的文章,感觉"其词蔚如,其趣渊如,低回往复",便产生出仰慕之情,想象曹典球"必神情散朗,意度安详"。[2]

其实,钱基博更敬佩曹典球的为人处世。曹典球追求维新思潮,立志救国,主张"维新自强"以建立一个独立富强的中国。1908年至1912年任湖南高等实业学堂(今中南大学前身)监督时,创办了矿业、土木、机械、化学、铁路等专科。湖南高等实业学堂是当时除北洋大学堂外,工程学科最完善的学校。1923年曹典球用自己多年积蓄创办文艺中学。1931年至1932年任湖南大学

〔1〕蓝田:国立师范学院.国师季刊,1939.
〔2〕钱基博.猛庵集序.夏国权,吴继刚.爱国教育家曹典球先生.长沙:湖南大学出版社,1998.

校长。因撰写过讨蒋文章，被蒋介石强令免去其教育厅厅长和湖南大学校长职务。后专心办文艺中学，倡导"教育救国"，认为救国"要的是科学，要的是经济，要的是人才"，并将六十大寿所得贺礼万余元全部用来修建文艺中学的实验室和图书室，以育人为己任。他的第四个儿子留学日本，回国后也留在文艺中学任教。

1940年春，为避日寇，文艺中学搬到今涟源市杨家滩镇。这时办学经费十分困难，曹典球除主持校务外，还兼教国文、历史；家庭经济拮据，需要变卖借来的亲戚的长沙地皮，才能支付一家生活及子孙的教育费用。他的妻子和第四个儿子都因劳累过度于这一年病故，却无钱安葬，全靠当地一位仰慕曹典球才学人品的士绅周咸和捐赠两具棺木。这种舍家办学的行为体现了"义以淑群，行必厉己，以开一代之风气"[1]的湖南学风。

曹典球所租住的师善堂距蓝田不足二十公里，钱基博一听文艺中学搬迁到了杨家滩，就携钱锺书坐滑竿来拜访。钱基博将自己在国立师范学院出版的《中国文学史》赠送给曹典球；钱锺书可能带了刊载自己十首诗[2]的《国师季刊》第五期及新近写的诗。曹典球对钱基博父子的到来感到非常高兴，设宴招待。他在《喜钱子泉挈默存至》写道："笋舆得得出山隈，一笑拈髯凤子陪。各自崎岖忘老至，为怜寒俭载春来。文章细与分流别，狂简都能识体裁（自注：赠以所著《中国文学史》，庋藏于文艺书馆）。只是盘飧嫌市远，洗尘先举稚孙杯。"曹典球读了钱锺书的诗后，写了

〔1〕钱基博.近百年湖南学风.北京：中国人民大学出版社，2004.
〔2〕这10首诗是《何处》《将归》《孝鲁无题云谁识幽人此夜心渺如一叶落墙阴因忆余牛津秋风所谓此心浪说沾泥似更逐风前败叶飞真同声也因赋》《孝鲁以出处垂询率陈陇邴见拙公所谓无知猿鹤也》《更呈孝鲁》《简孝鲁索翘华夫人画》《入滇口号》《读近人诗鲜厌心者适孝鲁寄鹤柴翁诗来走笔和之》《双燕》《春怀》。

《和钱默存》诗二首。其一赞叹钱锺书曰："那有桃源足隐居,大千都是劫灰余。羡君海外归来客,读尽人间未见书。兰芷入怀殊不恶,文章憎命竟何如。漫愁屈贾无安处,卑湿于今渐扫除。"[1]这首诗的尾联用了《史记·屈原贾生列传》里的典故:"贾生既以适居长沙,长沙卑湿,自以为寿不得长,伤悼之,乃为赋以自广。"这两句诗的意思是:不要说屈原、贾谊这样的人才没有安置的地方,你(钱锺书)来到蓝田,给这偏僻的地方增添了光彩。从诗句可看出,三人交谈时,曹典球明白了钱基博携儿子来这里的一个意图:希望他能长期安心于国师工作。于是,曹典球以诗句对钱锺书予以嘉勉。

本来,钱基博要儿子来蓝田,照顾自己不过是一个借口。钱基博很佩服廖世承,他曾在《自传》中说自己"治事之勤,不如上海王宝仑、嘉定廖世承"[2]。更重要的是,当时,日寇正疯狂南侵,国土日益沦丧,钱基博认为中国的抗日"非造人何以善后!胜,则惟造人可以奠复兴之基;败,则惟造人乃能图报吴之举。而造人之大任微师范学院谁与归!"[3]所以,他要儿子来国师工作的主要目的,是协助廖世承把国师办好,承担明耻教战的责任,为抗日建国培养人才。这就是钱基博希望钱锺书养的"志"。

当时,湖南省立第一临时中学搬到距蓝田约三十公里的桥头河镇,钱基博也曾携钱锺书去参加教学活动。这所临时中学租民房,借祠堂,克服种种困难办学的行为,使他们体会到这里的师生

---

〔1〕夏国权,吴继刚. 爱国教育家曹典球先生. 长沙:湖南大学出版社,1998. 这首诗和的是钱锺书的《赵雪崧有〈偶遗忘问稚存辄得原委〉一诗,师其例赠燕谋。君好卧帐中读书》原韵。钱锺书的这首诗没在《国师季刊》上发表过,但编在《槐聚诗存》1940 年里。
〔2〕钱基博. 钱基博自述. 合肥:安徽文艺出版社. 2013.
〔3〕钱基博. 国立师范学院成立记. 国师季刊,1939.

黾勉殷勤、教育救国的精神。据湖南著名学者、出版家锺叔河回忆说,他的"大姊那时读书桥头河,距蓝田不远,她订阅的《学与思》上常有国师的消息。有回报道师生联欢,写到'父子教授'到场而态度各异。儿子穿西装打了根红领带。这说的是谁,小学生的我并不关心,那根红领带却一直记在心里。第二年进了初中,'英文先生'是国师毕业的,讲过他的老师和太老师,一个英文系主任一个国文系主任,学问都很了不起。这些话听过也就听过了,但因为红领带印象深刻,所以亦未能忘"〔1〕。

虽然父子志向有异,但不妨碍父子之间的感情。来蓝田时,五十二岁的钱基博体弱多病,他在《自我检讨书》中说自己"早年失血,以致心脏硬化,肋间神经常常作痛,往往彻夜不得贴席眠;及到日本抗战(按:抗日战争)发生,家破流亡,眼看到各地的沦陷、人民的惨痛,恐怕焦虑,加增了我的心悸、舌麻、头痛"〔2〕嗜书如命,一心钻研学问的钱锺书每天早晚要到父亲房间里问安,晚饭后陪父亲在李园里散散步,时不时要给父亲炖一只鸡。

有一次,钱锺书帮了父亲一个大忙。杨绛《我们仨》里回忆说:钱锺书写信告诉她,父亲"关心国是,却又天真得不识时务。他为国民党人办的刊物写文章,谈《孙子兵法》,指出蒋介石不懂兵法而毛泽东懂得孙子兵法,所以蒋介石敌不过毛泽东。他写好了文章,命吴忠匡挂号付邮"。"吴忠匡觉得'老夫子'的文章会闯祸,急忙找'小夫子'商量。锺书不敢诤谏,诤谏只会激起反作用。他和吴忠匡就把文章里臧否人物的都删掉,仅留下兵法部

〔1〕锺叔河.钱锺书《山斋凉夜》诗.湘水.长沙:岳麓书社,2014.
〔2〕钱基博.钱基博自述.合肥:安徽文艺出版社.2013.

分。文章照登了。爹爹发现文章删节得所余无几,不大高兴。可是他以为是编辑删的,也就没什么说的。"[1]

钱锺书虽然有深厚的中国传统文化的情结,但他毕竟也深受过西方文化的熏陶,所以他对父亲虽然孝顺,但不盲目崇拜,甚至也不让学生盲目崇拜。涟源市志办公室退休干部傅定志讲过这么一个故事:钱基博讲课时,常搬一把太师椅,坐在讲台上讲。讲到得意处,兴致勃发,摇头晃脑。学生们认为他风度十足,讲课生动有趣,十分欢迎。但钱锺书对这种教学方法却不以为然,对他父亲的一些学术观点与见解更不随意附和。他常对一些朋友和学生说:"老头子那一套,你们可别信那么多。"刘世南在《记默存先生与我的书信交往》里也说到这样一件事:"一天,王君转述闻诸国师旧友的轶事:国师有一对父子教授,父亲叫钱基博,儿子叫钱锺书。这位锺书先生少年英俊,非常高傲,有一次在课堂上居然对学生们说:'家父读的书太少。'有的学生不以为然,把这话转告钱老先生,老先生却说:'他说的对,我是没有他读的书多。首先,他懂得好几种外文,我却只能看林琴南译的《茶花女遗事》;其次,就是中国的古书,他也比我读得多。'"[2]

钱基博在《古籍举要》一书中也说到这样的事:"傍晚纳凉庭中,与诸儿论次及之,以为《答问》(按:指朱一新《无邪堂答问》)可配陈澧《东塾读书记》。傥学者先读陈记以端其问,继之《答问》以博其趣,庶于学问有从入之途,不为拘虚门户之见。"钱锺书对把《无邪堂答问》放到《东塾读书记》后面的做法,表示不赞同。

〔1〕杨绛.我们仨.北京:生活·读书·新知三联书店,2003.
〔2〕刘世南.记默存先生与我的书信交往.傅宏星.钱基博年谱.武汉.华中师范大学出版社.2007.

但钱基博也不同意儿子的见解,并耐心地进行解释。可见,钱锺书从小就有质疑精神,而钱基博与儿子之间学术讨论中也是讲民主的。

当初,钱锺书来蓝田虽然有点勉强,但到来之后,能尽一个儿子的责任,钱基博还是感到高兴、幸福的。钱锺书在《得孝鲁书却寄》诗里感慨道:"载愁而携影,来此涸阴乡。弥天四海人,一角闭山房。惟幸亲可侍,不负日堂堂。"[1]《孟子·尽心上》也说:"君子有三乐……父母俱存,兄弟无故,一乐也。"

1941年夏,钱锺书与徐燕谋回到上海不久,徐燕谋请钱锺书一家三口赴父亲生日宴。钱锺书回家作了一首《燕谋尊人生日招饮》(见《全汉三国晋南北朝诗》笔记)诗送给徐燕谋以致谢,诗中还表达自己对父亲的内疚——"吾亲客病尚淹留"在内地。1942年夏至日,钱锺霞与石声淮订婚,钱基博《金玉缘谱》里说:"吾儿锺书来书,欲为我撰年谱;傥有资于日记,尔声淮其助成之。"钱基博父子之间是互相牵挂的。

1957年,钱锺书因时任武汉华中大学(今华中师范大学)教授的父亲患食道癌病重到武汉省亲,途中写有一组《赴鄂道中》诗,其一回想起二十年前与父亲的离别,诗曰:

> 路滑霜浓唤起前,老来离绪尚缠绵。
>
> 别般滋味分明是,旧梦勾回二十年。[2]

---

〔1〕蓝田:国立师范学院.国师季刊,1940.

〔2〕钱锺书.槐聚诗存.北京:生活·读书·新知三联书店,2003.

此时,钱锺书四十七岁,感觉年老了,离愁别绪牢牢缠住自己,不能解脱。霜浓路滑的艰难,唤起了对先前的回忆,想起二十年前与父亲的离别,那情景仍然历历在目:1938 年,钱基博来国师前,钱锺书携妻女回国到香港上岸后,赴西南联大,"报到后,曾回上海省视父母,并送爹爹上船(由吴忠匡陪同前往蓝田师院),顺便取几件需要的衣服。他没勾留几天就匆匆回昆明去"[1]。

可见,钱锺书对与父亲同任教于国师的这段经历是牢记在心的。

1980 年 11 月,钱锺书在日本访问,有人"开玩笑地请问钱先生:怎样评价他父亲钱基博的《现代中国文学史》? 钱先生自嘲地轻说:不肖! 不肖! 然后谨慎地说:他们父子关系的好,是感情方面的良好;父亲对自己文学上的意见,是并不常常赞同的。不过,父亲的许多优点之一是开明、宽容,从不干涉自己的发展"[2]。所以,钱基博尽管要儿子按他的希望养志,但决不强迫,决不强力干涉。

《庄子·天地》里说:"孝子不谀其亲,忠臣不谄其君,臣子之盛也。"意思是说,孝子不无原则地奉承他的父母,忠臣不无原则地谄媚他的国君,这是孝子尽孝、忠臣尽忠的最高境界。

钱锺书侍奉父亲的境界就是如此,他也在侍奉父亲中感觉到了幸福。

〔1〕杨绛.我们仨.北京:生活·读书·新知三联书店,2003.
〔2〕孔芳卿.钱锺书京都座谈记.金宏达.钱锺书评说七十年.北京:文化艺术出版社,2010.

五 撰《谈艺录》 忧文化亡

　　一个人的立志与养志,既要受社会、时代、家庭、文化、教育甚至身体等客观因素的影响,也要受个人性格、思想等主观因素的影响。钱锺书出生时,他的伯父给他取名为"仰先",字"哲良";他周岁抓周时,抓到的是一本书,他的祖父给取辈分名"锺书",他十岁时,他父亲给他改字为"默存",都多多少少影响着他的立志与养志。钱锺书虽然和其父亲一样钟情于中国传统文化,但他毕竟受过西方文化的熏陶,他的"志"与父亲的"志"不一致是理所当然的。只是父亲不理解这一点,钱锺书也不敢争辩,只是心中感到委屈,曾在写给杨绛的信中,诉说父亲总责怪他不能"养志"的苦闷。

　　钱锺书曾说过:"我有兴趣的是具体的文艺鉴赏和评判。"[1]

---

〔1〕王水照　内山精也.关于宋诗选注的对话.田慧兰等.钱锺书杨绛研究资料.北京:知识产权出版社,2010.

这是受家风的影响。钱氏家族是一个世代读书的家族,钱基博在《自我检讨书》里说:"我祖父教书,我伯父和父亲教书,我同堂哥哥和自己的亲哥哥都教书。我从小跟着我伯父和父亲、哥哥读书;因为我祖上累代教书,所以家庭环境,适合于'求知';而且,'求知'的欲望很热烈!"

钱锺书早在青年时期,就立志要把文艺批评上升到科学的地位。这可能与他在清华大学读书时受到英籍教师瑞恰慈的影响有关。瑞恰慈是英国著名文学批评家、美学家、诗人,对 20 世纪文学批评的影响最大。他是清华大学重金聘来的,与钱锺书同一年进清华大学。瑞恰慈在清华开了比较文学与文学批评这两门课。他的文学批评课,将古典文学批评理论与自己的文学批评主张结合起来,提出的文学批评理论其实就是文字字义分析论。"在他看来,所有的文学作品都是一个象征品。而文学批评的任务,就是要把这不相关或者说是绝缘体,从作品或者文字之间的隐秘关系找出来。他认为作品文学越抽象则象征性越强,而作品的文学价值就越高。当我们读《围城》,不是里面有很多象征的地方吗?"[1]其实,钱锺书的《谈艺录》《管锥编》也受到了瑞恰慈文艺批评理论的影响。

对照瑞恰慈所主张的文学批评理论,钱锺书深感古今中外这方面的名家都只是凭主观创立学说,在一个时期里可以惊动一世,过了些日子,则又如秋后的蚊蝇,凉风一扫,不见踪迹。其中有站得住脚的,也只剩下片言只语可供参考,整个体系算是垮了。还有一种批评家,头脑冬烘,眼光如豆,谈创作几同痴人说梦,难

---

〔1〕汤晏.钱锺书.北京:文化发展出版社,2019.

免扣槃扪烛之讥,甚至专拣牛溲马勃,拼凑成书。[1] 曾有一位好心的同学劝钱锺书写一本文学概论之类的书,结果遭到了拒绝。他说过:那种书"好多是陈言加空话",即使写得较好的也"经不起历史的推排消蚀",只有"一些个别见解还为后世所采取而流传"。因此他要扎扎实实地下苦功,不说一句陈言和空话,而每一点滴的收获都是自己才智的结晶,可以传之久远的。[2]

而冒效鲁给他的建议他却接受了。冒效鲁(1909—1988),字景璠,又名孝鲁,别号叔子。其家学渊源深厚,少时习经史,喜诗文,有才子之名。1925年进入北京俄文专修馆学习,五年后以第一名成绩入哈尔滨法政大学就读。1933年任中国驻苏联大使馆秘书职,给大使当翻译。钱锺书在发表于1940年2月出版的《国师季刊》第六期上的一首五古《得孝鲁书却寄》诗中详细地叙述了在归途中两人相见相识的情景:"前年携妇归,得子为同航。翩然肯来顾,英气挹有芒。谓曾识名姓,睹我作旁行。"诗后,钱锺书还补充说:"余与君遇于欧洲归航,君言在俄时睹杂志有余所为其文,遂心识之。余舟中和君论时,所谓'舟行苦寂寥,可人不期至。东涂西抹者,惭子知姓字'。"两人邂逅,大有相见恨晚之叹。两人吟诗谈诗甚洽,遂成莫逆之交。"对坐甲板上,各吐胸所藏。子囊浩无底,我亦勉倾筐。相与为大言,海若惊汪洋。哀时忽拊膺,此波看变桑。寻出诗卷示,鸷悍乌可当。散原若映庵,批识烂丹黄。"诗后补充说:"君舟中与余谈两绝云:'莫向沧波谈世事,方忧此海亦生桑。'余题君二绝有谓:'气潜足继白山后,笔韧堪并双井

〔1〕郑朝宗. 但开风气不为先. 郑朝宗. 海夫文存. 厦门:厦门大学出版社,1994.
〔2〕同上。

双。'非溢美耳。"冒效鲁希望钱锺书写一部诗话,"命我缀其后,如名附三王。"钱锺书在《谈艺录·序》中也说他是"吾党之言诗有癖者也,督余撰诗话"。

冒效鲁的希望鼓励了钱锺书。从此,钱锺书"独辟蹊径,不尚空谈,不作高论,而把主要精力用于研读具体作品,试图从其中概括出攻不破、推不倒的艺术规律。他也注意古今中外一切文艺理论,吸取其中值得吸取的东西,但他严格遵守的却是批判的原则。他不迷信任何人,更不昏着头脑去赶时髦,赶时髦是他最鄙视的浅薄行径。他既致力于探索艺术规律,自然要广泛阅读文艺作品,不能满足于习闻惯见、家喻户晓的那几种,这就是他爱繁征博引的真正原因"。这是郑朝宗对钱锺书写作《谈艺录》的评述,他还说:"一切不存偏见的人应该承认,这样的治学方法无论如何要比从概念出发的专事空谈更坚实牢靠,更合乎科学。这条路子的第一个成果就是《谈艺录》。在此书的序言中,钱先生明白宣告:'凡所考论,颇采二西之书,以供三隅之反。盖取资异国,岂徒色乐器用? 流布四方,可征色泽芳臭。故李斯上书,有逐客之谏;郑君序谱,曰"旁行以观"。东海西海,心理攸同;南学北学,道术未裂。虽宣尼书不过拔提河,每同《七音略》序所慨;而西来意即名"东土法",堪譬《借根方说》之言。非作调人,稍通骑驿。'那时,谈艺之书可进入科学著作之林的信念,已深深地铭刻在他的脑海中了。"

国师的学术研究风气皆浓厚。这不仅给钱锺书研究学术提供了一定的条件,也给他以激励。于是,他在教学之余,开始了《谈艺录》的写作。

吴忠匡《记钱锺书先生》里也回忆说:"《谈艺录》也是在这一

时期草创的,用的是小镇上所能买到的极为粗糙的直行本毛边纸。他每晚写一章,二三天以后又修补,夹缝中,天地上,填写补缀得密密麻麻。他每完成一章,就交我阅读,陶潜、李长吉、梅圣俞、杨万里、陈简斋、蒋士铨等章节是最先写出的,我都有过录本。1941 年,在他临离去蓝田前,奋力清了一遍稿,誊录了一本,就在原稿本上,大笔一挥'付忠匡藏之'五个大字,把它赠遗给了我。"[1]

对于写作《谈艺录》的起因,钱锺书在《谈艺录》小序中说得很明白:"余雅喜谈艺,与并世才彦之有同好者,稍得上下其议论。二十八年夏,自滇归沪渎小住。友人冒景璠,吾党言诗有癖者也,督余撰诗话。曰:'咳唾随风抛掷可惜也。'余颇技痒。因思年来论诗文专篇,既多刊布,将汇成一集。即以诗话为外篇,与之表里经纬也可。比来湘西穷山中,悄焉寡侣,殊多暇日。兴会之来,辄写数则自遣,不复诠次。"在解释为什么取名《谈艺录》,而不像"昔人论文说诗之作,多冠以斋室之美名,以志撰述之得地。赏奇乐志,两美能并"时,说:"余身丁劫乱,赋命不辰。国破堪依,家亡靡托。迷方著处,赁屋以居。先人敝庐,故家乔木,皆如意园神楼,望而莫接。少陵所谓'我生无根蒂,配尔亦茫茫',每为感怆。"因明朝徐祯卿沉沦下僚,著有《谈艺录》,于是"因径攘徐祯卿书名,不加标别。非不可也,无可加者"。然后进一步阐释了援用徐祯卿《谈艺录》书名来作自己著作的书名的原因是:"亦以见化鹤空归,瞻乌爰止,兰真无土,桂不留人。立锥之地,盖头之茅,皆非

---

〔1〕田慧兰等.钱锺书杨绛研究资料.北京:知识产权出版社,2010.

吾有。知者识言外有哀江南在，而非自比'昭代婵娟子'也。"〔1〕即用《谈艺录》这书名来表现世事变化、物是人非、国土沦丧、百姓无所归依等现实；表达淮南小山曾有咏桂的辞赋留于后人，但今日中华文化恐不能流传后人的担忧。就自己而言，故乡无锡已被日寇占领，而自家的七尺场老宅"钱绳武堂"也被日本浪人武人龙宪兵队霸占，真是无家可归了。现在于上海租房而居，站立的地方、住的地方都不属我们所有，更无心思在书名上卖弄。智者会认为我这部《谈艺录》中蕴含着庾信《哀江南赋》那样的悲慨之意，而不是把自己比作绝代的"美女佳人"。

日本帝国主义对中国的侵略是全方面的，日本侵略者一方面在占领区强制推行日语教学，大力宣传法西斯殖民文化，还肆无忌惮地洗劫和毁灭中国文化；另一方面采取各种手段破坏教育文化机关。日寇在向中国大举进攻时，每到一处都要疯狂摧毁学校。抗战前，我国有专科以上学校 108 所，而到 1938 年 8 月底，据《抗战中的中国文化教育》载，"此 108 校中受敌破坏者，共计 91 校，其中全部受敌破坏者计 10 校"。1937 年卢沟桥事变三个星期后，天津沦陷的当天深夜，日军开始轰炸天津，他们选择的主要目标是"南开"系列学校，南开大学、南开中学、南开女中、南开小学均遭到日军轰炸和放火焚烧，知识殿堂全部变作瓦砾场。南京的中央大学，连续三次遭日寇飞机轰炸。浙江大学在向西南迁移时，日机跟踪轰炸。日寇占领区和日寇飞机能轰炸到的地方，图书馆、博物馆同样遭受灭顶之灾。据 1946 年国民政府向联合国教科文组织递交的一份题为《1937 年以来的中国教育》的档案统

〔1〕钱锺书.谈艺录.北京:生活·读书·新知三联书店,2007.

计,抗战发生以来,中国的图书馆事业受影响最大。战前全国图书馆有 1848 所,战后仅存 940 所,其中大部分已破烂不堪。文化侵略的最终目的是要消灭中国文化,实行日本文化。所以,钱锺书忧虑中华民族文化会遭受彻底摧残。他写《谈艺录》的目的就是要研究和保存中国传统诗论文化,并使之发扬光大。钱锺书在国师完成了《谈艺录》的上半部,后来回到上海继续下半部的写作,1948 年由开明书店出版。王梓瑜《〈谈艺录〉如何"谈艺"? ——浅论钱锺书〈谈艺录〉述学文体》一文中说:"锺书写《谈艺录》一方面是疏解自己陷于孤岛的寂寞忧愁的心情,另一方面也有保存和传承中国文化,使传统文化不致在战乱中丧失的意味。"[1]所以,其发愤著书之志,就是忧国忧时的爱国情怀,体现出中国知识分子的优良品格。他有个妙喻,说对祖国的怀念留在情感和灵魂里,不是像字刻在石上的死记忆,岁久能灭,而是像字刻在树上的活记忆,年深愈显,"那棵树愈长愈大,它身上的字迹也就愈长愈牢"[2]。钱锺书在《谈艺录》"序言"里也说:"《谈艺录》一卷,虽赏析之作,而实忧患之书也。"[3]

《谈艺录》以探讨中国传统诗学为主要内容,涉及美学、比较文学、修辞学、艺术论、创作论等范畴,视野宽广,内容精深。主要阐述和分析了艺术创作的模写自然与润饰自然、妙悟与神韵、理趣、于山水中见性情、"以故为新,以俗为雅"、文章布置的"行布"、比兴风骚、曲喻、心手物相应、词与意的离合等十个文艺理论方面的问题。

〔1〕王梓瑜.《谈艺录》如何"谈艺"? ——浅论钱锺书《谈艺录》述学文体. 文史知识,2013.
〔2〕钱锺书. 宋诗选注·序. 北京:生活·读书·新知三联书店,2003.
〔3〕钱锺书. 谈艺录. 北京:生活·读书·新知三联书店,2007.

《谈艺录》出版后，一直受到学术界的关注，钱锺书也继续对它进行补订。1984年出版了《谈艺录》补订本。陆文虎《钱锺书〈谈艺录〉的文论思想》一文中说，《谈艺录》"提供了引进西方新学，指点中国古代文论的成功范例。此书熔古今中外于一炉，汇文史哲社于一册，慎思明辩，匠心别具，为士人增学，为学子作则。我敢断言，有志于学问者，若以此书作为入门之津梁，将来必然青春无悔"。[1] 澳门大学教授龚刚也说："钱锺书的《谈艺录》作为在现代语境下写成的融合了新思维的旧诗话，已为后来者的探索提供了一个坚实的立足点。"[2]

〔1〕田慧兰等.钱锺书杨绛研究资料.北京:知识产权出版社,2010.
〔2〕龚刚.钱锺书与文艺的西潮.天津:南开大学出版社,2014.

六　绿竹自勉　高材直节

　　钱锺书一行人的到来，为国师充实了师资力量。钱锺书被聘为国师英文教授和英文系主任。对于英文系主任一职，国师一直虚位以待。在国师创办时，就聘任三十三岁的汪梧封为英文系教授，但没聘他任系主任。汪梧封学历不低，是国立清华大学西洋文学系学士、法国巴黎大学文学博士；资历也不浅，曾任私立光华大学英文系主任、国立暨南大学教授。而钱锺书1933年从清华大学外国语文系毕业后，在私立光华大学任教时，仅是讲师。钱锺书是国师第一任英文系主任，而钱锺书于1941年离开国师后，接任英文系主任的就是汪梧封。可见，廖世承院长对聘请教授与系主任的标准是不低的，他认为"教师为学校之命脉"，在国师的1939学年度院务行政计划中指出："师院师资，最为重要，不特须学有专修，且须人格足为师表，教法足资模仿；故本院聘请系主任及教授，兢兢业业，不敢掉以轻心。"但是国师办学时，正处于"师荒"时期。由于政府多年不重视高等师范教育，师资来源本来就不足;当时教师待遇不及公务员,许多人弃教转行,进入抗战后方机关或金融、经济、工程等行业,愿意当教师的知识分子越来越少。所以国师聘请教师不易,聘请来的教师,有的工作一年两年又离开了,有的仅是从别的大学借来教一个学期的。以后随着抗日战争进入艰苦的相持阶段,聘请教师更是难上加难。

与钱锺书同行来的沈同洽被聘任为英文系教授,徐燕谋、周缵武被聘任为英文系讲师,张贞用被聘任为国文系副教授。这四人,除沈同洽是江苏武进人,曾在浙江大学和重庆大学任副教授外,其他三人都曾在上海光华大学任教。

钱锺书一行人的到来,也在教师中产生了不同看法。院长廖世承是上海人(国师没设副院长),中层管理人员中的教务主任汪德耀、训导主任任孟闲都是江苏人,总务主任汪西林是上海人(祖籍是今涟源市)。国文系主任钱基博、英文系主任钱锺书、教育系主任孟宪承都是江苏人,公民训育系主任袁哲是浙江人,理化系主任章元石是安徽人,体育童子专修科主任金兆均是浙江人。史地系主任,当时由廖世承兼任。只有数学系主任李达是湖南人。所以一些人认为廖世承"不重用湖南教授""只重用江浙人",这就成了1940年春在国师发生学潮的一个原因,"史地系同学借此'东风'赶走了谢澄平"。[1] 谢澄平(承平),安徽当涂人。中国青年党领袖人物,1938年三十二岁时来国师任史地系教授。《围城》第七章里也写道:"学校里已经什么'粤派''少壮派''留日派'闹得乌烟瘴气了。"辛楣说他和方鸿渐什么派都没参加,不怕

---

[1] 桂多荪.“国师”初建时期的点滴回忆.邱超文.《围城》之城.北京:中国文史出版社,2007.

被他们瞎编派。但汪先生道："你们是高校长嫡系里的'从龙派'——高先生的亲戚或者门生故交。方先生当然跟高先生原来不认识,可是因为赵先生间接的关系,算'从龙派'的外围或者龙身上的蜻蜓,呵呵!方先生,我和你开玩笑——我知道这全是捕风捉影,否则我决不敢请二位到舍间来玩儿了。"

"从龙派"?我们知道钱锺书在清华大学读书时,被他的老师吴宓称为"人中龙",这"从龙派"可能就是国师"江浙派"的影射,也间接反映出钱锺书在国师是标杆,树大招风。

可能廖世承在上海聘请钱锺书的时候,代表《国师季刊》向钱锺书征稿,钱锺书便将自己写于巴黎、香港、昆明等地的十首诗交给廖世承,钱锺书到蓝田不久,刊有这些诗的《国师季刊》第五期就于1939年12月13日出版了,此时,钱锺书到国师还不到十天。

在《国师季刊》上一次发表一人十首诗是很少有的,而其诗用典丰富,含蓄隽永,自然加深了人们对钱锺书这位才子的认识。数学系主任李达早年就读于国立东南大学,1928年留学德国慕尼黑大学,1933年获德国明兴大学数学博士学位,是最早参加国际数学家大会活动的中国数学家之一。娶德国女子为妻。曾任清华大学、山东大学数学系教授兼主任。1939年5月任国师数学系教授兼主任。据国师学生桂多荪回忆,李达先生是最受学生欢迎的教授之一,他的"课最有特色。他把每周的课集中在一天,有时从上午直讲到下午;有时只上午讲,下午自学。每个问题原原本本,从理论系讲到世界研究现状、发展趋势或应用简况。第一届数学系只有三四个学生,第二年参加全国数学比赛,竟夺取了第一名,参赛学生总平均分数也最高。这就是他一年教学的成果"。1939年他由巴黎大学教授 M. Frechet 推荐,在德国杂志

Commentarii Mathematici Helvetici 上发表了《一般线性微分方程之解法》。同年的《国师季刊》第四期重发此论文，并加"编者按"对这篇论文给予了很高的评价："Euler 氏发明常系数线性微分方程之解法，至今 200 年，虽经若干学者继续努力，然对一般线性微分方程除用幂级数及 Erobenius 指数方程外，仍束手无策。故微分方程一科，至今仍支离破碎而无一贯理论。教授此作，实将此种困难完全解决。"李达在《国师季刊》第三期和第四期上分别发表过三首词和两首七律，据国师学生谢力中在《光明山点滴：一九三九—四零肄业蓝田国师回忆》一文中说："默存师较晚到校，抵校后也在校刊发表诗作……他的中文诗也不同凡响，刊出之后，李达的诗作便很少出现了。数学家的文学作品究竟不如文学家的素养之高，数学家有自知之明，就不在'班门'再'弄斧'了。"

由于专业学识高深，资历深，教学效果好，这位数学系主任敢不经过英文系主任同意就要让他的德国妻子上英语系第二外语——德语课。钱锺书认为李达这样做不合适，不予承认。李达与廖世承大闹一场。这应是《围城》里历史系主任韩学愈要他的白俄妻子在外文系当教授，争上外语课情节的原型。

李达甚至以辞职相要挟，鼓动教师、学生罢课、游行。教师梁世德在《国师今昔琐谈》写道："……曾因数学系主任李达辞职，闹罢课十天，院长具教育者慈祥之心，几天劝喻不从。"[1]钱永红《一代学人钱宝琮》记载："因湖南蓝田国立师范学院数学系主任李仲珩率领全系教师与院方闹意见，全部（一个教师除外）离开了。院长派人向浙大借聘教授，浙大指定钱宝琮去代课三个月。

---

[1]邱超文.《围城》之城. 北京:中国文史出版社,2007.

钱于5月7日去蓝田师范任数学系主任……"〔1〕李达在《李达自述》也回忆说:"任教于蓝田师范学院……后因与院长廖茂如(按:廖世承字茂如)不合,争执离去,至渝任重庆大学教授。"〔2〕

即使对廖院长的不合适的做法,钱锺书也敢于坚持自己的正直的态度。据国师学生、后来任上海教育学院教授的陈思卓回忆,当年国师曾想聘请两位美国籍的博士来教授英文,钱先生认为这事当时没征得他这个系主任同意,因此不予接纳。院长说:他们都是博士啊! 钱先生说:博士又怎样? 博士究竟算得了什么! 于是便把他们两人都请来谈话,大考了他们一阵,弄得这两位洋教授瞠目结舌,哑口无言。钱锺书就把这情况反映给廖院长,说:"只有这么一点水平,配做教授吗? 只能做学生呢!"廖世承采纳了钱锺书的意见,给他们路费,打发他们走了。这两位洋人也只好卷起行李快快离去。钱锺书此举也是要有勇气的。"这件事恰好表现了钱公的书生气和狂狷性格,他不是对任何事都肯敷衍的。……此事在国立师范学院曾一时盛传,同学们看重的是钱公能如此为学生的学业着想,敢说敢为,不禁油然而生由衷的敬意。"〔3〕

钱锺书凡事讲究原则,在原则面前,不含糊,不退缩,敢于仗义执言。吴忠匡在《记钱锺书先生》一文里列举事例说:"钱先生生性正直,对美善的爱与对丑恶的毫不宽假的态度,在他身上是鲜明的。"这不免要得罪一些人,不免要承受一些风言风语。对此他心里也有几分不平静。一天,回到房间,望着窗前婆娑的竹影,

〔1〕钱永红.一代学人钱宝琮.杭州:浙江大学出版社,2008.
〔2〕李达.李达自述.长沙市第十一中学:妙在高峰.
〔3〕刘衍文.漫话钱锺书先生.冯芝祥.钱锺书研究集刊:第二辑.上海:上海三联书店,2000.

便思绪万千。看到眼前在风中摇动的竹叶，想到自己这个颠沛流离于江湖之间的外乡客，想起明代陆容的《满江红·咏竹》词："不种闲花，池亭畔、几竿修竹。相映带、一泓流水，森寒洁绿。风动仙人鸣佩遂，雨余净女添膏沐。……性孤高似柏，阿娇金屋。坐荫从容烦暑退，清心恍惚微香触。历冰霜、不变好风姿，温如玉。"更想起宋代王安石的《咏竹》诗："人怜直节生来瘦，自许高材老更刚。曾与蒿藜同雨露，终随松柏到冰霜。"愿以窗前绿竹自勉，保持"高材直节"，让这竹子作为羁旅孤独的自己的陪伴。

于是挥毫写下《窗外丛竹》，诗曰：

> 上窗写影几竿竹，叶叶风前作态殊。
> 萧瑟为秋增气势，翩翩类客转江湖。
> 不堪相对三朝格，漫说何能一日无。
> 便当此君亭畔物，高材直节伴羁孤。[1]

此诗一出，国师多位教授吟诗唱和，其中锺泰连和了两首。

锺泰，号钟山。江苏南京人。时五十二岁，国师创办时任国文系教授，可能中途离开了国师一段时间，1939 年 12 月 15 日又到国师，比钱锺书晚十一天。钱锺书在《湘日乘》二十八年（1939年）十二月二十三日记载："今日冬至，锺泰招便饭。此老诗劣而人则好。"十二月二十七日又记载："锺翁有和诗来，甚妥。赴其招馔，多而失饪。"（国师一些教师之间有互请饭局的习惯。此前一天钱锺书有记载："赴张振镛等之招，馔丰人杂，被酒后丑态百出。

〔1〕钱锺书. 槐聚诗存. 北京：生活·读书·新知三联书店，2003.

予所到处,无如此地之饮食若流者。")"锺翁有和诗"是指《和默存世兄咏竹之作即以为赠》,诗曰:

> 此君赋性信清疏,落落□咸与俗殊。[1]
> 偃蹇身仍中绳尺,风流名早动江湖。
> 新诗知得丹渊可,善谑能如淇奥无。
> 老眼摩挲看直上,欣然气类未全孤。[2]

锺泰称钱锺书为"世兄",是因为锺泰与钱锺书的父亲钱基博有老交情,两人常有书信来往,在国师更是交往密切。他对老朋友儿子的才学自然关注和钦佩,钱锺书对父亲的老朋友自然也是尊敬,大概是钱锺书向锺泰索取诗作,锺泰便和《窗外丛竹》而为赠。

此诗大意是说,竹子本性确实是清朗,不肯苟同于流俗;身材挺拔、宁折不弯,但心中仍有为世的标准,他的名声早已震动江湖;新诗懂得要有渊博的知识作根基,《诗经》这样的经典也可作为笑谈的资料;我老花的眼睛似手轻轻地向上抚摸着竹子,不只为竹子有精气神而感到无比的欣慰。

可看出锺泰是听闻到了钱锺书为人正直、坚持原则的事迹,借咏竹来褒扬钱锺书有"高材直节"。

钱锺书便写诗作答,感谢锺泰的厚爱。锺泰又和了《漫成一首仍用默存见答韵录正》一诗。诗曰:

---

〔1〕此句缺失一字。
〔2〕蓝田:国立师范学院. 国师季刊,1940.

不排佛老不轻儒，但使同归道未殊。

漫应从他唤牛马，相忘随地得江湖。

窃师柳下和而介，绝爱颜渊有若无。

自识张弧说壶义，(虞氏易作弧)疑亡更不叹暌孤。[1]

　　此诗的大意是：不排斥佛教、道教，也不轻视儒教，它们路径
不同，但目标是一致的。不如忘记彼此的存在，自由地在江湖之
中畅游，跟从他人随便吆喝牛马。暗暗地以古代的道德模范柳下
惠为榜样[2]，即坚持"以直道事人"，又随遇而安、与世无争，温和
而又耿直，也一定要向虽聪明，但一点也不骄傲、自负，对人更是
恭敬、谦虚的颜回学习[3]。自己要懂得就像把弓拉开，做好发射
准备，再说壶义一样，要事先做准备，防患于未然；[4]最终疑虑消

〔1〕蓝田：国立师范学院. 国师季刊,1940.
〔2〕"窃师"句：典出自《论语·卫灵公》："臧文仲其窃位者与？知柳下惠之贤而不与立也！"
意思是，孔子说："臧文仲是一个窃居官位的人吧！他明知道柳下惠是个贤人，却不举荐他一
起做官。"柳下惠在鲁国做了一个掌管刑罚狱讼之事的士师，这是个小官。当时鲁国宫室衰
败，朝政把持在臧文仲等人手中。柳下惠生性耿直，不事逢迎，得罪权贵，竟连三次受到黜
免，很不得志。柳下惠虽然屡受打击排挤，仕途坎坷，他的道德学问却名满天下，各国诸侯都
争着以高官厚禄礼聘他，但都被他一一拒绝了。有人问其故，他答道："直道而事人，焉往而不
三黜？枉道而事人，何必去父母之邦？"（见《论语·微子》）
〔3〕"绝爱"句：典出自《论语·泰伯篇》："曾子曰：'以能问于不能，以多问于寡，有若无，实若
虚；犯而不校——昔者吾友尝从事于斯矣。'"意思是：有能力的人却向无能力的人请教，知识
丰富的却向知识缺少的请教；有学问就像没学问一样，满腹知识却像一无所知一样，别人冒犯
我却不计较。吾友：一般都认为这里指颜渊。
〔4〕张弧说壶义：典出自清朝俞樾《春在堂随笔》卷六："士心禽服群疑释，初筮张弧后说壶。"
原注："闽闱积习相沿，君（王补帆）痛扫之，始而群情疑惧，继乃大服。"王弼注："先张之弧，将
攻害也。"

失了,就更不会感到乖离而孤独了[1]。

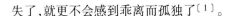

[1]"疑亡"句:典出自《易·睽》:"上九,睽孤见豕负涂,载鬼一车,先张之弧,后说之弧,匪寇,婚媾。往遇雨则吉。"《象》曰:"遇雨之吉,群疑亡也。"意思是说,上九孤僻而多疑,结果睽象丛生:先见一头涂满泥的猪,再看是拉了一车的鬼,拉弓欲射时,又放下,原来是前来婚配的朋友。《象》说:遇上雨就吉祥了,因为雨过天晴,什么都清楚了,疑惑就消失了。

七 除夕唱和 思亲极甚

国师的大部分师生都因羁旅他乡而度日如年。当时国师的师生相当一部分来自江苏、浙江、上海等沦陷区及江西、长沙等战区。或通信中断，不知家人安危；或亲人失散，甚至家破人亡。

1939 年除夕如期而至。

对于国师的绝大多数人来说，正如白居易《除夜》诗中所说的"岁暮纷多思，天涯渺未归"。对于钱锺书来说，是一个与妻女远、与诗友近的日子。

1939 年除夕是公历 1940 年 2 月 7 日。1939 年 9 月，纳粹德国军队向波兰不宣而战，引发法国、英国向纳粹德国宣战，第二次世界大战在欧洲正式爆发了！潘多拉魔盒被恶魔打开，从此从欧洲到亚洲，从大西洋到太平洋，六十一个国家和地区、二十亿以上的人口先后被卷入战争，伤亡无数。日本也改变了侵华方针，放弃速战速决战略，采取长期作战的方针。1939 年 9 月起相继发动了对长沙、桂南和宜昌的进攻。10 月第一次长沙战役，虽然日寇没有攻下长沙，但中国军队与日寇对峙的局面非常严峻。距离前线二百公里左右的蓝田，似乎能听到前线的枪炮声，能闻到阵地上的硝烟味。难民更是寝食难安，战争的阴霾笼罩在人们的心头，谣言四起。

蓝田的中小学校和难民，都望着国师。创办之初，长沙发生"文夕大火"，当时刚迁到距蓝田十多公里的杨家滩的唐山工学院已仓皇迁走。面对如此形势，许多人，甚至教育部都担心国师能否在蓝田开学，但廖院长以学院"新基未奠，遽而迁移，必至员生星散，开学无期"为由，"决计仍在蓝田进行"。

国师也深知自己负有安定和鼓舞人心的责任。在公历新年元旦到来时，国师教务主任汪德耀写了一篇《新年感言》，先感叹当时的形势："爆竹声音听不到了，充耳的是敌人飞机大炮与机关枪的丑音；春联看不见了，触目的是经敌人蹂躏后的遍地疮痍；春酒郁香闻不着了，扑鼻的是敌人火药与血腥气息！如此新年，如此元旦，在神圣抗战的揭幕以来，已是第三次了！"然后指出教育在抗日战争中的特殊作用："在过去卅月中，我们教育界同人中却执着另一种新式武器——教育，在极端艰难的环境中，为延续本国文化的生命，为适合于抗战建国之需要，应较以前更有坚韧不拔的信心！我们要想发扬民族意识与精神，要想复兴民族，必须极其适当、极需慎重地运用此种教育武器。只要运用得适当，只要使它能在敌人摧残破坏的灰烬中，重新建起更灿烂光明之新中国！"文章的最后充满激情地呼吁："'以前种种，譬如昨日死。'值此新年开始，我诚恳地祈望全国青年们，尤其是我们师范学院的同学们，要将以前一切不合理时代的坏习惯、劣根性，统统铲除抛弃！从今以后，我们要健身强心，敦品砺学，每日从体德智各方面

七 除夕唱和　思亲极甚

作有益的健全的活动,准备去做复兴民族的先锋队!""我们要向上,向上,永远向上!""大地春回,光明在望,民族解放后的自由幸福,正等着我们去争取!"[1]

钱基博也写了一篇新年致辞《中华民国二十九年元旦致辞》,希望人们在迎接新年时,不要忘了肩上的重大责任。文章根据《易经》阴阳变化、盛衰转化的理论,提出"值岁序之更新,会景命之有仆"的观点,即新的一年里,天会降大命于你的肩上。什么大命呢? 就是大家一心一德,励精图治,振兴民族,图强国家,打败日寇。这样"君子之景命有仆,民族之生命可赓"。[2]

国师的教学如恒,弦诵不辍,安定、鼓舞着搬迁到蓝田及附近的二十多所中小学正常教学,从而也安定、鼓舞了蓝田及其附近的难民和当地百姓。过年的热闹不减以往。

国师的师生相当一部分是有家不能归,或是无家可归。因此,学院便师生集体团聚过除夕,迎新春。

史地系学生雷柏龄曾在《除夕之宴》一文里描写了国师1938年除夕之夜师生共同进餐的情景,1939年的除夕之夜应也差不多。不过这时,国师已有了两个年级的学生共四百多人,教职员近一百人,学生与教职员应是分开团聚过除夕。

团年宴过后,教师们围着熊熊的木炭炉火,有的沉默不语,暗暗垂泪;有的小声交谈,交换对时局的看法,何时才是"王师北定中原日";有的醉眼蒙眬,轻声吟咏着写除夕的古诗,契合大家心情的应是白居易的《客中守岁在柳家庄》诗:"守岁尊无酒,思乡泪

〔1〕蓝田:国立师范学院.国立师范学院旬刊,1940.
〔2〕蓝田:国立师范学院.国立师范学院旬刊,1940.

满巾。始知为客苦,不及在家贫。畏老偏惊节,防愁预恶春。故园今夜里,应念未归人。"靠窗的桌子上摆着笔墨纸张,供大家即兴吟诗用。

这一天,钱锺书来到国师仅两个月零三天。刚刚穿越战火,辗转一个多月从上海来到国师,对"国破山河在,城春草木深"更有切身的感受,对亲人的思念之情,更是强烈。

此时,钱锺书心里一定冒出了许多古人写除夕的诗来,如唐朝诗人崔涂的《巴山道中除夜书怀》诗:"迢递三巴路,羁危万里身。乱山残雪夜,孤烛异乡春。渐与骨肉远,转于僮仆亲。那堪正漂泊,明日岁华新。"觉得自己比崔涂还苦,不是"渐与骨肉远,转于僮仆亲",而是"已与妻女远,转于学子亲"!于是,走到桌旁,铺开纸,拿起毛笔,一挥而就,写下了《己卯除夕》〔1〕一诗,诗曰:

> 别岁依依似别人,脱然临去忽情亲。
>
> 寸金那惜平时值,尺璧方知此夕珍。
>
> 欲借昏灯延急景,已拼劫火了来春。
>
> 明朝故我还相认,愧对熙熙万态新。〔2〕

诗的意思是说——

旧年离去就如与亲人离别一样,好似不经意不在乎,实际上是依依不舍啊。

与亲人相聚的日子虽然如一寸光阴一寸金那样珍贵,但平时

---

〔1〕收入到《槐聚诗存》时,改为《己卯除夕》。
〔2〕钱锺书.槐聚诗存.北京:生活·读书·新知三联书店,2003.

哪里去珍惜了呢？到除夕时不能团圆才知那样的日子比尺璧还珍贵。

今晚大家聚集在一起，想借助昏暗的灯火延长易逝的时光，大家谈论最多的是何时战争能停息，能回家与亲人团聚。

但时局却不容乐观，来年战争结束是不可能的。明天是新春的第一天，但自己忧愁的心情仍会如旧年一样，没有一丝欣喜之情，只能愧对万象更新的景象了。

羁旅孤独之情，又增添了忧世相思之苦。

钱锺书写诗的时候，就有人在旁随笔轻吟；钱锺书的笔刚放下，诗就在大家手中传开去了。大家都纷纷铺开纸，拿起笔来和钱锺书的这首诗。光刊发于《国师季刊》第六期的唱和诗就有锺泰、马宗霍、章慰高、仁甫、颖之、吴忠匡等人的作品。

徐燕谋的《和作》诗曰：

> 天涯我是未归人，土壁寒灯影亦亲。
> 节物愁边无可恋，光阴客里不须珍。
> 已输五白冯陵兴，恐负三湘浩荡春。
> 今夕只应蒙被卧，怕听箫管晓迎新。

徐燕谋的诗除了忧闷还带有愤激之情。他在诗中说自己是漂泊天涯、有家不能回之人，在他乡作客，土墙寒灯之影也觉得可亲。心中有忧愁，对一切应节的事情都不感兴趣了，连时间也觉得不须珍惜了。就像古人除夕在客舍守岁无事可做，便以赌博来遣兴,不论输赢都精神亢奋,袒胸赤脚,大呼小叫。[1] 这样做,却担心辜负了三湘浩荡的春风。今晚只应蒙着被子睡,怕的是早晨听见窗外迎新春的箫管、鞭炮声。

吴忠匡(亚森)的《和作》诗曰:

> 仿佛临歧惜故人,难忘把臂过从亲。
>
> 眼前世事吾能说,别后韶光孰与珍。
>
> 留夜拼然千炬烛,求天缓放一年春。
>
> 伊谁解识东风恶,犹是家家庆岁新。

吴忠匡诗的前四句,主要抒发自己与钱锺书相识和别后的感情:难忘你我相识时,你虽只握持我的手臂,一句话没说,感情却超过了宗族兄弟,就像在歧路与老朋友依依相别;眼前的时事我知道,我们分别后的时光谁比我们更珍惜呢?后四句是说,除夕守夜,人们点燃千支蜡烛,求上天让新春慢一点来,是因为春天万物更新,更会惹起愁思。家家户户迎接新年,谁人懂得春天对漂泊者的伤害?

锺泰和作《元日用默存除夕韵》,诗曰:

> 我犹昔人非昔人,昔人今我孰为亲。
>
> 藏舟半夜知非固,败帚千金笑自珍。
>
> 余习尚留书做伴,衰颜宁借酒为春。

---

[1]"五白冯陵兴",语出自杜甫《今夕行》:"冯凌大叫呼五白,袒跣不肯成枭卢。"五白,古时博戏的采名。五木之制,上黑下白。掷得五子皆黑,叫卢,最贵;其次五子皆白,叫白。冯陵,意气奋发的样子。

轻衫撩乱都无分,一任风光日日新。

锺泰爱读书,爱旅游,爱写作。他在教育部直属机关学校主要人员登记表中说自己"穷而甚乐","愿修身、教书、著述"。他信奉"行万里路,读万卷书",课余时间偕同人或学生游湄江,游温塘,游月光岩,"往往穷幽遐,一往便数里,一木一石间,得意为停趾";并吟诗作记,在《国师季刊》上发表了大量诗文。

他的这首和诗充满庄子式的超脱。诗的意思是说:我既不是过去的"我",又还是过去的"我",过去的"我"与今天的"我"谁更亲呢?事物不断变化,不可固守,就如藏舟于沟壑或沼泽自以为牢固了,谁想半夜里有大力士将它背走了。[1] 自己的东西,即使是烂扫帚也当作千金宝贝般珍惜。不肯改的习惯是留书做伴,年老了怎能借酒浇春愁?自己年老了,不再有"轻衫撩乱"的少年时光了,听任新春的风光日日新。

马宗霍的《和作》诗曰:

> 冉冉流光又趁人,一灯窃窈为谁亲。
> 已甘弃掷成孤注,无那飞腾敢自珍。
> 劫后河山犹大好,尊前消息孕微春。
> 伶俜忍坐参兴替,失喜禽言到耳新。

马宗霍,湖南衡阳县(今集兵镇)人。时年四十三岁。少年时受业于晚清经学家、文学家王湘绮,毕业于湖南南路师范学堂。

---

[1]藏舟,典出自《庄子·大宗师》:"夫藏舟于壑,藏山于泽,谓之固矣,然而夜半有力者负之而走,昧者不知也。"

后拜思想家、著名学者章太炎为师,成为他的入室弟子。在此前,历任暨南大学、金陵女子大学、上海中国公学、中央大学等校教授。差不多同时与钱锺书来到国师,任国文系教授。

马宗霍的诗先顺着钱锺书的诗,感叹时光流逝,抒发在除夕的灯光下一家亲人不能团聚的伤感。然后感叹命运的不济,已甘心被抛弃,这是仅存的可凭借的资本,不敢珍爱自己的才华,更无飞黄腾达的奢望。但是后四句情感大转变,由前四句的伤感变得乐观起来了:虽有日寇的侵略,但大好河山还在,春天的消息已经来临。我们忍着孤独坐在一起议论国家的兴亡,耳旁传来了鸟雀清新的鸣叫声。诗中充满着对未来的希望。

章慰高的《和作》诗曰:

> 二万余朝一世人,每逢此节倍思亲。
> 祭诗聊作精神慰,卜镜空怀吉语珍。
> 照耗传灯销永夕,卖痴备酒待来春。
> 明知国破山河在,大地犹教岁序新。

章慰高(伯寅),江苏吴县(现为苏州)人。当时六十二岁。前清苏州府学优增贡生留日弘文学院师范毕业,曾任师范高中等校国文教员及教务主任十七年,任教育会长、教育科长及省视学十二年,任教育部办理师范教育一等科员、铁道部扶轮学校视察员六年。时任国师秘书处文书组主任兼国文系讲师。在《自桂黔川鄂至湘西蓝田七绝诗卅八首》"序言"里述说了来国师任教的目的和由上海来蓝田,在路上用了三个月的经历:"余行年六十一。虽暂时感觉有国破家亡、妻离子散之隐痛,然尚不愿以衰朽终其身。为本身争人格,拒非法组织之参加;为民族保自由,求后方生存之出路。遂于民国二十七年八月十九日由沪出发。至香港后,原拟由粤汉路北上。道阻不能行,改经三水、梧州、柳州、桂林、贵阳、重庆、宜昌、沙市、藕池、南县、沅江、靖港、长沙、湘潭,以达蓝田国立师范学院。"[1]

他是国师教师中年纪最大的一位,但精神不老。1939年农历的正月初七,细雨霏霏,正是湖南天气最寒冷的时节,国师学生分为十二个组由导师率领分别至国师附近的青烟、桐车湾、三甲、胡家坝、毛坪、小冲、滩头、文达湾等村进行抗战宣传。六十一岁的章慰高老先生也"欣然加入,同学闻之鼓舞"。[2]

章慰高和诗的意思是:自己年岁高一些,已经历了二万多个日子,对世情看得豁达一些了,认为写诗祈求好运、祝愿的吉语也好,都不过是一种精神安慰罢了,虽然国破山河在,但是日子还得过下去。这不是消极,而是劝勉人不要悲观忧伤。我们点着灯守着长夜,喝着酒等待新春的到来,那又是一片万象更新的大地。

还有署名仁甫的《和作》诗曰:

风雪交侵久客人,天寒岁暮倍思亲。

情痴欲挽流光驻,游远才知爱日珍。

不寐聊为长夜饮,未归又负故园春。

他乡万事都萧瑟,只有吟笺落墨新。

〔1〕蓝田:国立师范学院.国立师范学院旬刊,1940.
〔2〕李西涛.农村宣传记.蓝田:国师季刊,1939.

仁甫，国师教师徐仁甫。这诗大意是，在天寒地冻风雪交加的年末，作客他乡的人，更加思念亲人。漂泊远方才懂得珍爱时间，情痴得想把时光挽留住。春节没回家团聚，又要辜负故乡的美好春光了。想到此，夜不能寐，暂且喝酒饮茶到天亮。对于作客的人来说，他乡的一切都给人冷落、凄凉之感，只有落笔吟出的诗文才是新的。

还有署名颖之的《和作》诗曰：

> 底事新愁逐旧人，低徊但觉影形亲。
> 寂寥天地情为累，密迩关山梦亦珍。
> 暗数更筹伤永夜，漫劳诗酒误来春。
> 班生未必轻投笔，无那年华故故新。

大意是，迎新的愁思追逐着除旧的人，灯下徘徊只感觉自己的影子是亲密的。天地寂寥，人被离情所累，梦到关山在近处，也值得珍惜。数着夜间报更用的计时竹签，感叹黑夜那么漫长，劳驾大家不要因为喝酒作诗耽误了迎接春天。汉朝班超未必是轻易决定投笔从戎的。不管怎么样，春光是会年年变新的。

窗外寒风凛冽，鞭炮声声，室内炉火通红，烛光摇曳，只是畅叙的是忧世离愁。但诗作唱和的热烈气氛，多多少少消解了钱锺书心中不能与远在上海的妻子、女儿团聚的离愁别绪；表现出来那一种患难共存的真情，慰藉了钱锺书孤独寂寞的心。

半里之远的蓝田镇，鞭炮声此起彼伏，红光闪闪……

八　忘年之交　切磋相长

马宗霍和诗的第二联"已甘弃掷成孤注,无那飞腾敢自珍",是对钱锺书发表在《国师季刊》第五期上的《孝鲁以出处垂询率陈鄙见荆公所谓无知猿鹤也》诗中"后山苦属飞腾速,俗见犹存哂此翁"[1]一联的响应,它也触动了钱锺书的一桩心事。杨绛在《钱锺书离开西南联大的幕后实情》一文中回忆钱锺书来蓝田前发生的事情——

> 我们原先准备同过一个愉快的暑假,没想到半个暑假只在抗衡不安中过去。拖延到九月中旬,锺书只好写信给西南联大外语系主任叶公超先生,说他因老父多病,需他陪侍,这学年不能到校上课了。(参看《吴宓日记》第七册 74 页"一九三九年九月二十一日,8:30 回舍,接超〔叶公超〕片

---

〔1〕钱锺书自注:"方读疚翁《后山诗笺》,后山赠少年诗动以飞腾为祝。"

约,即至其宅,悉因钱锺书辞职别就,并谈商系中他事。")锺书没有给梅校长写信辞职,因为私心希望下一年暑假陪他父亲回上海后重返清华。

公超先生没有任何答复。我们等着等着,不得回音,料想清华的工作已辞掉。十月十日或十一日,锺书在无可奈何的心情下,和兰(按:应为"蓝"。下同)田师院聘请的其他同事结伴离开上海,同往湖南兰田。他刚走一两天,我就收到沈茀斋先生(梅校长的秘书长,也是我的堂姐夫)来电,好像是责问的口气,怪锺书不回复梅校长的电报。我莫名其妙,梅校长并没来什么电报呀!我赶紧给斋哥回了电报,说没接到过梅校长的电报,锺书刚刚走。同时我立即写信告诉锺书梅校长发来过电报,并附去斋哥的电报。信寄往兰田师院。[1]

接到杨绛信后,钱锺书心情非常复杂。他致梅贻琦信如下:

月涵校长我师道察:

七月中匆匆返沪,不及告辞。疏简之罪,知无可逭。亦以当时自意假满重来,侍教有日,故衣物书籍均在昆明。岂料人事推排,竟成为德不卒之小人哉。九月杪屡欲上书,而念负母校庇荫之德,吾师及芝生师栽植之恩,背汗面热,羞于启齿。不图大度包容,仍以电致。此电寒家未收到,今日得妇书,附茀斋先生电,方知斯事。六张五角,弥增罪戾,转益悚惶。生此来有难言之隐,老父多病,远游不能归,思子

---

[1]杨绛.杂忆与杂写.北京:生活·读书·新知三联书店,2015.

之心形于楮墨,遂毅然入湘,以便明年侍奉返沪。否则熊鱼取舍,有识共知,断无去滇之理。尚望原心谅迹是幸。书不尽意。……〔1〕

钱锺书此种有愧疚有被抛弃的心情似乎全被马宗霍"已甘弃掷成孤注,无那飞腾敢自珍"两句诗所窥破。当然,也可能两人是同病相怜。

根据已出版的《吴宓日记》里1940年3月8日、3月11日的日记记载,当时西南联大外文系内部是有矛盾的,"外文系里的巨头如叶公超及陈福田不喜欢钱锺书,不发聘书,钱锺书于1939年夏,为什么最后离开联大而去蓝田,他是解聘了的,这是他没有想到的"。〔2〕

这电报事件也成了创作《围城》的素材。《围城》第六章里,把这改造成三闾大学的校长高松年向方鸿渐解释把教授聘约降为副教授原因时编造的一个写信谎言的情节。

通过除夕唱和,钱锺书觉得马宗霍与自己情感相通、声气相投,两人交谈了许多。在钱锺书再三要求下,马宗霍拿出几首诗作来。其中一首是和钱锺书来蓝田写的《窗外丛竹》,题目是《竹影次钱默存韵》,诗曰:

> 梦断苍梧泪已枯,向人青眼不曾殊。
> 沉烟漠漠欲迷楚,蘸月娟娟疑坠湖。
> 入律好从调管在,研光宁许写辞无。

---

〔1〕杨绛.杂忆与杂写.北京:生活·读书·新知三联书店,2015.
〔2〕汤晏.钱锺书.北京:文化发展出版社,2019.

输他处士山中友,委质窗前未肯孤。[1]

诗的大意是,人们对竹子的喜爱没有什么特殊的,但舜帝南巡不返殁葬于苍梧之野,娥皇、女英追寻不及,相思恸哭,泪下沾竹,竹子也尽是泪滴斑斑。远望丛竹翠绿如漠漠沉烟能迷住人,近看竹影婆娑如姿态柔美的少女倒映水中明月。砍下竹子能做律管,用来测候节气的变化,但如果砍光了,还能写出诗文来吗?如果把竹子作为礼物送给山中的隐士,栽植到窗前就不会孤单。

全诗写竹,却不着一个"竹"字。可谓"不著一字,尽得风流"。

钱锺书拜读后,觉得马宗霍的诗大有近代宋诗派的特点——以杜甫、韩愈、苏轼、黄庭坚为宗,"合学人、诗人之诗二而一之"(陈衍《石遗室诗话》),主张拟古,使句法、腔调、风格都神似汉魏六朝。

钱锺书曾经向吴忠匡述说,人遂以宋诗目我……自谓于少陵、东野、柳州、东坡、荆公、山谷、简斋、遗山、仲则诸集,用力较勤。可见,马宗霍与钱锺书的诗风相近,惺惺相惜。

钱锺书用《除夕》的原韵,写了一首《宗霍先生少着惊才,比相见,乃云二十年不为诗。强之出数篇,以两宋之格调,用六朝之字法,此散原"真得力处",俗人所不知也。用前韵奉赠一首》给马宗霍,诗曰:

达夫五十作诗人,况复才华子建亲。

---

[1]邱超文.《围城》之城.北京:中国文史出版社,2007.

严卫真看同好女,深藏端识有奇珍。

峰峦特起云生夏,纨縠文成水在春。

戴笠相逢忍轻负,互期掉臂出清新。

诗的大意是说,唐朝高适(字达夫)五十岁才成为诗人,你还没到五十,就是被人称颂的老诗人了;何况你的才华如"天下才有一石,曹子建独占八斗"的曹植(字子建)。你二十年不写诗,就如清朝著名史学家、文学家全祖望说的,保护诗才如保护处女那样严厉,像抚养婴儿那样小心谨慎。[1] 你的诗如夏天从山峰上升起的云彩,像春天绿水荡漾的波纹,绚丽而灵动。今日我们成为忘年之交,今后不要因富贵而相忘,让我们互相奋起,写出清新的诗篇来。[2]

马宗霍又写了一首《次和默存见赠之作即以奉酬》,诗曰:

几见琼琚玉佩人,贪逢避地许能亲。

碎金掷句高难和,挥麈流谈屑共珍。

遗世膏肓天欲问,养匈峹澹气融春。

与君好厉摩鲸手,不作寻常暖娟新。[3]

这诗是说,以前多次读到你如琼琚玉佩般优美的诗作,却相识不相见;现在因避难而相遇于他乡,我们的心灵应能互相亲近。

---

〔1〕钱锺书在"严卫真看同好女"一句自注:"全谢山文说二,谓善为文者,卫之如处女,养之如婴儿。"

〔2〕戴笠相逢,典出晋周处《风土记》:"卿虽乘车我戴笠,后日相逢下车揖;我步行,君乘马,他日相逢君当下。"后以乘车戴笠,比喻不因为富贵而改变贫贱之交。

〔3〕邱超文.《围城》之城.北京:中国文史出版社,2007.

你写出高难度掷地有声的美好诗篇,我连唱和都感到吃力,但我俩之间的潇洒谈论的友情值得共同珍惜。你的谈论如屈原问天一样,话题超脱尘世,又是常人涉及不到的地方;听了这样谈论能开阔胸怀,叫人飘逸澹泊,如春意融融。与你一起好磨砺如掣鲸鱼于碧海中那样的才大气雄的才艺,不写一般的娟细风格的诗。

大地回春,马宗霍又写了《立春叠前韵柬默存》一诗(1940年立春在除夕前两日,这诗是在正月里写的,因此题目中的"立春"是指立春到雨水前这段时节),诗曰:

> 据梧枝策竟何人,物论难齐道未亲。
>
> 稍觉成亏非我有,欲携襟抱向谁珍。
>
> 乘流壑去舟还在,振蛰风来地已春。
>
> 早晚青归凫试暖,破吟待子发媚新。[1]

此诗的大意是,栖息在如梧桐树枝上那样高位的究竟是什么人?是贤者还是无能之辈?庄子在《齐物论》所说的一切事物归根到底都是相同的,没有什么差别,也没有是非、美丑、善恶、贵贱之分的观点并非准确地揭示了客观规律。慢慢地懂得成功不是我们自己能决定的,胸怀抱负向谁珍惜?顺流而去,山谷退后船还在。立春五日后蛰虫开始在土洞里苏醒,大地回暖了。柳叶刚泛青绿,野鸭在河里游动,春光明媚,等待你大吟新诗。

此诗大有劝导钱锺书之意,不要计较身居何处,不要计较功利,不要愁思过甚,张开双臂迎接春天,大声歌吟美好的春光。

---

[1]邱超文.《围城》之城. 北京:中国文史出版社,2007.

钱锺书又酬答了《叠前韵更答宗霍先生》一诗,诗曰:

名辈当时得几人,别裁风雅子能亲。

已同蜜酿千花熟,岂作楼妆七宝珍。

赠什小儿如获饼,温言寒谷欲回春。

谁云诗到苏黄尽,不识旌旗待一新。

诗的意思是说,当下诗界名人不太多,但是你值得我学习。写诗如同蜜蜂采花千万朵方能酿出蜜来,怎能过分讲究辞藻、铺张华丽?[1] 读了你的诗犹如小孩儿得到大人所赠送的饼那样高兴。你暖心的话,犹如春风吹暖了阴冷的山谷。谁说诗到苏轼、黄庭坚就写尽了?这是不懂得诗坛还会产生新的旗手。新的旗手是对马宗霍的期待,还是诗人对自己的激励,还是对中国诗坛的预测呢?可能是三者都有。

从这首诗可看出,钱锺书与马宗霍的关系大进了一步,由前面的互相客气地称赞对方,到促膝谈心和切磋诗道诗艺了。"钱锺书在《谈艺录》中讲到清朝学者章学诚提出的'六经皆史'命题时,认为此一命题的宗旨,实乃肇端于道家。在钱锺书之前,提出了同样的观点的,就是马宗霍。马著《中国经学史》完成于1936年,出版于1937年,开篇便说'六经先王之陈迹,此为庄生所述老子之言。陈迹者,史实也。后儒六经皆史之说,盖从是出。'他们二人在这个问题上观点一致,似乎还没引起学者们的注意。"[2]

---

〔1〕楼妆七宝珍:出自唐朝司空图《诗品》:"如七宝楼台,眩人耳目,拆碎下来,不成片段。"比喻用词太过讲究,铺张华丽,看起来好看,实则不值一观的诗词。
〔2〕李洪岩.钱锺书与近代学人.天津:百花文艺出版社,2007.

从他们两人酬唱的诗作来看,应互相讨论过这个问题。也正因为如此,两人志同道合,才成为忘年之交。

九　速胜无望　得信添愁

抗日战争时期,每当我方军队在军事上失利时,一部分中国人便悲观失望;每当我方在军事上取得一些暂时的胜利,一些人又产生了速胜的乐观情绪。在国师的除夕唱和中,实际上也能看到这两种情绪的表现。钱锺书在春节后收到一封信,这两种情绪又一次扰乱着他本来就忧愁的心。

湖南有句谚语"春无三日晴"。1940 年正月初三,刚晴了三天,就开始下起雨来。

虽然雨带来阴冷、泥泞,但"烽火连三月,家书抵万金",这天钱锺书高兴地收到了堂妹夫许景渊从昆明寄来的信。《湘日乘》记载:1939 年 12 月 23 日,"寄印诗与景渊"。这"印诗"应是《中书君近诗》。

许景渊(1912—2006),笔名劳陇,翻译家,与钱锺书都是江苏无锡人。钱基博很赏识许景渊的多才、勤奋、善于待人接物,称赞他是"勤于所事,而以文史自怡,吾见亦罕"[1]。亲自做月下老人,把侄女钱锺元介绍给他。

许景渊1934年从北平海关学院毕业后,便在上海海关(旧称江海关)工作。在这里工作对英语水平要求很高。1938年4月28日,南京汪伪政府任命李建南为伪海关监督,国民党政府总税务司署定此日为江海关沦陷日。许景渊不愿替卖国贼卖命,便转到昆明海关任职。

当时,钱锺书正在昆明的西南联大外文系任教,住在昆明大西门文化巷11号。钱锺书的宿舍很小,钱锺书说它"小如舟",取名"冷屋"[2],并写了一组《昆明舍馆作》诗。第一首诗描述居住其间孤寂凄凉的心情,诗曰:"万念如虫竞蚀心,一身如影欲依形。十年离味从头记,尔许凄凉总未经。"第二首诗描述了居住的狭窄简陋,诗曰:"屋小檐深昼不明,板床支凳兀难平。萧然四壁埃尘绣,百遍思君绕室行。"

许景渊每周都要去看望他,并向他学习写旧体诗。钱锺书每写有新诗,就抄写给许景渊做范例学习。1939年的一天,钱锺书午睡后,突然灵感降临,写了一首《午睡》诗,诗曰:

> 摊饭萧然昼掩扉,任教庭院减芳菲。
>
> 一声燕语人无语,万点花飞梦逐飞。
>
> 春似醇醪醒不解,身如槁木朽还非。
>
> 何心量取愁深浅,栩栩蘧蘧已息机。[3]

〔1〕王玉德.钱基博评传.武汉:湖北人民出版社,2018.

〔2〕汤晏.一代才子钱锺书.上海:上海人民出版社,2006.

〔3〕钱锺书.槐聚诗存.北京:生活·读书·新知三联书店,2003.

诗的大意是:白天把门关上午睡(摊饭:午睡),周围一片空寂,任教庭院里的花木慢慢叶残色衰。燕子呢喃,人却无声,只有梦中的万千花朵在飞落。春如好酒,沉醉不醒,人瘦得像干枯的木头。没有什么心思估量忧愁的深浅,已熄灭了朝气蓬勃之心。

钱锺书把《午睡》诗抄给"同客昆明寓次,感时伤离,郁无好怀"的许景渊。许景渊"习为吟咏",觉得《午睡》诗"调高韵逸,隽雅无伦,而燕语飞花一联,溶古入化,尤为神来之笔,每一讽诵,悠然意远"。

1980 年,已七十岁的许景渊到北京钱锺书的寓所拜访,回忆起共在昆明的那段生活,不胜感慨。钱锺书将《午睡》诗和另一首于 1936 年写的《莱蒙湖边即目》再抄写给许景渊,"以证心影"。

许景渊激动非常,并赋诗一首:"昆明旧事渺尘埃,词馆文林记犹清。好梦花飞传秀句,虚廊月冷和诗声。卅年哀乐催霜鬓,四海交期数晓星。剩有吟怀销未得,白头问字旧门生。"许景渊把自己当作钱锺书的学生。此时,许景渊是河北大学外文系的教授,1982 年调到国际关系学院英语系任教,与钱锺书又同住一城。许景渊擅长汉诗英译,其译文大受美国读者的喜爱。同时,他的英译汉也很有特色,水平很高。如他翻译英国湖畔派诗人华兹华斯《水仙》一诗,巧妙地译成一首词的形式:"信步闲游,似孤云飘缈,把幽谷巉岩绕遍。蓦回首,水仙花开,璨璨金盏一片。绿荫下,翠湖边,迎风弄影舞翩跹。"虚实结合,似幻似真,诗情画意,令人叹为观止。可以说,这在一定程度上得益于向钱锺书学习写古体诗。

当年许景渊在昆明并没有住多久。1940 年 9 月,日军占领越南北部,进逼滇越边境,云南由中国正面战场的大后方和战略基地开始成为抗日战争的前沿阵地,战争的气氛日炽,他便逃难到了滇南碧色寨。许景渊在这里"蛮山穷居,悒悒寡欢,每托吟咏以遣愁思,辄呈寄先生吟教"。一次寄有《中秋无月有怀》诗:"潇然秋气满苗城,万里轻阴翳月明。露冷蛮山群岭黑,梦回孤馆一灯莹。似闻笑语邻垣度,难遣乡愁醉后生。绕砌寒蛩遍嘈切,凄清不是故园声。"[1]

这次许景渊寄来的信中有一首《碧色寨除夜忆内》诗:"帘栊独夜已伶俜,又听漫山爆竹声。屈指华年悲苦别,惊心烽火怯孤程。云屏绕梦双红烛,别馆萦愁一短檠。闻说三军新破敌,明年江上看归旌。"诗中蕴含的是浓烈的羁旅之情,和对新年"看归旌"的渴望。

1939 年 10 月 7 日,第一次长沙战役结束,日寇没能攻占长沙,其南侵西南大后方的阴谋受阻;1939 年 11 月 7 日,日军对晋察冀边区进行冬季大"扫荡",日军中将阿部规秀被击毙。可能这些胜利的消息,带给流落在异乡的许景渊无比的兴奋,他便写信与钱锺书分享。

但身在蓝田这个距长沙战役前线二百公里左右的钱锺书,就没有许景渊那么乐观。虽然第一次长沙战役中,日军死伤 13000人,但中国军队的第九战区伤亡 25833 人。张宪文主编的《中华民国史丛书·抗日战争正面战场》一书中是这样评价的:"……此次会战,从日军进攻开始,至日军主动撤退告终,战场全局的主动

---

〔1〕许景渊. 从钱锺书先生学诗散记. 牟晓朋、范旭仑. 记钱锺书先生. 大连:大连出版社,1995.

权基本上操之于日方。战斗结果,两军都回到原有阵地。因此,就会战局部而言,双方未分胜败。"更何况,钱锺书一行人从上海辗转到蓝田,一路上体验了"国破山河在,城春草木深"的况味,百姓流离失所、哀鸿遍野的苦难生活,也看到了一些国军军官借机发国难财的丑恶现实,对抗日战争的速胜感到迷茫,甚至失望。钱锺书便将这些感受融入笔端,写了一首充满愁绪的《镜渊寄示去年在滇所作中秋诗用韵酬之》诗回寄给许景渊。诗曰:

> 入春三日快初晴,又遣微吟杂雨声。
>
> 压屋天沉卑可问,荡胸愁乱莽无名。
>
> 旧游觅梦高低枕,新计摊书长短檠。
>
> 拈出山城孤馆句,应知类我此时情。

这首诗发表在 1940 年 2 月出版的《国师季刊》第六期上,收入《槐聚诗存》时改为《山居阴雨得许景渊昆明寄诗》,并且诗句有较大改动。修改后的诗曰:

> 改年三日已悭晴,又遣微吟和雨声。
>
> 压屋天卑如可问,春胸愁大莫能名。
>
> 旧游觅梦容高枕,新计摊书剩短檠。
>
> 拈出山城孤馆句,知应类我此时情。[1]

诗的大意是说:新年三天后太阳舍不得出来,每天是阴雨连

---

〔1〕钱锺书.槐聚诗存.北京:生活·读书·新知三联书店,2003.

绵,只能在房中和着淅沥的雨声读书吟咏。乌云低垂好像大石板压在屋檐上也压在心头,心中一片烦闷;如果可以问天,冲击胸腔的愁啊,大得说不出。想借读书来忘记愁,但是灯油将尽,只能高枕枕头做梦,去寻找昔日我们交游的情景了。我此时的心情和你一样哟,充满了"山城孤馆雨潇潇"那样的幽深愁绪。

诗中充满忧愁,并含蓄地告诉许景渊,"明年江上看归旌"是不可能的,但信中是否预测过何时可"江上看归旌"则不得而知。

不过,钱锺书一定翻看过钱基博发表在1939年3月出版的《国师季刊》第二期上的《日本论》一文。文章说:"及卢沟桥之战起,中国以日本之实逼处此,义无反顾,乃奋起而为抗战,迄今十八阅月矣,虽兵败地蹙,再接再厉,而日本劳师以袭远,情见劳绌,民不堪命,内难将作,百胜不足以取威,挫败且以亡国!强弩之末,其力几何,土崩之期,当不在远!"这是坚信中国抗战必胜、日本侵略必败的信念。怎样才能战胜日寇呢?钱基博提出了"忍"的策略,并举例说:"昔苏子瞻、子由兄弟论议汉高之所以胜,而项籍之所以败,在能忍与不能忍之间而已矣!"还举例说:"吾观于1914年,欧洲大战,法之所以能胜德,亦在忍之而已!"当然,这"忍"并非消极等待,而是"审机以待时,蓄锐以徐奋",最后说"法之胜德也,盖待之以五年。我之抗日也,当图不(按:"不"疑为衍字)以百忍,鸷鸟之击,必戢其翼,有为者亦若是!知戢翼之为鸷鸟,则知骤鸣之成黔驴矣。可不知所以自处哉"。钱基博虽然没有明说中国抗日也需像法之胜德那样待之五年,但坚信只要待之以时,乘日寇疲惫急时,像鸷鸟之击,必戢其翼,就可以"江上看归旌"了!

不过,钱锺书看问题的观点常与父亲不一致。可能,三个多月前,从上海到蓝田途中感受到的"国破山河在,城春草木深"的阴影还笼罩在钱锺书的心上。

十　夜坐无眠　忧思重重

我们都说钱锺书学贯中西，才高八斗，却不知他的付出。

郑朝宗曾说钱锺书："他天分高，记忆力强，已成为众所周知的事，但恐怕不大有人知道他是怎样勤苦用功的。前人有言'以生知之资志困勉之学'，意思是说最聪明的人偏要下最笨的功夫。我看这话用来形容钱锺书是最恰当不过的了。他名副其实，一辈子钟情于书，书是他的最大癖好，其余全要让路。在国外留学期间，为了博览不易看到的书籍，他竟日夜埋首图书馆的书丛里，孜孜不倦，终因用脑过度，归国后长期患头晕之症，每到晚间只能闭目静坐，什么事都不能做。"[1]虽然什么事不能做，但什么事都可以想。

1939 年，钱锺书在昆明时就写了一首《寓夜》，描述长夜难眠的痛苦心情，诗曰：

〔1〕郑朝宗. 但开风气不为先. 郑朝宗. 海夫文存. 厦门：厦门大学出版社，1994.

袷衣负手独巡廊,待旦漫漫夜故长。

　　盛梦一城如斗大,掐天片月未庭方。

　　才悭胸竹难成节,春好心花尚勒芳。

　　沉醉温柔商略遍,黑甜可老是吾乡。[1]

　　诗中描写一个春天的夜晚,诗人穿着夹衣,背抄着手在房外的走廊上来回踱步,不知踱了多少个来回,天还不见亮,夜是多么的漫长啊!

　　抬头看天地,一弯新月没有照亮庭院的四方。踱累了,回到房间里倒在床上,觉得这小小的房间犹如自己的一方如斗大的城池,可自由地做精骛八极、心游万仞的大梦。

　　春光是美好的,千思万虑是可以雕刻成宏图伟业的,但是自己没有八斗之才,胸中没有如苏轼那样的"成竹"[2]。

　　还是沉醉在温柔乡里反复思考,终老在这酣睡之中吧。

　　如果说在昆明长夜难眠,想得多的是壮志难酬,那么在国师的长夜难眠,占据心房的更多的是忧伤与愁思。

　　请看他写于1940年的一首《夜坐》诗:

　　吟风丛竹有清音,如诉昏灯掩抑心。

　　将欲梦谁今夜永,偏教囚我万山深。

〔1〕钱锺书. 槐聚诗存. 北京:生活·读书·新知三联书店,2003.
〔2〕胸竹难成节:言胸中没有成竹。反用胸有成竹之典故,苏轼《文与可画筼筜谷偃竹记》:"故画竹必先得成竹于胸中,执笔熟视,乃见其所欲画者,急起从之,振笔直遂,以追其所见,如兔起鹘落,少纵则逝矣。"

迨飞不着诗徒作,镊白多方老渐侵。

便付酣眠容鼠啮,独醒自古最难任。[1]

这诗描写的也是一个初春的夜晚。诗人坐在李园住房的窗前,听到窗外丛竹在夜风中摇曳,竹叶萧萧,好像在向昏暗的灯光诉说着抑郁的愁绪。

夜长梦多,今夜将梦见谁呢?当然想梦见的是远方的妻子、女儿。唯愿天天与妻子、女儿在一起。但我却把自己囚禁在这偏僻的小山城里啊,何时才能出牢笼呢!头上已拔掉了多根白发,老将至啊!生机勃勃之气势也没有了,借诗消愁也没用,只有愁更愁。谁会来读你的诗呢?你的诗别人读了又能怎么样?自己的忧思只能自己承受,诗稿也只能给鼠咬虫蛀去。众人皆睡我独醒,这孤独自古以来都是最难忍受的啊!

在当时,钱锺书窗前远处就是田野和一座小土山。蓝田的春天多雨潮湿,是萤火虫繁殖的季节,每晚七点到十一点半左右,端坐在窗前的钱锺书,就能看到成百成千的萤火虫一闪一闪地在田野上空飞舞。夜色的渺茫,触发了他对渺茫的人生道路的忧虑,于是一首《新岁见萤火》就伴着萤火虫的微光诞生了。其诗曰:

孤城乱山攒,着春地太少。

春应不屑来,新正忽夏燠。

日落峰吐阴,暝色如合抱。

墨涅输此浓,月黑失其皎。

〔1〕钱锺书.槐聚诗存.北京:生活·读书·新知三联书店,2003.

守玄行无烛，萤火出枯草。

孤明才一点，自照差可了。

端赖斯物微，光为天地保。

流辉坐人衣，飞熠升木杪。

从夜深处来，入夜深处杳。

嗟我百年间，譬冥行长道。

未知所税驾，却曲畏蹉倒。

辨径仗心光，明灭风萤悄。

二豪与螟蛉，物齐无大小。

上天视梦梦，前途问渺渺。

东山不出月，漫漫姑待晓。[1]

    此诗可分为四层。前八句为第一层，写地处盆地的蓝田的环境与气候。一座孤城被四周群山围攒；山城春来晚，让人能感受到春意的地方太少，没有一丝生机。正月刚来，天气却一下子燠热起来，好像是春天不屑来，暑天就直接来了一般。太阳落山了，夜幕慢慢地把天地合抱起来了。月亮没出来，夜色如墨，而萤火虫却正好在这时登场了。

    "守玄行无烛"到"入夜深处杳"这十句为第二层，写萤火虫。行走如果没有烛火，就只好独自守着黑夜；只见一只只萤火虫从枯草堆里飞出来。虽只是一星点儿一星点儿孤独的亮光，但是照亮自己却完全够了。它们闪耀在黑夜中，这卑微的萤火虫发出的光，是为天地潜藏的。萤火虫一会儿落在人的衣服上，一会儿闪

---

〔1〕钱锺书.槐聚诗存.北京:生活·读书·新知三联书店,2003.

烁着飞升到树梢上。它们从黑夜的深处飞来,又飞到黑夜的深处去,一下子就杳然不见了。[1]

从"嗟我百年间"到"前途问渺渺"这十句为第三层,写诗人对人生的感叹,叹息自己长长的一生,好像一直在黑夜中行走。不知道哪里是归宿,又畏惧在曲折坎坷的道路上跌倒。人生道路的辨认只能靠自己的心光,但它像风中的萤火虫或明或暗。

按照庄子《齐物论》的观点来看,伟大与渺小就像豪杰与螟蛉一样都是相等的。

向上看天,天也懵懵懂懂,向它问前途,也是渺茫不知。

最后二句为第四层,以景语作结,照应开头。漫漫长夜,等待月亮从东山出来,但等不来哟,等来的只是东方露出的鱼肚色。唉! 这,又是一个不眠之夜啊!

长夜难熬,钱锺书很想有人发明一种能粘住太阳不下山的"强力胶",这奇特的想法催生出了他的《山斋晚坐》诗,诗曰:

> 粘日何人解炼胶,待灯简册暂时抛。
>
> 心无多地书难摄,夜蓄深怀世尽包。
>
> 一月掐天犹隐约,百虫浴露忽喧哓。
>
> 碍眉妨帽堪栖止,大愧玄居续解嘲。[2]

---

[1]"从夜深处来"四句,是说人生世间好比深夜的飞萤,生,是从不可知的大夜而来,死,则消失而仍归于大夜。它脱胎于《英吉利教会史》(*The cclesiasticalHistory of The English Nation*),其第二卷十三章。这一章有一节略云:"吾人生世间,为时极短,生前若死后,俱神秘莫可知。亦如冬夜中,风肆雪虐,吾人相聚欢饮,壁炉之火,炽然而燃,而于此际,偶有一雀,自门外飞入,逗留片刻,遂复由窗飞去。当彼在屋中时,受屋之庇,略无风雪之侵,然亦只此一瞬,倏忽之顷,自暗夜而来之雀,又复归于暗夜中矣。人生世间,亦犹如是,一弹指耳。生之前,死之后,俱如大夜,不可知也。"这一节文字,是英国文学史上的名篇,钱先生不会没读过。
[2]钱锺书.槐聚诗存.北京:生活·读书·新知三联书店,2003.

"粘日"想法起源于唐朝司空图,他在《杂言》诗里说:"朝来暮去驱时节,女娲只解补青天,不解煎胶粘日月。"钱锺书化用它,是希望光阴过得慢些。陆游《醉乡》诗也说:"醉乡卜筑亦佳哉,但苦无情白发催。痴欲煎胶粘日月,狂思入海访蓬莱。"

太阳没有被粘住,天却暗下来了,但还未到送电时刻(1940年5月,国师自建了发电厂),暂时把书本放到一边,端坐窗前默默地看着天黑之景。金代元好问《眼中》诗曰:"眼中时事益纷然,拥被寒窗夜不眠。骨肉他乡各异县,衣冠今日是何年。枯槐聚蚁无多地,秋水鸣蛙自一天……"此时钱锺书的境遇与此诗描绘的情景差不多。在处境困难时,心一旦放松下来,就难以静心读书了。此时,夜好像积蓄了思虑深远的怀抱,把世界包裹了。

抬头看天空中一弯新月,好像人用指甲把青天掐破了;[1]百虫沐浴了露水就一下子喧闹起来了,但热闹是它们的,钱锺书心中仍是孤寂的。

不信你读最后两句,钱锺书说房檐能碰到帽子、户门可触到眼眉的低矮房子足够居住,怎么是为了追求居住高大的房子来到这里呢?如果是这样,那么面对不慕荣利曾作《玄居释》的西晋学者、文学家束皙就会感到非常惭愧。对人的误解,只好像西汉不愿趋附权贵而自甘淡泊却被人误解的扬雄那样写《解嘲》诗来自我解嘲。

这诗的背后是否隐藏着这样的事实:有人误以为钱锺书来国

---

〔1〕第三联,钱锺书自注:"《元诗选·乙集》元淮《金团吟·端阳新月》:'遥看一痕月,掐破楚天青。'"

师任教是因为国师给了比西南联大高的职位和待遇。杨绛在《钱锺书离开西南联大的实情》一文中说："锺书的母亲、弟弟、妹妹，连同叔父，都认为这是天大好事。有锺书陪侍他父亲，他们都可放心；锺书由他父亲的一手安排，还得了系主任的美差。这不是四角俱全的美满好事吗！"连自己的至亲都这么认为，别人就没有这种认为吗？杨绛辩解说："锺书不是不想念父亲。但是清华破格聘他为教授，他正希望不负母校师长的期望，好好干下去。他工作才一年，已经接了下一年的聘书，怎能'跳槽'到蓝田去当系主任呢？他也不想当什么系主任。即使锺书这么汲汲'向上爬'，也不致愚蠢得不知国立清华大学和湖南蓝田师范的等差。"

解嘲只能起一时的宣泄作用，是不能彻底消除心中的无奈和烦闷的，更何况人的愁思与烦恼时时有，它会像蛇一样缠绕着钱锺书一夜一夜地难眠，让我们再来读他的《山斋不寐》诗。诗曰：

> 睡如酒债欠寻常，无计悲欢付两忘。
> 生灭心劳身漫息，住空世促夜偏长。
> 蛙喧请雨邀天听，虫泣知秋吊月亡。
> 且数檐牙残滴沥，引眠除恼得清凉。

诗开头就说，像酒徒常欠酒债一样，钱锺书是常欠睡眠账，原因是人生的悲愁，没有办法把它们忘掉。人世间的忙忙碌碌，让人身心交瘁，世界变化太快，黑夜却偏偏长久。听，窗外青蛙在聒噪喧闹，好像在向天求雨，昆虫在窸窸啼鸣，好像在悲吊自己短暂的生命。果真下雨了，数着屋檐滴沥之声，以引人入睡，来消除烦恼；但怎么能睡得着呢？数雨滴到天亮，只赚得一夜的清凉。

不只是人事的忧愁、烦闷使钱锺书许多夜晚难眠,更有对时局的担忧,使他一坐到天明。请读他的《山斋凉夜》诗,诗曰:

孤萤隐竹淡收光,雨后宵凉气蕴霜。

细诉秋心虫语砌,冥传风态叶飘廊。

相看不厌无多月,且住为佳岂有乡。

如缶如瓜浑未识,数星飞落忽迷方。[1]

钱锺书对蓝田的萤火虫情有独钟,此诗仍像《新岁见萤火》那样,用萤火虫为意象。

这诗写于一场秋雨之后,天气开始转冷,凉气正在孕育着下霜呢。萤火虫不如春天那么满天飞了,只见孤单的萤火虫在竹林中飞来飞去,萤火时明时暗,最后隐藏不见了。

枯黄的秋叶一片片地飘转到走廊里,暗传着秋的信息,昆虫在台阶处细细地叫着,好像在倾诉愁思。

秋虫的愁思哪有我这么多呢?与妻子两地相看而看不厌的圆月,今年又不多了,还是暂且住在这里好,哪里还有家呢?我们无锡的家已沦陷于日寇铁蹄之下,无家可归啊!

突然眼前一点亮光闪过,原来是天上一颗大流星掠过,但没全看清,不知飞到哪里去了。这是不是大灾难的征兆呢?古人说,流星"如缶""如瓜"将有灾难降临。

这不是诗人迷信,而是1940年的形势令人担忧。国际上,德国法西斯节节胜利,5月17日德国占领比利时布鲁塞尔;6月14

――――――――――――――――――――
〔1〕钱锺书.槐聚诗存.北京:生活·读书·新知三联书店,2003.

日,德军占领巴黎;6 月 17 日,法国总理贝当向纳粹德国宣布投降;8 月 13 日,希特勒实行"海狮计划",不列颠空战爆发。这是纳粹德国对英国发动的大规模空战,也是第二次世界大战中规模最大的空战。9 月 23 日,日军进驻法属印度支那,并占领该地。9 月 27 日,德国和意大利接受日本加入轴心国,签署《三国公约》,柏林—罗马—东京轴心正式形成。

国内,日寇加紧侵略中国,日军执行"101 号作战协定"。从 5 月 12 日到 5 月 30 日,日机轰炸重庆 13 次,出动飞机 608 架次,投弹 419 吨。其中 19 日,日本"联合空袭部队"为歼灭中国空军,掌握制空权,首先袭击了重庆附近的白市驿机场和梁山机场,并轰炸了成都、温江、南充、宜宾等地。20 日,日机把轰炸重点转向重庆,每天分作二至三批,连日轰炸。重庆市内硝烟弥漫,横尸满地,造成数万人死伤,1.76 万幢房屋被毁。6 月至 7 月,日军集中 2 万余兵力,对晋西北抗日根据地发动夏季大"扫荡",妄图"消灭'盘踞'兴县、临县、岢岚地区的共军",一度进占兴县县城,晋西北根据地遭到严重破坏;8 月 1 日,日本外相松冈洋右在为德国驻日大使奥特举行的招待会上,第一次提出了"大东亚共荣圈"的计划,即以"共存共荣"为幌子,建立一个以日本为主宰的,"以日、满、华的牢固结合为基础的",囊括印度以东、澳大利亚和新西兰以北的所有地区和国家的殖民大帝国;在经济上由日本垄断"共荣圈"内的丰富资源和广阔市场;在军事上通过占领南洋地区,利用其资源和战略基地,与英、美进行争夺亚太地区霸权的持久战,建立日本的势力范围。这些怎不叫钱锺书产生深重的忧虑呢?

夜坐的钱锺书有挥之不去的离愁别绪,有世事的烦恼,有面对渺茫人生道路的迷惘,有一夜难眠的痛苦,有对时局的担忧……

钱锺书归国后长期患头晕之症,不仅是因为用脑过度,更因为心中有太多的忧虑和愁思。

钱锺书1934年回故乡无锡写的一组《还乡杂诗》,其三曰:

> 浅梦深帷人未醒,街声呼彻睡忪惺。
>
> 高腔低韵天然籁,也当晨窗唤起听。

钱锺书此时睡意蒙眬。故乡的声音,即使嘈杂也是天然的音乐,权当作鸡鸣鸟叫声来听,亲切和温馨。

十一　串门散步　排遣愁闷

当然，钱锺书并非天天晚上端坐窗前静思不已，也常常串门聊天，消除愁闷。吴忠匡在《记钱锺书先生》一文里说："蓝田时期，除了和极少数极熟习的同人有往还交际而外，锺书并无外事困扰，手头的时间是充裕的。晚饭以后，三五友好，往往聚拢到一处，听锺书纵谈上下古今。他才思敏捷，富有灵感，又具有非凡的记忆力和尖锐的幽默感，每到这一时刻，锺书总是显得容颜焕发，光彩照人，口若悬河，滔滔不竭。当他评论古今人物时，不但谈论他们的正面，也往往涉及他们的种种荒唐事，譬如袁才子、龚定庵、魏默深、曾涤生、李越缦、王壬秋等，他能通过他们的逸闻轶事，表露得比他们的本来面目更为真实。'如老吏断狱，证据出入无方。'听锺书的清谈，这在当时当地是一种最大的享受，我们尽情地吞噬和分享他丰富的知识。我们都好像在听音乐，他的声音有一种色泽感。契诃夫说得对：'书是音符，谈话才是歌。'"[1]

　　钱锺书特别喜欢到徐燕谋的住处串门聊天。徐燕谋住在距离李园四百米左右的金盆园（原址在今涟源一中的体艺综合楼处）。金盆园有一栋上下两厅堂，中间有一天井、厅堂两旁是厢房的大建筑，样式与今涟源一中西南侧的定为湖南省文物保护单位的谭家花屋是一样的，但规模比它略大，为同一个房主。随着年级增多，李园已容纳不下，国师便买下金盆园及附近山地，修建国师二院。当时金盆园一部分房子住国师教师，一部分房子为三青团国师分团部。据吴忠匡在《记钱锺书先生》一文中回忆，"……有一次晚饭后，我们同往徐燕谋先生校本部外的金盆园寓处闲话。一些同人围上前来，锺书上下古今，娓娓不倦。到激情处，他挥着手杖，手舞足蹈。到兴尽告别时，燕谋先生才发现他张挂的蚊帐上被戳了好几处窟窿。锺书大笑着拉着我一溜烟跑了"[2]。

　　钱锺书也常到德志园去串门聊天。德志园在李园的东北方，在升平河对岸，二者相距千米左右。从李园大门出来向北走，路过金盆园，向东北方向过升平河；今天则可从涟源市政府大门沿国师路向北走过尊师大桥，横过福源路向东北走百米左右，便来到德志园废墟处。升平河是一小河，丰水期河面宽三四十米，枯水期则一二十米。国师开办之初，德志园被国师租赁来供教师居住。为了方便国师的师生来往，在河湾处架设了一座木板桥，冬天就如《围城》第七章里描写的那样："溪水涸尽，溪底堆满石子，仿佛这溪新生的大大小小的一窝卵。水涸的时候，大家都不走木

<hr />

[1]田慧兰等.钱锺书杨绛研究资料.北京:知识产权出版社,2010.
[2]田慧兰等.钱锺书杨绛研究资料.北京:知识产权出版社,2010.

板桥而踏着石子过溪。"

德志园中间一大堂屋,堂屋两边各有四间住房(楼上楼下,则有八间),楼下部分是青砖砌墙、楼上部分是土砖砌墙的湖南典型的普通民居,户主为谭顺达。后来又建筑同样规模的一栋,租给国师教师居住。一般一位教师住一里一外两间房。教师多来自浙江、江苏、上海,大多都曾在私立光华大学任教,如英文系的教授汪梧封。这些教师与钱锺书不是朋友就是同人。

汪梧封多次邀请钱锺书来德志园一起吃火锅,边吃边聊,不亦乐乎。钱锺书读书札记《湘日乘》1939 年 12 月 24 日记载:"……即赴梧封招。"1940 年 1 月 4 日又记载:"梧封招吃火锅。安得季与健共亨之?"钱锺书自己吃了还不算,还恨不得与妻子杨绛(本名季康)和女儿健汝(圆圆的学名)一起来享受汪梧封的火锅,但是杨绛和女儿此时却远在千里之外的上海。可能在吃火锅之前,汪梧封把自己的论文《观众心理与戏剧》草稿,请钱锺书提意见,而钱锺书也不客气地提了些意见。这篇论文发表在《国师季刊》第六期上,题目下面郑重地印着这么一句话:"写本文时,得钱锺书先生不少帮助,特此志谢。"

《围城》第七章里描写"汪家租的黑砖半西式平屋是校舍以外本地最好的建筑,跟校舍隔一条溪"。这建筑的原型就是德志园,这"本地"应是指升平河北岸。《围城》里描写的汪家,不是以汪梧封为原型的。住在德志园的教师房子里的摆设一般是一张书桌、一张饭桌、几把木椅或木凳、一个冬天烤火的炉盆、一张木床、一个书架——这些家具应该是学院配备的。《围城》第七章里写汪家打"无声麻将",即在桌子上盖毯子,毯子上盖漆布,打麻将就无声了。这打"无声麻将",并不是租住在德志园教师的教余生活的反映。2003年,本人带领涟源一中《围城》研究性学习课题组的学生,访问了德志园房东的儿媳妇——一位八十多岁的老太婆,她向学生们讲述她眼中的国师师生。她和租住在她家的从上海江浙一带来的教授们虽然互相之间话语难懂,但关系非常好。她每天给那些教授担水,教授们除了付工钱(一担水一分钱,当时蓝田一个鸡蛋2分钱),有什么好吃的,也常给她吃;教授们要买什么荤菜,总是托当地人从几里外的镇上市场捎回来;教授们上完课回来,就是在房里看书写字,从不打扑克和打牌;每天早晨和黄昏时,她屋前的田埂上总有学生在读书,在吟诗,在哇啦哇啦读什么外语。全没有《围城》第七章描写汪处厚家那样富贵人家的摆设和生活,也不是汪家主人与用人那种关系。这是学生们寻访到的另一座"围城",读到的另一部"围城"。如果钱锺书说他的《围城》是写人性的一面,那么同学们寻访到的是人性的另一面。

倒是《联大教授》里记载道:"清华大学教授闲暇时打桥牌在战前北平是平常的娱乐,他们将这一娱乐运动延续到昆明。不仅文科教授喜欢,理科教授似乎更爱打桥牌,甚至上瘾。"同书第214页还说"蔡老师酷爱打桥牌,还是在清华园的时候,一次有四位同学于课余之暇在绘图室打桥牌,蔡老师兴致勃勃地坐下打起来了"[1]。《绝对风流·苦中作乐打桥牌》也记载:"有的联大教师痴迷打麻将,以致小偷乘虚而入竟不知。作为教务长的潘光旦,写了一封信贴在他们客厅的门框上,大意是希望他们玩要有'度'……"

《围城》第七章里还写汪处厚太太为做媒在家里请赵辛楣、方鸿渐、刘小姐、范小姐等四人的客,席中,校长高松年"闻着香味寻

---

[1]冯友兰等.联大教授.北京:新星出版社,2010.

来",与大家谈笑风生,"今天是几个熟人吃便饭,并且有女人,他当然谑浪笑傲,另有适应"。高松年的这种性格大概不是以廖世承院长为原型的。国师教授朱有璇回忆廖院长具有"清寒本色","廖先生生活极其简朴,长年一件中山装,与学生一锅吃饭一盘吃菜,住在学生宿舍,屋内只有一张床、一张书桌、两张板凳";还说廖院长"以身作则","校长工作十分繁重,他从不放弃为学生上课,认真严格地批改每周一次的学生作业,在课堂上评议⋯⋯对待同事,廖先生态度温和又诚恳"。当时国师一些受聘教授是一路要饭去上任的,"他们是冲着廖先生的为人和敬业精神而去的"。国师教师薛炽涛回忆廖院长具有"艰苦奋斗、公而忘私"的崇高品德。倒是《绝对风流》(第162页)有这样的记叙:西南联合大学校务委员会常委兼主席"梅贻琦很享受与同事、朋友在一起的'生活酒'。在这样的酒桌上,梅贻琦心情很放松,和同事、朋友增进了感情交流,又缓解了时局与校务的沉重压力。喝了酒,他最喜欢的'余兴节目',是谈诗,听曲(昆曲/大鼓),独自赏月,看竹(麻将),或 bridge(桥牌)"。

钱锺书本性喜欢与朋友交往,写于1939年初秋的《杂书》组诗第四首曰:

> 性本爱朋侣,畏热罕诣人。
>
> 龇儴程所嘲,剥啄韩亦嗔。
>
> 好我二三子,相望不得亲。
>
> 徐郭[1]擅词翰,陈[2]髯亦轶群。

---

[1]徐即徐燕谋,郭指郭晴湖。
[2]陈指陈式圭。

近邻喜冒郎〔1〕,璠也洵鲁璠。

折简酬新凉,茗碗共论文。〔2〕

此诗说的是:

自己本性喜爱朋友,因怕热,在这暑假里很少去拜访他们。

晋朝程晓《嘲热客》诗里说:冒暑而来的宾客,是不晓事的人,唐朝韩愈在《剥啄行》诗里也嘲笑那些"剥剥啄啄"敲门的客人。

在暑热天里,对喜爱我的朋友们,也只是相望而不愿上门亲近了。

这些朋友中,徐燕谋、郭晴湖擅长诗文,陈式圭也诗文超群。

近邻中喜欢冒叔子,鲁璠这位朋友确实如一块美玉。

裁纸写此诗作为信来相约朋友一起来边喝茶边谈文吟诗,以报答凉爽天气的到来。

这首诗写于上海,在蓝田虽然没有郭晴湖、冒叔子、陈式圭、鲁璠,但有徐燕谋、吴忠匡、汪梧封这些朋友,还有锺泰、马宗霍等爱诗的长辈,与他们谈文吟诗,是排遣幽思愁闷的良药。

只是,那次除夕唱和后,他们的交流就少了,除了徐燕谋、吴忠匡、锺泰和钱锺书偶有唱和。这应是钱锺书在国师感到孤寂的原因之一。

串门聊天可排遣幽思愁闷,散步可使人心旷神怡。唐朝杨师道《春朝闲步》诗中描写道:"休沐乘闲豫,清晨步北林。池塘藉芳草,兰芷袭幽衿。"这是多么惬意。

---

〔1〕冒郎字叔子。

〔2〕钱锺书.槐聚诗存.北京:生活·读书·新知三联书店,2003.

杨绛《记钱锺书与〈围城〉》:"锺书小时候最乐的事是跟伯母回江阴的娘家去;伯父也同去(堂姊已出嫁)。他们往往一住一两个月。伯母家有个大庄园,锺书成天跟着庄客四处田野里闲逛。他常和我讲田野的景色。"[1]

青年的钱锺书爱在故乡的暮色中散步。1933 年,钱锺书从清华大学外国语文系毕业后,在上海光华大学任教。1934 年 4 月 1 日,到北京看望未婚妻杨绛,4 月 9 日返回故乡无锡,写了一组《还乡杂诗》。第四首写故乡的秋景美如画,叫人陶醉。诗曰:

> 深浅枫如被酒红,杉松偃塞翠浮空。
> 残秋景物秾春色,烘染丹青见化工。

第一首写在故乡的暮色中散步:

> 昏黄落日恋孤城,嘈杂啼鸦乱市声。
> 乍别暂归情味似,一般如梦欠分明。[2]

故乡昏黄的落日依恋着孤城不肯离去,爱故乡的人岂不是这样!在回乡的心里,故乡的一切都是叫人留恋的。市场的嘈杂声与乌鸦的啼叫混合在一起,虽不悦耳,听起来使人感到亲切、温馨;使人感到似真似幻:真的回来了吗?

在异乡的蓝田,钱锺书爱在田园中散步。常常在傍晚,独自

---

〔1〕钱锺书.槐聚诗存.北京:生活·读书·新知三联书店,2003.
〔2〕钱锺书.槐聚诗存.北京:生活·读书·新知三联书店,2003.

一人提着文明杖徜徉，"钱说那是留学期间学来的英国绅士的派头"[1]。国师学生淡人用《在国师联谊社前眺望》（国师联谊社在今涟源一中校园内，当时可俯视四周田园风光）一诗，描写了国师周围的美丽景色：

一座别致的小屋站在光明山上，

旁边绕着涟水，

前面躺下富有田园风味的村落。

它逗引着人——

像时刻在：

微笑

招手。

我几乎每天倾倒在它的怀抱。

在清晨，

那朦胧的朝雾，

笼罩着山川树木田地。

高矮近远的一切

都隐藏在神秘里。

朝气慢慢儿上升，

天空渐渐儿明亮，

拨开神秘的雾罩

天边镶上灿烂的霞晖。

[1]夏志清.重会钱锺书纪实.杨联芬.钱锺书评说七十年.北京:文化艺术出版社,2010.

我含笑地欢迎着热烈的阳光。

在傍晚，
苍茫的暮色，
从上到下，
由远而近，
吞没宇宙的一切。
前面的村落失陷了，
偶然传来几声稀疏的犬吠，
浮现几处零落的灯火。
这时黑色的天幕，
挂上万点繁星，
一轮明月。
我静肃地正视着沉沦的世界，
向那遥远的光芒
祈祷，
景仰。

我愿意天晴，
展览上帝的成绩——
辽阔的蓝天，
浮游的白云，
秀丽的远山，
重叠到远远的地平线上。

我愿意天雨，

洗刷世界的污浊——

雨喧哗着，

风咆哮着，

河水曲折地流，不断地推去秽屑和残滓。

山上底松树披起常绿的衣服，

河边的筒车昼夜不绝地呼号，

爱到这儿的人们，

开启丰富的话匣，奏起和婉的歌曲，

四壁的虫

也来凑热闹。

人们散去

留下岑寂。

我仍伴着长椅，

弛放心弦，

仿佛与万花冥合，

如魑魅的黑幕来幽禁我，

而我的心思却任情地飘游。[1]

　　但是这田园风光再美好，也不如故乡的风景给钱锺书带来亲切和温馨。

　　临近暑假了，是回上海去，还是留在这里呢？这个问题困扰

---

〔1〕淡人．在国师联谊社前眺望．《国力》月刊，1943．

着钱锺书,不知多少个晚上没睡好了。这天傍晚,钱锺书一个人又信步而行,来到田园,久久不愿离去。

夕阳西下,暮色隐没了远处的山峦;乌鸦纷纷归巢,钱锺书伫望着它们,心里倍加羡慕。"盖死别生离,伤逝怀远,皆于黄昏时分,触绪纷来,所谓'最难消遣'。"[1]

天还没全黑下来,一轮弯月被招惹出来了。听远处河水奔流向东,心也随它东去。

去、留的决定,看似只有简单的两个字,却是最难的选择。思念妻子女儿的愁思是忍耐不住的。"情差思役,寤寐以求,或悬理想,或构幻想,或结妄想,金以道阻且长、欲往莫至为因缘义谛。哲人曰:'日进前而不御,遥闻声而相思'……'渺渺兮余怀,望美人兮天一方'。"[2]钱锺书心里默念着。

散步是为了散心,但这次散步更添了无限的羁旅之愁。这愁心就凝成一首《傍晚不适,意行》。诗曰:

渐收残照隐残峦,鸦点纷还羡羽翰。
暝色未昏微逗月,奔流不舍远闻湍。
两言而决无多赘,百忍相安亦大难。
犹有江南心上好,留春待我及归看。[3]

---

〔1〕钱锺书.管锥编(第一册).北京:生活·读书·新知三联书店,2007.
〔2〕钱锺书.全上古三代文卷一〇.钱锺书.管锥编(第三册).北京:生活·读书·新知三联书店,2007.
〔3〕钱锺书.槐聚诗存.北京:生活·读书·新知三联书店,2003.

十二　小镇"探险"　流连忘返

　　蓝田虽然距前线二百公里左右,但是钱锺书在蓝田时,还没有那种被日寇占领的担忧,因此,钱锺书没有必要邀请朋友一起火急火燎地去游览这座有小南京之称、当时已成为湖南省教育文化重镇的小镇。

　　蓝田之得名,与陕西省的蓝田不同。那个蓝田古时以盛产蓝田玉闻名,而这个蓝田的命名源自宋朝著名理学家张栻(号南轩),他曾考察至这里,谓"地宜蓝",后遍种蓝草于郊野,故名"蓝田"。这蓝草为一年生草本植物,茎红紫色,叶子长椭圆形,花淡红色,穗状花序,结瘦果,黑褐色。叶子含蓝汁,是用来提炼染料——靛青的原料,也就是《荀子·劝学篇》里说的"青,取之于蓝,而青于蓝"之"蓝"。

　　不过,到20世纪三四十年代,蓝田早已不生产这种蓝靛了。国师理化系教授陆静孙(祖安)来到蓝田,"住了几天以后,就到街面上去打听蓝靛的出产状况。哪知道大大地出乎意料,原来蓝田地方没有蓝靛出产，以前有没有出产，没有人知道。染坊里人根本不知道提取蓝靛的草是什么样的植物，提取的时候有什么的程序。讲到他们现在所用的染料，大部分是外国货，只极小的部分是用土产的蓝靛，是从新化运来的。而且对于土产蓝靛，并不信任：说是土产蓝靛一斤，只抵洋靛一两，而在施用时，洋靛比土靛容易得多，所以在抗战期间，运输这么难，金价这么高，他们还是情愿买洋靛"[1]。

　　一天，钱锺书独自提着文明杖向镇上走去。李园大门口曾是一条乡间小道，国师把它扩建成一条宽一丈的"国师大道"，当然，这"大道"按今天的标准来说，仍只能说是小道(不过，今天它已扩建成了一条六车道的名副其实的"国师大道"了)。沿着"国师大道"前行百米左右，在李园的侧对面是三层楼的远东饭店，国师的一些学生和教师常光顾。再向前走几十米，是国师正在修建的当时湖南省第一个标准的田径场，这里原是一片田园，被国师购买。晚上，钱锺书坐在自家房子的窗前也能听到田径场一带的蛙声，《围城》第七章里写道："表上刚九点钟，可是校门口大操场上人影都没有。缘故是假期里，学生回家的回家，旅行的旅行，还有些在宿舍里预备春假后的小考。四野里早有零零落落试声的青蛙。"

　　再向前行走几十米便到了新建街，这是一条南北走向、中途又拐向东南的街，长约千米。路面全是铺的青石板，钱锺书的文明杖点到青石板，响声一定很亮。这条街上店铺林立，有武汉商行、南昌商行、长沙商行、湘潭商行……这些并不能引起钱锺书的注意。吸引他目光的是那蓝田启明书局、湖南蓝田新中国书局、

---

[1]陆静孙. 从蓝田说到蓝靛. 蓝田:国立师范学院. 国师季刊,1940.

求知书店、蓝田书报合作社、学余编印社、公益印刷公司的招牌。他走进去看一看，问一问。它们出版书籍，也出售桂林、重庆等地出版的书籍、杂志，有中小学教材，有文学作品，有学术著作，竟然能出版厚达七百多页的《汉英词典》，并且编辑水平和印刷水平甚佳，虽然纸张差一点。这使钱锺书感到非常兴奋。

他买到了一册清人笔记《岁时广记》，喜不自禁。20世纪70年代，钱锺书写作《管锥编》时，在第四册（第2282页）里引用了这本清人笔记里的一则资料——"言及无锡以产泥娃娃出名，他说，吾乡称土偶为'磨磨头'，而自道曰'傜佲'，故江南旧谚，呼无锡人为'烂泥磨磨'，亦犹如苏州人浑名'空头'，常熟人浑名'汤罐'，宜兴人浑名'夜壶'是也。"[1]

走出新建街，便是雷家巷，向西横过去是墨溪的雷总码头，这是蓝田五大码头之一。当时蓝田把码头称为"总"，一共有十八"总"，足见当时水运的繁忙。每月有上千艘木帆船进出蓝田，把木材、楠竹、土纸、茶叶、松脂、棕片、毛皮等山货和锡矿山的锑运出去，把粮食、棉花、南货运进来。抗日战争时期，武汉、长沙等地的难民聚集到蓝田来，使一个原本只有八千人的小镇，骤增到四万多人，消费量是巨大的。大码头上，抬货上岸的、担货下船的，码头的石级上人上人下，人声嘈杂，热闹非凡。钱锺书是不太爱热闹的，他没有在这里停留，就匆匆向前走去。墨溪口陆路是蓝田通到邵阳的必经大道，钱锺书一行人来蓝田时，可能就是从这里进入的；1941年的暑假，钱锺书也可能就是从这个码头坐船离开蓝田，辗转回上海的。

---

[1]汤晏. 一代才子钱锺书. 上海:上海人民出版社,2006.

从雷总码头转向东走不多远,是一座有千年历史的石拱桥——南溪桥。南溪桥二墩三孔,净跨 10 米,长 37.6 米,高 10米,净宽 6.25 米。桥体全系料石组构,桥基台墩棱状,南北两岸,砌石护墙。桥面铺有长方形石板,排列平整有序。两边砌榨石为栏杆,重者达 1.4 吨。石墙上刻有麒麟,栩栩如生。桥面两端设台阶,南端为 24 级,北端地高,仅 2 级。桥头两端石板铺路,全长60 余米。桥下是墨溪河,当时有诗句说"墨溪碧水流都市,五马青山绕蓝田"。远眺蓝溪桥,宛如长虹,飞架两岸;从河面仰视它,桥孔俨如城门高耸悬拱,把你的目光吸引到洞开的一片天地,远处腰桥、古桥、新桥三桥依次相列,高低错落,桥上人来人往,隐约可见。站在桥上四望,远山苍翠,墨溪如带,两岸楼阁凌霄,客商骚人,往来云集。桥面两边都是各色小吃排档,有面条、馄饨、包子、馒头,特别是正宗的地方小吃红薯粉、猪血、米豆腐、油炸的多种豆子粑、葱油粑、糯米粑、米面,等等。

　　再向前走,便来到了中山正街。中山正街是当时最热闹的街道,各类店铺一间连着一间,平时生意很红火。临河的一面都是吊脚楼,有很多染坊,把一匹一匹白布染成蓝底白花的印花布,远销云南、贵州、湖北等省;街的另一面有布庄、照相馆、食品店,更多的是南货店、杂货店,等等。国师理化系陆静孙教授比钱锺书略早一点游览蓝田,蓝田给他的"第一个印象,就是街道上染坊的众多,曾经数了一下共计四十五家。以一个小镇,说得上的店铺,不过三四百家,而染坊占据这许多。虽然那些染坊规模都是很小的:有的备三四只染缸,有的备七八只染缸……"[1]钱锺书的印

〔1〕陆静孙. 从蓝田说到蓝靛. 蓝田:国立师范学院. 国师季刊,1940.

象也应与这差不多。

与中山正街并行的是中山后街。这里有 1938 年 4 月从长沙搬迁于此的长郡联立中学，租赁"湘乡会馆"和"蓝田玉茶庄"为校舍。当时的校长是鲁立刚，钱锺书听说过，国师创办于蓝田，跟他有很大的因缘。筹建国立师范学院时，选址几个地方都不如意。廖世承在长沙焦急苦闷时，在一书店偶遇上年在庐山晤面的长郡联立中学校长鲁立刚。鲁立刚在国师成立三周年演讲时回忆，"那时我心里想，如果有了大学在湖南，而且在我们学校旁，那是多么好的事情。因为师范学院是中等学校的母亲，廖院长是国内有名的学者，对于中等教育经验尤其丰富，而且又能请到有名的学者，如果在我学校旁边，我就能够常常去领教、询问"，所以竭力向廖世承推荐蓝田。蓝田，当时属安化县，鲁立刚认为"安化蓝田"这地名有"安定文化、青出于蓝"之意。于是，9 月 13 日廖世承率办事员诸懋孚赴蓝田相择院址，发现蓝田地处湘中，距长沙一百多公里，远离粤、汉铁路，日寇沿交通干线深入内地的侵犯性小；而且蓝田有水路、公路、铁路，交通便利。蓝田地形为山中盆地，四面环山；盆地中并非一马平川，亦有众多小山土丘，树木荫蔽，有利于防日寇飞机空袭。商业繁荣，文教之风较盛，当时已有唐山交通大学工学院搬迁在蓝田附近的杨家滩，长沙的长郡联立中学、私立明宪女中、私立大麓中学、私立妙高峰中学、私立周南女中等学校搬迁在蓝田镇内。特别是有"李园"可租赁，方便即时招生、开学，便决定借李园为院址。廖世承在《本院成立三周年之回顾》的演讲中说，决定设址蓝田，"其理由有四：一、地非军事要冲，而交通尚便利；二、学院离市镇里许，环境清幽，树木荫蔽，学生可安心读书，且少空袭之虞；三、物价低廉，建筑工料不缺乏；

四、为湘黔铁路通过之站,符合教育部指示之原则"。

当时,蓝田的街道很狭窄,只有六尺多宽,钱锺书离开蓝田后一年,街道才进行扩宽,正街扩宽一丈八尺,次街一丈六尺,要巷一丈,次巷八尺。但街道整洁,这是国师创办后带来的变化。国师创办后,国师学生举行蓝田街市的清洁运动,并宣讲夏令卫生常识,增强了市民的公共卫生意识,使市民"认识清楚了'清洁卫生'在夏令卫生中的重要性,是不亚于吃饭穿衣的。同时,讲求卫生,是真在求得一身一家一地方乃至一民族的健全和强国,从此,他们至少有了'各人自扫门前雪,也管他家瓦上霜'的观念了"[1]。1940年9月9日,国师举行第二次卫生运动,请教授赵敏学、主任医师刘志燮,率医务助理王增才、杨恢复,护士章蕴宜等分任宣传队各队领队,在蓝田市街举行卫生宣传,并给民众注射霍乱、伤寒、痢疾等疫苗。蓝田的卫生状况大大改善。

一路走来,钱锺书还不断从街头墙壁上看到或旧或新的电影广告和演出广告。蓝田在1934年第一次放映了无声电影,片名《七星宝刀》。抗战时期,蓝田有青年电影队,在各学校巡回露天放映无声电影《薛仁贵征东》等影片。国师办有话剧团,曾在蓝田镇剧场公演《雷雨》数天,场场满座,不少人从湘潭、邵阳、锡矿山赶来观看。这样,影响着其他中学也办起话剧团。国师话剧的演员常被其他中学请去指导排演话剧。翻译家何大基《忆蓝田时的国师》一文中回忆说:"在国师的示范和具体帮助之下,蓝田各中学演话剧之风却盛行起来,特别是在周南、明宪两家女中。那时一校(特别是国师)有演出,全市奔走相告,学生蜂拥而来,风雨无

---

[1]梁尚彝.清洁运动和防空宣传.蓝田:国立师范学院.国师季刊,1939.

阻。我还记得去周南女中抢看名剧《家》的情景。就连长郡这样的男子中学也在车站大厅公演过歌颂岳飞的《精忠报国》。歌咏队和合唱团也到处组织起来,各校校园和街头不时响起慷慨激昂的抗日歌声。"

中山正街与双江街相接处是三角坪,从福星石拱桥过墨溪河到南岸。南岸有火车站。1938年湘黔铁路已从湘潭修到了蓝田,1939年1月14日通车,但1939年4月2日,因防日本帝国主义西侵而将铁轨拆除了,通车不久的湘黔铁路便中断了。

在火车站售票石屋内设有青年图书馆,有各种报刊、图书供人阅读,内有蓝田出版的《蓝田青年》《国力》《妙中》《学与思》《楚风》《宏农》等月刊。

从火车站往东走,是"蓝田八景"之一——水晶阁。从远处望去,如河中中流砥柱,人曰:水阁回澜。它是一座三层的宝塔楼,实是一座观音寺,寺院四周古树常青,风景优美。水晶阁墙壁上嵌有《整修南岸水晶阁捐碑》记:"蓝市南岸水晶阁,肇于康熙初年,复修于同治季载。"当时的力行日报社设在这里。钱基博也曾游览过这里,并写有《登回澜阁感怀》一诗。诗曰:"阁后回澜几百年,塔峰横影玉屏前。墨溪浪滚千秋月,岳寨云腾万里天。铃响叮当风上殿,树影摇梢鸟翻檐。个中佳趣谁能识,参透禅机便是仙。"

站在水晶阁向河对岸一路望去,便是一栋栋新建的铺面和厂房,(今天的双江街)还有从长沙搬迁到这里的私立明宪女子中学、私立会友初级小学、私立妙高峰中学等。

蓝田浓厚的文化氛围和教育气息,使钱锺书流连忘返,也忘记了远离故乡的孤独离愁。而他的父亲钱基博见他久去未回,以为他迷路了,正派学生来上街找他。

涟源市志办公室退休干部傅定志的父亲傅真峰是湘乡古文学者,与国师的钱基博十分友善。钱基博在蓝田国师时,与傅先生有一段较长时间的交往和通信。傅定志曾讲过有关钱锺书在蓝田的几个故事。其中一个故事说钱锺书初到蓝田,人生地不熟,从学校到蓝田街上去,在街上转悠一阵以后,竟不知回学校的路了。他也不向谁打听,继续在街上转来转去。学校亲友见他上小镇很久未回,只好派人上街寻着了他,把他接了回去。这与吴忠匡《记钱锺书》一文中回忆是一致的。吴忠匡回忆说:“在书本以外的日常生活领域,却表现出缺乏一般常识,极其天真。常常在非常简单的日常生活小事之中,会闹出一些超乎常情的笑话。人们嘲笑他的书生气。譬如他每次上街,走着走着就迷失了方向,找不回自己的宿舍了。他也不会买东西,买了贵东西,还以为便宜。可他从不甘心承认自己的书生气,他常辩说自己最通晓世上的人情和世故,说自己从书本中早已经省识了人生和社会上的形形色色。”[1]汤晏在《钱锺书》一书里写道:杨绛在给他的信中说:“锺书在内地‘因自己脚型小,买男鞋时,却买了女鞋;要买男围巾,却买了女用的方巾 scarfetc。”[2]

经历了日寇战机狂轰滥炸的凶险,从重庆来到蓝田的储安平的妻子端木露西在《从轰炸中来》一文开头就感慨地写道:“来蓝田快三个月了,这是多么骤然的一个改变。这儿的生活无疑是宁静的、平稳的,战争的巨流好像没有在这儿掀起雄伟的浪涛,外面

---

〔1〕田慧兰等.钱锺书杨绛研究资料.北京:知识产权出版社,2010.
〔2〕汤晏.钱锺书.北京:文化发展出版社,2019.

的世界像在迢迢的远方。宁静也许有益于心神——使人去思想。"[1]

其实,当时的蓝田在平静下蕴藏着澎湃的抗日热情。方大河在 1939 年 3 月 30 日《力报》副刊《蓝田活跃了》一文中描绘当时的情景:

> 大时代的潮流,把我们漂涨到这内地来了。在这里,到处都可以看到新时代的生力军,担当大事的湖南青年! 中华民族的主力! 活泼、刚毅、坚强、勇敢的气慨(概),充满了这蓝田的每个角落! 这印象,深深地印刻在蓝田人的脑海里,于是,它开始转变原来的面目了,很快地跟随到大时代的后面,我们新从外面带来蓝田人的礼物,这便是促进蓝田改变,走上抗战建国途径的原动力!
>
> 救亡怒潮,在这里已经掀起了巨浪,在此工作的救亡团体,有"湖南学生抗敌后援会战时工作第一团""游子救亡工作团""妙高峰中学战时工作团""长明工作团""战文处蓝田代发处"等,宣传的方式是漫画和壁报,两种最普遍,化装宣传,也常带有新的姿态出现,在过去,也有过公演,成绩还很圆满,然而,在这些救亡团体中,多数由学生自动组织,经费各方面常多困难,故除战工一团、游子救亡团、战文处蓝田代发处工作稍称积极外,其余都陷在停顿状态中,但是,他们并没有气馁,假若你偶而(尔)走到中山路或其他的地方去一趟,你发现的目标,尽是触目惊心的关于暴行的写

---

[1]蓝田:国立师范学院.《国力》月刊,1941.

照,这比法兰西街上"劳伦""亚尔萨斯"的两个愁容的女像,还来得有力!动人!是的,她们的憔悴愁容有快乐的时日,同样,我们一定也会在努力挣扎中,表现出胜利的笑容的!扬眉吐气的神态的!

点缀蓝田风光的,是血和力的合流![1]

这次小镇"探险"的经历,丰富了钱锺书对蓝田这座"小南京"的认识。

这次"探险",最大的收获是买到了一册清人笔记,对爱读清人笔记的钱锺书来说,是非常高兴的。以后,他不时上街到书店、书局逛一逛,走一走,特别是他担任国师的图书委员会主席后。

虽然经历过三次长沙会战,国师发展的步伐却并没有受到影响。到1943年,国师发展进入旺盛时期。钱基博在《本院五周年纪念庆祝致词》中总结说:"顾地逼前线,风鹤频传,五年以来,一岁数惊;而院长内断于中,矢以不摇;同仁咸有一德,教学如恒;而课未辍以一日,教不懈于一息;响风慕义,多士喁喁,图书渐备,规模以定;此则院长'宁静以致远'之明效大验,彰彰可睹者也。"但是1944年长衡会战就不同了,日军发起了一场纵贯中国南北、代号为"一号作战"的大规模战役。在这场战役中,日军动员兵力总计约五十一万,其参战兵力之多、作战地域之广,打破了日军侵华以来的空前纪录。长衡会战的第一阶段,国师好整以暇,弦诵自若。教育部鉴于形势的险恶,曾于6月6日密电国师,要求学院有所预谋。廖院长观察局势,认为还可从容应对,并未向师生传

---

〔1〕涟源文史.蓝田.涟源文史办.

达。在平江、浏阳、汨罗、益阳相继失守后,蓝田一带人心动摇,惶恐不安,国师的毕业考试和学期考试仍然按原计划进行。当时的《邵阳日报》刊文称国师成了安定蓝田人心的坚定力量,蓝田《力行日报》则赞国师迫近前线而独立不移,动心忍性是民族正气的体现。但是6月18日长沙失守后,湘潭、湘乡、衡山先后失陷,日军前锋部队已到达距蓝田七十余公里的永丰镇。此时,国师不得不西迁湖南溆浦县。

十三　图书主席　书中忘忧

　　钱锺书抓周时不抓算盘,只抓书,旁边的长辈们认为他长大后不会爱财,只会爱书。事实确是这样。

　　在清华大学读书时,他立志要横扫清华图书馆;来蓝田的一个多月中,竟用阅读一本厚厚的英语辞典来打发无聊的时间,还说字典是旅途中的良伴。

　　他这也是继承了爱读书的家风。钱基博在《自我检讨书》里回忆自己:"我十一岁,读完四书五经不算,加上《周礼》《尔雅》及《古文观止》《唐诗三百首》《纲鉴易知录》,自己当小说看过一遍;下年十二岁,碰到戊戌政变;我父亲要我知道一些时务,定(订)《申报》一份,每日晚上,督我自己用朱笔点报上论说一篇,作余课。"同时说:"我财产观念极薄……"

　　王玉德在《钱基博评传》里说:"钱基博喜欢读书、借书、买书、抄书、著书。……1913 年……钱基博撰写了《无锡图书馆碑记》,说:'仆少小好读书,日卒二三线装书,不以为苦,才苦无书读耳。

迨弱冠,走四方,稍稍购储,逾两千卷,往往庋置焉,甚矣!'"[1]

这对钱锺书是有很大影响的。钱锺书的助手、中国社会科学院文学所研究员栾贵明曾对钱锺书说:"只用一个'书'字概括您,足够。"钱锺书说:"怎么讲?"栾贵明说:"您看,'想书''借书''读书''抄书''解书''讲书''比书''著书''补书''辑书',压缩下来,只一个'书'字啦!"钱锺书笑了。[2] 对于被称为"书痴"的钱锺书来说,宁可一日无餐,不可一日无书。

但是钱锺书爱书,平生却不大藏书,1949 年后,居有定所,也"只有一个书柜,几部外文工具书外,大都是他父亲钱基博先生遗留的珍贵典籍文献"[3]。更何况,在战火中辗转几千里来到蓝田,除了带一些英文书籍,其他书籍是没有带的。如果没有藏书丰富的图书馆,对钱锺书来说,会是一场灾难,也就无法撰写《谈艺录》。

幸好,钱锺书来到国师时,国师的图书馆藏书已有一定规模了。

国师开办之初,所租借的李园西北角,有一处李氏书屋。它是一栋两层楼房,短墙围绕,自成院落,环境幽静,最宜阅读,自然就成了国师图书馆馆舍。楼上四间,一间做书库,其余做阅览室。1940 年 4 月 28 日在国师二院修建成新图书馆(即钟楼),分阅览室三大间、书库两大间及办公室等。(原址在今涟源一中"三国师钟楼"处)

在国师还没有择定地址时,国师筹备委员会就忙着筹备图

〔1〕王玉德. 钱基博评传. 武汉:湖北人民出版社,2018.
〔2〕栾贵明. 小说逸语——钱锺书〈围城〉九段. 北京:新世界出版社,2018.
〔3〕王水照. 对话的馀思. 牟晓朋、范旭伦. 记钱锺书先生. 大连:大连出版社,1995.

书,一是在长沙购置,二是接收了安徽大学和山东大学的一些旧书,但也不过一千多册。教育部指定将江苏省立镇江图书馆存湘图书全部交由国师使用,但因故计划落空。幸好湖南私立妙高峰中学方克刚校长把南轩图书馆书 15732 册全部借给国师使用一年半。南轩图书馆于 1926 年建在长沙城南妙高峰,当时是全国知名的私立图书馆之一,1938 年,为避战火,随妙高峰中学高中部迁至蓝田。南轩图书馆藏书丰富,大部书籍如《古今图书集成》、《四部备要》、《万有文库》、《四部丛刊》正续编、大本《二十四史》、《四库全书珍本》及湖南全省各县方志,均全备;有名的杂志,自第一期起,完整不缺者,亦有一二十种之多。同时,妙高峰中学教员钟松藩先生借给国师图书馆中西书籍 223 本。这样,1939 年国师图书馆藏书册数达到中文 21323 册、西文 727 册。这时国师师生不算多,共 503 人,其中学生 404 人、教职员 99 人。人均图书有 43 本多,比当时的西南联大多得多,"那时西南联大有学生两三千名,图书馆却只能提供不到二百个座位","几万册藏书,主要是课本和各种教学参考书……粥少僧多,图书馆开馆前,门外总是挤满了人,以便抢进去借一本参考书或是占一个座位"。[1]

这样丰富的藏书出乎钱锺书的意料,一直纠结在心的认为来这里将无所作为的情结得以解开。他来蓝田写的第一首诗《山居寓园》里就用"一枝聊可借"之句,表达了既来之则安之的意愿。吴忠匡在《记钱锺书先生》一文中回忆说,自己和钱基博、钱锺书"在蓝田的那些日子里,我们除了教学任务外,只是读书,钻书堆,每天的生活极其单调刻板,然其格调却又极丰富多彩。老先生每

[1]西南联合大学北京校友会.国立西南联合大学校史.北京:北京大学出版社,2006.

天自清晨到深夜,总是端坐在他的大书案前无间息地、不倦怠地著书立说,编撰《中国文学史》,写读书日记。锺书也是整天埋头苦读,足不出户。一般午前的时间,他都用来阅读外语书籍,大部分是他从国外带回来的。剩余的时间,他阅碑帖,临写草书;楷书的师法却模仿近人张裕钊等,算不得'高古',后来好像学过苏、褚、二王的字,不过都不下功夫,随便临摹,成不了气候。午后和晚饭以后的时间,除了到邻屋老先生的房内聊天而外,他都用来翻检所能到手的中国四部古籍,或是伏案写作。一灯晶莹,孜孜不倦。(刚建院后一段时间,全院师生都用灯心草蘸桐油照明,稍后改用植物灯)……锺书博闻强识,凡经他浏览过的典籍,几乎过目不忘,一些名家的大集不说,某些杂记小说和小名家诗文,你只要考问他,他也能够穷源溯流,缕述出处,甚至一字不漏地背诵出来"[1]。还回忆道:"我们苦志读书,冬季严寒,屋内都用木炭盆生火取暖。每至午夜,我们就用废旧纸,包裹鸡蛋,用水湿透,投进炭火。蛋煨熟了,我们一人一枚用它作夜宵。"

1997年钱锺书把他写于1974年的一首七绝《王辛笛寄茶》(其二)寄给吴忠匡。这首诗的后两句含有对此事的回忆:"何时榾柮炉边坐,共拨寒灰话劫灰。"钱锺书希望有一天能与吴忠匡再坐木炭火盆边,共话当年寒夜苦读的往事。吴忠匡也说,钱锺书的这首诗"使我也回忆起当年夜读的情景"。[2]

钱锺书博闻强记,除了潜心苦读,还与他勤作笔记也有很大的关系。杨绛在《钱锺书手稿集·序》中说:"他做笔记的习惯是

---

〔1〕田慧兰等.钱锺书杨绛研究资料.北京:知识产权出版社,2010.
〔2〕牟晓朋、范旭伦.记钱锺书先生.大连:大连出版社,1995.

在牛津大学图书馆（Bodleian——他译为饱蠹楼）读书时养成的。因为饱蠹楼的图书向例不外借。到那里去读书，只准携带笔记本和铅笔，书上不准留下任何痕迹，只能边读边记。锺书的《饱蠹楼书记》第一册上写着如下几句：'廿五年（1936年）二月起，与绛约间日赴大学图书馆读书，各携笔札，露钞雪纂、聊补三箧之无，铁画银钩，虚说千毫之秃，是为引。'第二册有题辞如下：'心如椰子纳群书，金匮青箱总不如。提要勾玄留指爪，忘筌他日并无鱼。（默存题，季康以狼鸡杂毫笔书于灯下）'这都是用毛笔写的，显然不是在饱蠹楼边读边记，而是经过反刍，然后写成的笔记。"

李洪岩《吴组缃畅谈钱锺书》（1989）记载："他的笔记本有一大摞，书架上也有一摞摞的，我进他屋，只见他眼睛闭着，从笔记中抽出一本，一看，'哎呀'，打自己的头——记错了，摆进去，又抽一本。……钱锺华教授函告（1995）：抗战时期我们同住一幢楼中，他家只住一间房子。他很用功，一回家就看书抄书（抄在一本白报纸订的本子上，有一张大报纸大小，从上到下划分成三或四格）。王水照《对话的徐思》记载：他的读书笔记本也颇与众不同，满页密密麻麻，不留天地，一无空隙，但他一翻即能找到所需之处。"[1]

国师图书馆虽然藏书较丰富，但种类不齐全，如外语类、教育类、哲学类、自然科学类等方面的图书不多；同时，南轩图书馆借书期限只有一年半。于是，就向国立编译馆商借图书，但因该馆存书无多，不能出借。1940年2月24日国师第十六次院务会议

〔1〕范明辉. 杨绛《钱锺书与围城》笺证稿. 牟晓朋、范旭仑. 记钱锺书先生. 大连：大连出版社，1995.

上就这个问题进行了讨论。这次院务会议,钱锺书是与会人员之一。可能就在这次会议上,确定让钱锺书担任国师图书委员会主席。国师图书委员会委员共六人,钱基博也是图书委员会委员之一。

钱锺书在清华大学读书时,对清华图书馆的馆藏比图书管理员还熟悉,不用检索就能知道某本书在图书馆某一室某一架某一层。[1] 担任图书委员会主席,钱锺书是最佳人选。

在1940年3月23日国师第十七次院务会议上,钱锺书以图书委员会主席的身份向院务会议进行报告:"南轩图书馆借与本院之书籍将届期满,已请图书组洪主任及李仲珩、谢海若两教授前去接洽续借事宜。又因增购图书,请洪主任即日至邵阳采办。"[2]

但是时值战事紧张,交通运输困难,购书极其困难。1940年春,有人挑唆,教育系一部分学生以学院图书馆教育类、哲学类书籍缺乏、伙食补助低为由发动了全校学生为时十多天的罢课、游行。

钱锺书担任国师图书委员会主席后,利用一切机会和条件购置图书报刊,千方百计扩充图书馆藏书。除派专人到邵阳、桂林等地进行搜购外,不管是廖院长到重庆出差公干,还是院内教授请假省亲、新聘教授从外地来院,都请其顺便帮学院购置图书;有藏书家出售图书时,就积极收购;在蓝田学余编印社购置参考书。还通过有关部门、机构订购外文书籍,或将书单寄呈教育部转请

〔1〕殷洪.钱基博、钱锺书父子的图书馆情缘.谢泳.钱锺书和他的时代.上海:上海辞书出版社,2009.
〔2〕蓝田:国立师范学院.国师季刊,1940.

财政部向美国世界贸易公司订购，或委托中央信托局向美国订购各学科专门杂志 125 种。

1940 年下半年，图书委员会委员增到十人。据《国立师范学院旬刊》第十四期记载，1940 年 4 月 4 日下午，由钱锺书主持，图书委员会举行第四次会议，商讨 6 万元经费使用办法。在钱锺书担任图书委员会主席期间，图书条件大有改善。1940 年共添置中文图书 9087 册、西文图书 367 册，共计 9454 册。年末，把借湖南南轩图书馆的 1.5 万册图书全部归还后，图书馆藏书仍有 16308 册，其中中文图书 15371 册、西文图书 937 册。到 1941 年图书馆藏书达到 21566 册，其中中文图书 20330 册、西文图书 1236 册。

钱锺书不仅主持图书经费的公平、公正的分配和规划图书的购买，还亲自上街帮学院图书馆买书。涟源市志办公室退休干部傅定志曾讲过有关钱锺书的另一个故事。有一次，钱锺书上街买书，进书店以后，见到他喜欢的需要的书，他就买。买好要回去了，他才发觉买多了，自个儿提不动，只好请人送回学校。这极有可能是帮学院图书馆买书。

国师自创办以来，注重研究工作，提出"学术第一"的口号，学术空气浓厚。教学之余各教授从事专门研究、著书写作，要靠充足的图书资料来支撑。而国师图书馆丰富的藏书，为师生的阅读、教学、学术研究提供了有利的条件。国师学生希平在《蓝溆两地生活之比较》一文里，回忆在蓝田国师，"一到傍晚，图书馆便早宣告满座，后来者只好向教室里开辟第二战场，因此，所有的教室都挤得满满的，几百盏植物油灯，个个发出灿烂的光焰，把整个的光明山，变成一顶宝珠织成的王冠，场面多么伟大啊！"当时，国师二院教学区后面有一座无名小山，因此被叫作光明山，并流传着一句"光明山好读书"。

国师教师先后出版的学术著作计有 30 多种。如钱基博在蓝田时期出版了专著《孙子章句训义》(增订新战史例)、《中国文学史》(上古至隋唐之部)、《中国文学史》(宋辽金之部)、《德国兵家克劳山维兹兵法精义》(由钱基博注释、顾谷宜译)、《中国文学史》(元之部)、《近百年来湖南学风》等。另有储安平一生仅有的两部著作《英国采风录》和《英人、法人、中国人》,钱锺书《谈艺录》的上半部分等都是在蓝田完成的。这些著作,没有充足的图书资料都是写不成的。如钱基博写《近百年来湖南学风》,"据储安平称,从 1938 年至 1943 年,钱先生'来湘五载,读湘贤书逾两千卷'"[1]。

国师还出版了《国师季刊》、《国力》月刊、《体育与健康教育》、《卮言》、《行仁》、《心理学会特刊》等专业杂志,国师教师的许多学术论文都发表在上面。

各学系成立研究室分别探讨各项专门问题,如体育与童子军专修科的师生为了召集社会各界人士共同探讨以"民族为本位之中国体育"所需要的理论与实际,确立民族体育的中心思想,寻找中国体育发展的正确途径,1941 年 5 月创办了《体育与健康教育》,为双月刊,这是抗战期间我国唯一的体育杂志。这本刊物广泛介绍欧美新兴理论与实践,报道国内体育动态,发表体育与健康教育专论,刊登学校体育教材,成为当时国内影响很大的体育类学术刊物。

国师还积极进行国际交流。1944 年春,哥伦比亚大学托金陵

---

[1]钱基博. 近百年来湖南学风手稿. 北京:中华书局,2021.

女子文理学院院长吴贻芳博士介绍与廖院长合作,约定交换研究资料,包括交换抗日战争发生以后中美两国出版的教育方面的定期刊物、教育新著及目录。学院成立专门的教育资料室,根据中美约定分函全国教育及出版机构征购教育书刊、订阅新闻报纸。除剪贴各类教科新闻、编制抗战以来教育性质出版目录并搜集各种教育资料,与哥伦比亚大学交换外,还绘制各种教育图表,完成了中、日、美、法、意、英、丹麦等国学校系统及各级教育机构分配图等七幅的绘制。为供应教学需要,又绘成县各级组织关系图、人类史各期教育的演变表、国民学校小学部四个年级活动表、中国现行学制系统图、瑞士学制系统图、丹麦学制系统图、基因配合与遗传的关系图三幅、伴性时性的遗传图、个性性别的决定图、细胞繁殖分裂图、婴儿运动发展顺序图、中国高等教育历年趋势图、中等教育初等教育历年趋势图。又以英文绘制成中国学校系统及各级教育机构分配图与中国人口的教育分析图。由于出色的成就,国师教育资料室声名鹊起,巴黎联合国教科文组织、日内瓦国际教育局也来函请求交换资料。这样,国师拥有了一批国际上最新的教育科学研究资料,也提高了在海外的声誉。

国师教师这些众多的学术成就,如果没有丰富的图书资料和一定的实验室条件做支撑是不可能取得的。当了两届国师图书委员会主席的钱锺书自然功不可没。

有人说图书馆是"知识的喷泉、大学的心脏",钱锺书用自己的心血为这喷泉扩大了水流,增大了压强,为这心脏增加了供血量和搏动的力量。他一定会为此而感到无比的欣慰。

十四　窗口哲思　打通内外

眼睛是心灵的窗口,而窗口是房子的眼睛。

钱锺书在国师住所的窗前,虽然不能看到杜甫《绝句》中所描写的"窗含西岭千秋雪,门泊东吴万里船"的景象,也没有李白《春日行》中所描写的"佳人当窗弄白日,弦将手语弹鸣筝"的美事;但窗前有竹,有唐朝刘禹锡《和宣武令狐相公郡斋对新竹》诗中所描写的"新竹脩脩韵晓风,隔窗依砌尚蒙笼"之景致;窗前不远处有一片田垄,可欣赏到南宋陆游《悲秋》诗中"秋灯如孤萤,熠熠耿窗户"的画面;田垄旁有一座小山丘,上面古木参天,有一座升平庵,可欣赏到如唐朝诗人常建《题破山寺后禅院》所描写的"万籁此俱寂,但余钟磬音"的意境。1940 年 3 月正是春暖花开的时节,国师租借太平庵房屋四间,办起第一所民众学校,于 3 月 7 日开始报名,不到一个星期,报名的儿童竟达 206 人,分为上午、下午上课。这民众学校的初办经费都是国师教师捐赠的,教学任务都是由国师的学生担任的,缺少的教材也由国师的学生来编写。[1]

春天来临,窗外气象万千。钱锺书想起陶渊明《归去来兮辞》中写窗的句子,想到罗密欧为了见心爱的朱丽叶,却不能从门进去,只能爬墙从窗口进去的情景。这激起了钱锺书对"窗子"的哲学思考,创作出了散文《窗》,其中写道——

> 又是春天,窗子可以常开了。春天从窗外进来,人在屋子里坐不住,就从门里出去。不过屋子外的春天太贱了!到处是阳光,不像射破屋里阴深的那样明亮;到处是给太阳晒得懒洋洋的风,不像搅动屋里沉闷的那样有生气。就是鸟语,也似乎琐碎而单薄,需要屋里的寂静来做衬托。我们因此明白,春天是该镶嵌在窗子里看的,好比画配了框子。
>
> 同时,我们悟到,门和窗有不同的意义。当然,门是造了让人出进的。但是,窗子有时也可作为进出口用,譬如小偷或小说里私约的情人就喜欢爬窗子。所以窗子和门的根本分别,决不仅是有没有人进来出去。若据赏春一事来看,我们不妨这样说:有了门,我们可以出去;有了窗,我们可以不必出去。窗子打通了大自然和人的隔膜,把风和太阳逗引进来,使屋子里也关着一部分春天,让我们安坐了享受,无须再到外面去找。古代诗人像陶渊明对于窗子的这种精神,颇有会心。《归去来辞》有两句道:"倚南窗以寄傲,审容膝之易安。"不等于说,只要有窗可以凭眺,就是小屋子也住得么?

────────────

[1]薛志陶. 国师第一民众学校概况. 国师季刊,1939.

这"窗子打通了大自然和人的隔膜"一句是富有哲理的,是钱锺书重要学术思想的形象表达。伏在窗前的书桌上,钱锺书撰写的《谈艺录》(上半部)正是秉承这种"打通"的学术观念。他在《谈艺录·序》里说:"东海西海,心理攸同;南学北学,道术未裂。"(钱基博《日本论》里也说:"……然后知兵家之所以制胜,东海西海,心同理同……")又说:"吾辈穷气尽力,欲使小说、诗歌、戏剧,与哲学、历史、社会学等为一家。参禅贵活,为学知止,要能舍筏登岸,毋如抱梁溺水也。"[1]所以"《谈艺录》突破了二元对立的文化思维模式,将研究对象放在了中西文化的交会点上进行审视,真正地发掘出了中外文论中的契合之处进而'打通',抉发出了人类文化话语背后固有的千丝万缕的联系,达到了一种至高的'化境'。"[2]

还有他草稿于上海,修改于李园窗前的第一篇重要的学术论文《中国诗与中国画》也是旁征博引,中外打通。

钱锺书不仅在文学研究中"深造熟思,化书卷见闻作吾性灵,与古今中外为无町畦"[3],从而打通古今、打通中西、打通人文各学科、打通文学各文体间的隔阂与藩篱,疏凿出其中共同的"诗心""文心"来,在散文创作也是如此。这篇《窗》就是这样。

《窗》的下文从中国晋朝的陶渊明"夏月虚闲,高卧北窗之下,清风飒至,自谓羲皇上人",说到法国浪漫主义作家缪塞"在《少女做的是什么梦》那首诗剧里,有句妙语,略谓父亲开了门,请进了物质上的丈夫(matérielépoux),但是理想的爱人(idéal),总是从窗

〔1〕钱锺书.谈艺录.北京:中华书局,1984.
〔2〕任紫菡.略论《谈艺录》中融会贯通的中西"打通"说.黑河学刊,2012.
〔3〕钱锺书.谈艺录.北京:中华书局,1984.

子出进的。换句话说，从前门进来的，只是形式上的女婿，虽然经丈人看中，还待博取小姐自己的欢心；要是从后窗进来的，才是女郎们把灵魂肉体完全交托的真正情人"。幽默风趣，妙趣横生。

接着从"你进前门，先要经门房通知，再要等主人出现，还得寒暄几句，方能说明来意，既费心思，又费时间，那像从后窗进来的直捷痛快？"说到"好像学问的捷径，在乎书背后的引得，若从前面正文看起，反见得迂远了。这当然只是在社会常态下的分别，到了战争等变态时期，屋子本身就保不住，还讲什么门和窗！"形象深刻，令人过目不忘。

在说窗子的作用与意义时，先说开窗，"墙上开了窗子，收入光明和空气，使我们白天不必到户外去，关了门也可生活"，"屋子在人生里因此增添了意义，不只是避风雨、过夜的地方，并且有了陈设，挂着书画，是我们从早到晚思想、工作、娱乐、演出人生悲喜剧的场子"。然后说关窗，"窗子许里面人看出去，同时也许外面人看进来，所以在热闹地方住的人要用窗帘子，替他们私生活做个保障。晚上访人，只要看窗里有无灯光，就约略可以猜到主人在不在家，不必打开了门再问，好比不等人开口，从眼睛里看出他的心思。关窗的作用等于闭眼。天地间有许多景象是要闭了眼才看得见的，譬如梦。假使窗外的人声物态太嘈杂了，关了窗好让灵魂自由地去探胜，安静地默想。有时，关窗和闭眼也有连带关系，你觉得窗外的世界不过尔尔，并不能给予你什么满足，你想回到故乡，你要看见跟你分离的亲友，你只有睡觉，闭了眼向梦里寻去，于是你起来先关了窗"[1]。说得似乎矛盾，实际却不矛盾。

---

〔1〕钱锺书.写在人生边上.北京:生活·读书·新知三联书店,2003.

窗使"我们在屋子里就能和自然接触,不必去找光明、换空气,光明和空气会来找到我们。所以,人对于自然的胜利,窗也是一个。不过,这种胜利,有如女人对于男子的胜利,表面上看来好像是让步——人开了窗让风和日光进来占领,谁知道来占领这个地方的就给这个地方占领去了!"这使我们联想到钱锺书在1940年写的一首《当子夜歌》,诗曰:

> 妾心如关,守卫严甚。
> 欢竟入来,如无人境。
>
> 妾心如室,欢来居中。
> 键户藏钥,欢出无从。
>
> 妾为刀背,欢作刀口。
> 欢情自薄,妾情常厚。[1]

这"妾心"不就是"窗"?她把"窗"关起来,似乎守卫甚严,一旦爱她的心上人从窗口爬进来,就占据了她的心,永远不出去了!

从创作手法上讲,这首《当子夜歌》就是用打通中外古今、拟古出新的方法创作而成的。这首诗的诗意是从德国十五六世纪的民歌里"偷"来的,形式完全是中国古代的乐府曲,并且句句用中国事典。如"妾",旧时女人自称。"欢",古时女子对情人的称呼。唐朝刘禹锡《踏歌词》:"唱尽新词欢不见,红霞映树鹧鸪

---

[1] 钱锺书.槐聚诗存.北京:生活·读书·新知三联书店,2003.

鸣。"键户",是"锁门,闭门"的意思,清朝丁丙《北郭丛钞·吾乡吕水山先生》"键户临染,三日始成"。"妾为"两句,化用袁枚《随园诗话》(卷四,四十二)文句:"刀背贵厚,刀锋贵薄。""欢情"两句,化用唐朝李嘉佑《杂兴》诗句意:"君心比妾心,妾意旧来深"之句意,言男子感情淡薄,女子感情常深。"欢情"出自陆游《钗头凤》:"钗头凤,红酥手,黄滕酒,满城春色宫墙柳。东风恶,欢情薄。一怀愁绪,几年离索。错!错!错!"

　　钱锺书创作《围城》时,这首德国民歌又让苏文纨"偷"了一次。杨绛在《记钱锺书与〈围城〉》里说:"是锺书央我翻译的,他嘱我不要翻得好,一般就行。"杨绛是这样翻译的——"难道我监禁你?还是你霸占我?你闯进我的心,关上门又扭上锁。丢了锁上的钥匙,是我,也许你自己。从此无法开门,永远,你关在我心里。"[1]

　　再看钱锺书在国师写的散文《读〈伊索寓言〉》。钱锺书在该文中说"这些感想是偶尔翻看《伊索寓言》引起的",即把外国的《伊索寓言》中的寓言故事与现实进行打通而创作的。具体来说,就是从蝙蝠的故事联想到社会上那些"向武人卖弄风雅,向文人装作英雄;在上流社会里他是又穷又硬的平民,到了平民中间,他又是屈尊下顾的文化分子";从蚂蚁和促织的故事,联想到"生前养不活自己的大作家,到了死后偏有一大批人靠他生活";从狗和它自己影子的故事,联想到"能自知的人根本不用照镜子;不自知的东西,照了镜子也没有用";从天文家的故事,联想到"只向高处看,不顾脚下的结果,有时是下井,有时是下野或下台";从乌鸦的

〔1〕钱锺书.围城.北京:生活·读书·新知三联书店,2007.

故事,联想到人类的"遮羞的方法";从牛跟蛙的故事,联想到"我们每一种缺陷都有补偿,吝啬说是经济,愚蠢说是诚实,卑鄙说是灵活,无才便说是德";从老婆子和母鸡的故事,联想到"大胖子往往是小心眼";从狐狸和葡萄的故事,联想到有人以"葡萄酸"作为理想无法实现的借口,或以诉苦经来避免旁人来分享甜头;从驴子跟狼的故事,联想到有些恶人想害人却反被人害。认为《伊索寓言》"要不得,因为它把纯朴的小孩子教得愈简单了,愈幼稚了,以为人事里是非的分别、善恶的果报,也像在禽兽中间一样的公平清楚,长大了就处处碰壁上当",从而得出《伊索寓言》"不宜做现代儿童读物"的结论。

孕育于蓝田的《围城》,"在精神含蕴上与西方现代主义文学是相通的","打通了一条与世界文学相衔接的道路,使中国现代小说拥有了现代意识和世界品格,为中国文学的走向世界做出了突出贡献"[1]。

窗子激发钱锺书的哲学思考,提高了精神与思想的高度,给他的学术研究与文学创作提供了超常的思路和方法。钱锺书在致郑海夫教授的信中说:"弟因自思,弟之方法并非'比较文学'……而是求'打通',以中国文学与外国文学打通,以中国诗文词曲与小说打通……皆'打通'而拈出新意。"[2]这种打通,带来了新知、新思想,也带来了喜悦。

---

〔1〕王卫平.东方睿智学人——钱锺书的独特个性与魅力.石家庄:河北教育出版社,1997.
〔2〕郑朝宗.海滨感旧集.厦门:厦门大学出版社,2014.

十五　笔砚堪驱　姑容涂抹

1940年上半年,国师跟当时许多学校一样发生了一次严重的学潮,有外部原因也有内部原因。

当时教育部长是陈立夫,"在他任教育部长七年里,对教育界的统制达到了前所未有的高度。将所有的学校教师都变成了思想的囚犯,从大学教授到中小学教师都不许有独立的人格和独立的思想。至于对学生控制就更严密。在国民党区党部、三青团分团部、训导处三位一体的监控下,学校侦骑四出,特务横行,盯梢告密者无所不至。……在大后方各大学的学生中,禁闭、除名、被捕、失踪、暗杀的事件屡见不鲜"[1]。

国立师范学院的创办,除国民党政府收容从战区逃亡的青年学生和名流学者、保存高等教育实力这个目的之外,时任国民政府教育部长的陈立夫也想通过创办学院来扩大由他兄弟两人主

---

[1] 张学继、张雅蕙. 陈立夫大传. 北京:团结出版社,2004.

持的"CC派"势力。1938年4月国民党临时全国代表大会通过设立三青团。蒋介石派遣"复兴社"和"CC系"的骨干分子在武汉等地组建三青团。同年7月9日，三青团在武昌正式成立。蒋介石任团长,由陈诚、陈立夫、康泽等三十一人组成中央干事会。各大学相继成立了三青团。西南联大于1938年成立了国民党西南联大区党部及三民主义青年团西南联大分团部筹备处。国师创办后不久,也成立了国民党中央直属区党部和三青团中央直属分团,并由国师教师梁世德"与院长分任中央直属区党部、中央直属区团部主委、主任、书记长、书记之职责"[1]。"茂如师主持院政的头两年中,并不重视这类机构对他的办学将产生怎样的影响,并不常亲自过问其事。可是出乎他老的意料,几个CC指挥下的中统分子竟向他们的上司大打其密报,告茂如师不重视'党团活动',还无中生有地在院内掀起一阵子白色恐怖的歪风。"[2]

中国人民解放军军事科学院军事历史研究部《中国抗日战争全史》中说:"1939年11月中旬,国民党召开五届六中全会,全会通过以军事限共为主、政治限共为辅的新方针。在这个方针指导下,国民党顽固派发布了《处置共党问题的新办法》和《剿办冒称抗日军的命令》,动用国民党的中央军对付八路军和新四军。同时,在政治上发动进攻,提出'共产主义不适合中国国情',叫嚷要取消共产党。"1940年国民党顽固派掀起反共高潮。而蓝田各学校师生中的进步思想也同样高涨,国师进步学生先后创办了《飞丝周刊》《新星》半月刊等进步刊物。后者为扩大发行,用演出曹

〔1〕梁世德. 国师今昔琐谈. 邱超文.《围城》之城. 北京:中国文史出版社,2007.
〔2〕黄季顺. 廖茂如师轶事数则. 邱超文.《围城》之城. 北京:中国文史出版社,2007.

禺的话剧《雷雨》的方式筹集资金。1940年夏天连续几天演出《雷雨》,场场满座,不少人从一两百里外的锡矿山、邵阳、湘潭等地赶来,要求加演一场。"蓝田'三青团'和警察局带领枪兵,临演出时却来禁演。'星社'同学回校发动校卫队,包围了警察队,下了他们的枪,却请他们看演出",演出时"先是远处雷鸣,继而轰鸣暴雨。……谁知此事并未了结,'三青团'先向学校交涉,并交了逮捕名单;廖院长不但不接受他们的控告,并且批评他们演出《雷雨》是学生正当的娱乐,是无政治性的。他们又上告到国民党中央,廖院长挑担子,只叫'星社'自行解散,《新星》半月刊也停刊了事"。[1] 这应是学潮发生的外部原因。

内部原因也很复杂。国师教师梁世德在《国师今昔琐谈》里说:"曾因数学系主任李达辞职,闹罢课10天。"国师学生桂多荪在《"国师"初建期的点滴回忆》里说:"好像与校名不冠地名有关。如'不重湖南教授''只重用江浙人'之类。"国师学生薛光祖说:"其导火线为学校将部分伙食费结余移作修缮设备之用。"[2]

薛光祖在《发扬国师精神报师恩》里回忆道,这次学潮"幸而学校处理得当,很快平息了"。但廖世承院长在国师第七十一次纪念周报告会上谈到这次学潮时,说"此次风波","予本院以莫大之打击"。[3] 在处理组织参加学潮的学生一事上,廖世承院长秉持有教无类之大义原则,对任何方面,不做敌对之处理。但个别人为私利,想趁机打击报复学生,主张多开除一些学生,钱基博就以自己与学生同进退相抵制,保护了一些学生。

---

〔1〕桂多荪. "国师"初建期的点滴回忆. 邱超文.《围城》之城. 北京:中国文史出版社,2007.
〔2〕薛光祖. 发扬国师精神报师恩. 邱超文.《围城》之城. 北京:中国文史出版社,2007.
〔3〕廖世承. 赴渝杂感. 国立师范学院旬刊,1941.

钱锺书目睹了这次学潮。身为系主任和导师,他自觉有责任参与平息学潮和学潮后对有关学生处理的工作。同时,他也感觉到教书职业的艰难,萌发了潜心研究、写作的念头。请看他的《燕谋、忠匡相约作诗遣日,余因首唱》,诗曰:

> 昔游睡起理残梦,春事阴成表晚花。
>
> 忧患遍均安得外,欢娱分减已为奢。
>
> 宾筵落落冰投炭,讲肆悠悠饭煮沙。
>
> 笔砚犹堪驱使在,姑容涂抹答年华。[1]

题目中的"相约作诗遣日",绝对不是为消磨时光,而是为了排除内心的苦闷。

诗的意思是:睡醒起床,仍在回忆梦中我们一起交游的快乐片段;望窗外春色,绿树已成荫,树梢上开满着晚花。如今忧患到处有,我们怎能处身于外? 分享欢娱已是一种过分而不现实的希望了。筵席上,人与人话不投机,有如冰火不相容;教书日子真难熬,要想有成就,就如把沙砾煮成饭。幸好笔砚还在,能供我们驱使;姑且让我们写写诗文来酬答青春年华吧。

从到国师写第一首诗《山中寓园》起到写此诗,钱锺书只写了九首,而以后在国师约一年的时间里则写了二十五首(组)诗,使国师时期成为钱锺书古体诗创作的一个高潮期。

钱锺书虽然中学毕业就开始写古体诗,但对到清华大学毕业这一时段所写的诗,都不满意,均未收入《槐聚诗存》。

---

[1]钱锺书.槐聚诗存.北京:生活·读书·新知三联书店,2003.

《槐聚诗存》共收入 173 首（组）诗。我们先将这些诗作进行分期。第一期，光大任教期，从 1934 年至 1935 年《秣陵杂诗》，有 7 首（组）诗；第二期，留学英法期，从 1935 年《伦敦晤文武二弟》至 1938 年《重过锡兰访 A. Kuriyan》，有 21 首（组）诗；第三期，昆明前后期，从 1938 年《答叔子》至 1939 年《耒阳晓发是余三十初度》，有 23 首（组）诗；第四期，国师任教期，从 1939 年《山中寓园》至 1941 年《骤雨》，有 34 首（组）诗；第五期，上海孤岛期，从 1941 年《重九日李拔可丈招集犹太巨商别业》至 1945 年《拔丈七十》，有 41 首（组）诗；第六期，内战时期，从 1946 年《还家》至 1949 年《寻诗》，有 10 首（组）诗；第七期，新中国成立初期，从 1950 年至 1978 年，有 32 首（组）诗；第八期，改革开放期，从 1979 年至 1991 年，有 5 首（加上《代拟无题 7 首》，则有 12 首）。从数量看，在国师任教不到两年的时间里创作的诗篇差不多占了《槐聚诗存》的 20%。

　　《燕谋、忠匡相约作诗遣日，余因首唱》诗收入《槐聚诗存》里时，将题目改为《笔砚》，"笔砚"，是运用借代手法，以物代行为，表达练笔、写作的意思。在这时期，钱锺书在诗体、诗的题材方面进行扩展。从诗体、诗的题材来说，光大任教期诗体只有七绝、七律和五律等，诗的题材有咏怀、咏物、行旅、拟古、哲理等；留学英法期，诗体增加了四言诗和六言诗，诗的题材增加了讽喻、论诗、悼亡、咏史、时事等；昆明前后期，诗体增加了五言古诗，诗的题材增加了题赠；在此时期，诗体增加了七言古诗，诗的题材增加了酬唱、讽刺、自嘲等。至此，《槐聚诗存》里诗体和诗的题材已基本完备了。除上海孤岛时期增加了歌行这种诗体外，以后各时期没有增加其他诗体和诗的题材了。

从数量上说,国师任教期是钱锺书诗歌创作的一个高潮期;更重要的,也是钱锺书诗风转变的一个重要时期。郑朝宗曾说:"在青少年时代,钱先生也曾走过一点弯路。那时他风华正茂,词采斐然,身上难免沾些才子气味,爱学作张船山、黄仲则等风流人物的近体诗,被父执陈衍老先生看到了,着实把他教导一番。陈老告诉他,走那条路,不仅作不出好诗,更严重的是会'折寿'。钱锺书果然从此改弦易辙去探索风格高的诗路。"[1] 钱锺书《得孝鲁书却寄》诗中说冒效鲁"哂我旧诗刊,少游是女郎。乃引婵娟来,女弟比小仓。我笑且骇汗,逊谢说荒唐"。诗后又注曰:"余二十岁印诗集一小册,多绮靡之作。壮而悔之。君见石遗翁诗话采及,笑引诚斋语谓曰:'被渠谱入旁观录,五马如何挽得回。'又曰:'无伤也,如"干卿底事一池水,送我深情千尺潭。"''身无羽翼惭飞鸟,门有关防怯吠狸'等语。尚可见悦妇人女子。遂相戏弄。"这虽是朋友之间的玩笑话,但也是真心话。

钱锺书曾向吴忠匡说过学诗过程和对自己诗作的评价,说"19岁始学为韵语,好义山、仲则风华绮丽之体,为才子诗,全恃才华为之,曾刻一小册子。其后游欧洲,涉少陵、遗山之庭,眷怀家国,所作亦往往似之。归国以来,一变旧格,炼意炼格,尤所经意。字字有出处而不尚运典,人遂以宋诗目我。实则予与古今诗家,初无偏嗜,所作亦与为同光体以入西江者迥异。倘于宋贤有几微之似,毋亦曰唯其有之耳。自谓于少陵、东野、柳州、东坡、荆公、山谷、简斋、遗山、仲则诸集,用力较劬,少所作诗,惹人爱怜,今则

---

〔1〕郑朝宗. 但开风气不为先. 郑朝宗. 海夫文存. 厦门:厦门大学出版社,1994.

用思渐细入,运笔稍老到,或者病吾诗一'紧'字,是亦知言"[1]。依钱锺书自己的话来说,那么昆明前后期创作的诗是"一变旧格,炼意炼格,尤所经意"的初始期的诗作,国师任教期创作的诗则是诗风转变后"用思渐细入,运笔稍老到"的成熟诗作。

我们可把钱锺书1934年在光华大学任教时写的《薄暮车出大西路》与1940年写的《傍晚不适,意行》进行比较。

《薄暮车出大西路》诗如下:

> 点缀秋光野景妍,侵寻暝色莽无边。
> 犹看矮屋衔残照,渐送疏林没晚烟。
> 眺远浑疑天拍地,追欢端欲日如年。
> 义山此意吾能会,不适驱车一惘然。

此诗发表时题为《与燕谋同出薄暮回车远村暧暧有作》。大西路,指光华大学在上海大西路法华乡王丰镐所捐的新校舍。首联写远景,颔联写近景。夕阳西下,暮色渐渐降临,郊外秋色更加妍丽,农舍晚烟消失在稀疏的树林中,一片宁静;在莽莽无边的田野中,新校舍也显得低矮了。颈联与尾联写感受。眺望远处的地平线,真怀疑天地融为了一体,寻欢作乐只感到时间过得真快。(日如年,钱锺书《管锥编·太平广记(二七)》:"人欢乐则觉时光短而逾迈速,即'活'得'快'……乐而时光见短易度,故天堂一夕、半日、一昼夜足抵人世五日、半载乃至百岁、四千年;苦而时光见长难过,故地狱一年只折人世一日。")由此懂得了李商隐在《登

---

[1]田慧兰等.钱锺书杨绛研究资料.北京:知识产权出版社,2010.

乐游原》"向晚意不适,驱车登古原。夕阳无限好,只是近黄昏"诗句中所蕴含的意思了:心情不舒畅,驱车远游也是惘然。

这首诗虽然借景抒情,但前两联的写景与后两联的抒情并非结合得那么自然贴切,钱锺书心中的"不适"在诗中缺少铺垫,使最后一句的抒情显得有点突兀。

而《傍晚不适,意行》则不是这样了,诗曰:

> 渐收残照隐残恋,鸦点纷还羡羽翰。
> 暝色未昏微逗月,奔流不舍远闻湍。
> 两言而决无多赘,百忍相安亦大难。
> 犹有江南心上好,留春待我及归看。

这首诗也是借写散步来抒发心情的"不适",由于前两联中"残照""残恋""鸦点""奔流"等意象的有机组合,融情于景,为后两联的议论抒情进行有力的铺垫,将心中的"不适"淋漓尽致地表现出来了,达到了"炼意炼格,尤所经意"和"用思渐细入,运笔稍老到"的境界。

具体来说,钱锺书是怎样"炼意炼格"的呢?

一是效法宋诗将大量事典融入诗中、下字贵有来历的法度。如上面这首《傍晚不适,意行》即是如此。"残照",出自李白《忆秦娥》词:"西风残照,汉家陵阙。""鸦点纷还",化用隋炀帝杨广《野望》诗意"寒鸦飞数点,流水绕孤村。斜阳欲落处,一望黯消魂",以及秦观《满庭芳》词句意:"斜阳外,寒鸦万点,流水绕孤村。销魂,当此际……""羡羽翰",化用唐朝孟郊《出门行》(之二)诗句意:"参辰出没不相待,我欲横天无羽翰。""逗月"出自唐朝李端《早春夜集耿拾遗宅》诗:"衔杯鸡欲唱,逗月雁应斜。年齿俱憔悴,谁堪故国赊?""两言而决"语出《史记·平原君列传》:"毛遂按剑历阶而上,谓平原君曰:'从之利害,两言而决耳。今日出而言从,日中不决,何也?'""百忍相安"典出《旧唐书·孝友》,其记载寿张县(今濮阳市台前县)张家庄村张公艺以"忍、孝"治家,九世同居,和睦相处。公元665年冬十月,唐高宗带领文武百官离京去泰山封禅,归来路经寿张县访贤,当时张公艺已八十八岁高龄。当高宗问张公艺治家的方法时,张公艺写了一百个"忍"字,并详细说明了"百忍"的具体内容:父子不忍失慈孝,兄弟不忍外人欺,妯娌不忍闹分居,婆媳不忍失孝心……高宗"为之流泪,赐以缣帛"。"江南心上好"化用唐朝词人韦庄《菩萨蛮·人人尽说江南好》诗意:"人人尽说江南好,游人只合江南老。春水碧于天,画船听雨眠。　　垆边人似月,皓腕凝霜雪。未老莫还乡,还乡须断肠。""留春待我"化用南宋张孝祥《蝶恋花·怀于湖》词句:"绕院碧莲三百亩,留春伴我春应许。"全诗句句用典,字字有来历,固然有如吴忠匡在《记钱锺书先生》一文中说的"他的诗也由于过分的雕琢,句意都不无晦涩,要读懂它实在很费力气"的一面;另一方面,一旦读懂了其中的典故,也会感受到诗人"思之精而造语愈深也"(南宋《诗宪》引北宋魏泰之语)的高妙来。

　　二是打通中外古今,拟古出新。打通是手段,是方法,出新是目的。如《新岁见萤火》中那"孤明才一点,自照差可了""从夜深处来,入夜深处杳"的孤萤形象,即来自唐朝虞世南《咏萤》诗"的历流光小,飘飘弱翅轻。恐畏无人识,独自暗中明"和元朝许有壬《念奴娇·赋萤》中的"微形自照,冷焰明还灭"等中国古典诗词中萤火虫的意象,也脱胎于《英吉利教会史》(*The cclesiastical His-*

tory of The English Nation）第二卷十三章"自暗夜而来之雀,又复归于暗夜中矣"中的雀之意象,中外打通,塑造出一个新的形象,它孤独而渺小。以后,钱锺书在创作《围城》时,又将诗与小说打通,用萤火虫意象来描写方鸿渐"只心里一团明天的希望,还未落入渺茫,在广漠澎湃的黑暗深处,一点萤火似的自照着"的心态。还如《当子夜歌》诗意是从德国十五六世纪的民歌里"偷"来的,形式则是中国古代的乐府曲诗体,并且句句用中国事典,创作出一首既有外国民歌意味又有中国古典乐府体风格的新诗。

三是力求融唐宋诗之长而自成一家。如写于 1940 年的《偶书》三首,诗曰:

> 非复扶疏翠扫空,辞枝残叶意倥偬。
> 牧之惆怅成阴绿,讵识秋来落木风。
>
> 张刘[1]观水感澜生,不似人心惯不平。
> 更愿此心流比水,落花漂尽了无情。
>
> 客里为欢事未胜,正如沸水泼层冰。
> 纵然解得些微冻,才着风吹厚转增。[2]

第一首,"非复"两句,"翠扫空",出自宋朝范成大《初归石湖》"当时手种斜桥柳,无数鸣蜩翠扫空";"残叶"的形象来自北宋诗人李觏所作的《残叶》"一树摧残几片存,栏边为汝最伤神"。

---

〔1〕这里指张籍和刘禹锡。
〔2〕钱锺书.槐聚诗存.北京:生活·读书·新知三联书店,2003.

钱锺书把它们融合起来,描写季节的转换情景:残叶匆匆忙忙告别树枝,不再是翠绿的枝叶伸向天空。

"牧之"两句,"成阴绿"的意象来自杜牧《叹花》诗"自是寻春去校迟,不须惆怅怨芳时。狂风落尽深红色,绿叶成阴子满枝";"落木"出自庾信《哀江南赋》"辞洞庭兮落木",杜甫《登高》诗中也有"无边落木萧萧下,不尽长江滚滚来"之句。钱锺书把这两个对立的意象融合在一起,表达对"绿叶成阴子满枝"将要被飕飕秋风扫落的惆怅。

第二首,"张刘"一句,化用唐朝张籍《送友人卢处士游吴越》"吴苑夕阳明古堞,越宫春草上高台。波生野水雁初下,风满驿楼潮欲来"和刘禹锡《竹枝词·其七》"长恨人心不如石,等闲平地起波澜"之典。"不似"句,化用唐朝罗隐《晚眺》诗句"天如镜面都来静,地似人心总不平"。化用这些诗句,表达新意:因水生波澜而起感慨,不似人心习惯了不平之事,心平如止水。

"更愿"两句,既是化用唐朝崔涂《春夕》诗句"水流花谢两无情,送尽东风过楚城。蝴蝶梦中家万里,子规枝上月三更"诗句意,也是化用唐朝王维《寒食城东即事》"溪上人家凡几家,落花半落东流水"诗句意,无情的流水漂尽了落花。

第三首,"客里"句,化用李煜《浪淘沙令》词句"梦里不知身是客,一晌贪欢"。"层冰",出自宋朝辛弃疾《念奴娇·和南涧载酒见过雪楼观雪》词句"便拟明年,人间挥汗,留取层冰洁"。将两者融合,意思是作客他乡,梦里欢乐还没完就醒了,这就像沸水泼在厚厚的冰上。

"纵然"两句,承接前句的"层冰"意象,进一步发挥想象,说纵然冰雪稍微融化了一些,刚刚秋风一吹冰又增厚了,创造一个新意象,来比喻愁思稍微消除一些,秋风一吹,一下子又增多了。

这三首诗,写的是愁思,借用或化用古诗词中的典故,以秋风作载体,用秋木、秋水、层冰作比喻,化抽象为形象,看似浑成流转,实则刻意经营,字字有出处,但又有创新,从而使这三首诗兼有宋诗清隽的韵味和唐诗丰富想象的生动形象。既有学人诗的厚重,又有诗人诗的灵动。把此三首诗与钱锺书写于同一年时间略早一点的《愁》诗进行比较,更看出他"炼意炼格"的精心,其诗曰:

> 愁挟诗来为护持,生知愁是赋诗资。
>
> 有愁宁可无诗好,我愿无愁不作诗。[1]

这首诗同样是写愁,但全篇皆是议论,虽然细腻而深刻地写出愁者的心理,"有愁宁可无诗好,我愿无愁不作诗"也是精警之句,但不如《偶书》三首写得生动而隽永有品位。钱锺书在蓝田写"愁"的诗除了这两首(组),还有七言古诗《遣愁》、五言绝句《小诗五首》(其二)等,这说明他反复以"愁"这个题材,尝试用不同的诗体采用不同的写法。

"炼意炼格",还有多方面,如在七律方面,杂取古代七律名家如杜甫、李商隐、黄庭坚、陆游、陈后山、陈简斋等艺术手法,"在气格、章句方面刻意锻炼,有似宋人,而声调、色泽则取之于唐,即所谓'唐音宋骨'者"[2],自成一味。

---

〔1〕钱锺书.槐聚诗存.北京:生活・读书・新知三联书店,2003.

〔2〕刘梦芙.《槐聚诗存》初探.冯芝祥编.钱锺书研究集刊(第一辑).上海:上海三联书店,1999.

从以上的"炼意炼格"来看,可知是尝试将学人诗与诗人诗结合起来,用学人丰厚的学识来避免诗的直白浅显,又用诗人的灵性来克服学人诗的刻板和枯淡。

这一切都得益于钱锺书深厚而渊博的中西文化的底蕴和善于联想的思维能力。对于国学,他除了在《槐聚诗存·序》里所说的孩童时期读的经、史、《古文观止》《唐诗三百首》,还偏好"集部之学"。钱基博在一则日记里说"儿子锺书能承余学,尤喜搜罗明清两朝人集"[1]。对于西学,钱锺书精通英、法、德等语,对西洋文学有完备的掌握,澳门大学教授龚刚还指出:"钱锺书并非仅限于'中西文学兼优',也并非仅对中西方的文学文论有兼通的了解,他同时还对中西方的各种其他人文社会学科如哲学、史学、心理学、法学、宗教学、文化人类学等广泛涉猎。"[2]这使钱锺书的旧体诗用典如囊中探物,古今中外信手拈来,显得学富五车,独具特色。钱锺书曾说自己最善于联想,正因为如此,才能古今中外打通,各种艺术手法综合运用。

吴忠匡《记钱锺书先生》回忆说:"在蓝田的那些日子里,锺书更多的是写作旧体诗。他的诗律法精严,格高韵远,极耐人寻味。"[3]

在"炼意炼格"的涂抹中,钱锺书把喜乐哀愁注入笔端,自然能体验泄放后的轻松和创新的乐趣。

〔1〕李洪岩.钱锺书与近代学人.天津:百花文艺出版社,1998.
〔2〕龚刚.钱锺书与文艺的西潮.天津:南开大学出版社,2014.
〔3〕田慧兰等.钱锺书杨绛研究资料.北京:知识产权出版社,2010.

十六　读报感慨　伤时忧世

钱锺书爱读书,也爱读报。

国师阅报室有全国各地区、各党派的报刊,甚至有重庆的《新华日报》。

当时在重庆出版的《新华日报》是中国共产党的大型机关报,主要宣传全面抗战和持久战的路线,反对片面抗战和投降倒退。1938 年 10 月 25 日,在《新华日报》从武汉撤退到重庆出版的第一张报纸的头版上方,用醒目的黑体字发出宣言:

"本报将尽其棉(绵)薄,提倡与赞助一切有利于抗战之办法、措施、方针,力求其迅速确实的实现,而对于一切阻碍抗日事业之缺陷及弱点,本报亦将勇敢地尽其报急的警钟之功用。

"本报深愿与读者诸君及全国同胞共同一致地高举坚持抗战、坚持持久战之旗帜,而在解放的洪流中,树立起独立自由幸福的新中国的根基。"

最近有人发现钱基博在国师做的抗战剪报共计 30 本,其中

26 本保存在沈阳民间收藏家张广胜手中。剪报日期从 1940 年至 1945 年。剪报以专题的形式将第二次世界大战动向、分析战争走势的消息和评论为主,涵盖中国以及亚洲、欧洲和非洲的政治、经济、军事、文化以及宗教等各方面的新闻报道。[1] 自然,钱锺书会经常去阅报室阅读这些报纸,也会阅读钱基博的剪报。

读报自然有收获,有感想。1940 年,钱锺书据此写了《读报》一诗。诗曰:

> 讵能求阙换偏安,一角重分马远山。
> 试忖肝肠禁几截,坐教唇齿失相关。
> 积尘成世逃终涴,补石完天问亦顽。
> 吟望少年头欲白,未应终老乱离间。[2]

诗的意思是说:

堂堂大国政府怎能以守弱之道为由偏安重庆?这就像南宋绘画大师马远的画一样,将主景置于画的一角。国民政府没有承担抗战的责任,致使国土被日寇侵占,犹如唇齿不相连了,看到这破碎的山河,怎不叫人肝肠寸断?屈原在《天问》中表现得多么坚定,想炼石头把缺失的天补完整;但是现在是前人一点一点地开辟的疆土,却遭到日寇的蹂躏玷污。今天的现实就如岳飞《满江红》中那样,人们盼望收复中原,然而,"白了少年头,空悲切"。政府千万不要让百姓老死在国难之时!

---

〔1〕崔俊国、高爽. 钱基博的抗战剪报首次被发现. 辽宁日报,2018.
〔2〕钱锺书. 槐聚诗存. 北京:生活·读书·新知三联书店,2003.

有人说:"由于种种原因,钱锺书始终游离于时代的旋涡之外,对那个时代最严峻最迫切的主题没能够予以深切的关注。"[1]如果以主流社会的主流意识审视钱锺书的关注点,他在蓝田时期所写作的诗文和撰写的学术著作都没有直接体现当时抗日大后方"抗日建国"这个"最严峻最迫切的主题",但是也"应该指出,钱先生虽然守身如玉,但也不是镇日家躺在象牙之塔里做梦的,他不会比别人少关心国事。实际上,他对国家民族感情之深远远超出一般人之上"。[2]读了这首诗,谁说钱锺书是一个不问政治、超脱尘世的书呆子呢?在这首诗中,他对当时偏安一隅的国民政府的指责还是很严厉的,可听到他那颗忧国忧时之心如屈原,如岳飞,有时会发出"'骚'终未'离'而愁将焉避"[3]的感慨。

他不仅忧国民党政府偏安一隅不积极抗战,还忧当时国民政府官场黑暗。1941年,面对当时官场的腐败、黑暗,他写了《戏问》诗,诗曰:

斗酒蒲桃博一州,烂羊头胃亦通侯。

欲鱼何事临渊羡,食肉毋庸为国谋。

且办作官拼笑骂,会看取相报恩仇。

灞桥风雪驮诗物,戏问才堪令仆否?[4]

〔1〕舒建华. 论钱锺书的文学创作. 文学评论,1997.

〔2〕郑朝宗. 但开风气不为先. 郑朝宗. 海夫文存. 厦门:厦门大学出版社,1994.

〔3〕钱锺书. 管锥编(第二册). 北京:生活·读书·新知三联书店. 2007.

〔4〕钱锺书. 槐聚诗存. 北京:生活·读书·新知三联书店,2003.

第一联，钱锺书大胆地指责：大敌当前、国家危亡之时，应该是文官不爱钱，武官不怕死，人人舍己为国，但当时的政府却如古代一斗葡萄酒能换取一个知州官、卖羊杂碎的也能拜将封侯那样，滥授官爵。[1]

第二联，指出其危害性，这样会使想做官的不需努力，就如想吃鱼的为什么要临渊羡鱼那样；[2]而做官的却不必为国家出谋划策，尸位素餐，不顾虑他人的笑骂。

第三联，揭示这些博取将相的人的思想本质，只为酬私恩报私仇，不是为国家。

第四联，借典故进行讽刺：笑问唐朝风雪中灞桥上驮着李贺寻诗觅句的那头驴，它的才华可做尚书令还是仆射这样的大官呢？[3]

读了这首诗，谁说钱锺书是一个两耳不闻窗外事、一心只读圣贤书的人？

钱锺书这种伤时忧世的情感并非只在蓝田时有。

[1]"斗酒"句。"斗酒"典出自《三国志·魏志·明帝纪》："新城太守孟达反，诏骠骑将军司马宣王讨之。"裴松注引《三辅决录》曰："他（即孟达）又以蒲桃酒一斛遗（张）让，即拜凉州刺史。"北宋程俱《北山小集钞·哦诗夜坐瓶罍久空无以自劳寄吴兴赵司录江兵曹》："相逢傥有蒲萄渌，肯向西凉博一州"。"烂羊"句，典出自《后汉书·刘玄传》，汉朝后期，宫廷内部腐败，外戚与宦官的斗争一直不断，两派为了拉拢自己的势力，对外滥授官职，所授的官职名目繁多，小商人、厨子等纷纷穿绣面官服。长安百姓怨声载道并编制歌谣："灶上养，中郎将。烂羊胃，骑都尉。烂羊头，关内侯。"
[2]"欲鱼"典出《文子·上德》有"临河欲鱼，不若归而织网"，《淮南子·说林训》有"临河而羡鱼，不如归家织网"。《汉书·董仲舒传》有"临渊羡鱼，不如归而结网"。
[3]"灞桥"两句。灞桥句，典出李商隐《李贺小传》：（李贺）"恒从小奚奴，骑距驉，背一古破锦囊，遇有所得，即书投囊中……"但有人把"距驉"（一种青色小马）误为"距驴"。唐五代孙光宪《北梦琐言》（卷七）："相郑綮善诗……或曰：'相国近有新诗否？'对曰：'诗思在灞桥风雪中驴子上，此处何以得之？'"灞桥风雪：为古代"长安八景"之一。古代长安人常灞桥折柳送别亲朋，故灞桥、折柳成为乡思与离愁的代名词。驮诗物：原指写诗的题材，此借代距驉。"令仆"，指尚书令与仆射。亦泛指股肱重臣，此做动词，即担任令仆。

1932 年 1 月 28 日，上海发生"一·二八"淞沪抗战。担负沪宁地区卫成任务的第十九路军进行了坚决抵抗，上海各界爱国人士予以大力支援。钱锺书正从清华大学回家度寒假。一天偕钱锺英游园，作《二十一年春，沪警方急》一诗，诗曰："出门惘惘欲何适，有弟相携到处便。作健腰身游即息，牵丝情绪斩还连。同来曲径通幽地，偏值轻寒酿雪天。亡国无关儿女事，看渠熙攘逞春妍。"[1]"沪警方急"，指的应是 1932 年 1 月 28 日半夜，日军海军陆战队二千三百人在坦克掩护下，沿北四川路（公共租界北区的越界筑路，已多次划为日军防区）西侧的靶子路、虬江路、横浜路等，向西占领淞沪铁路防线，在天通庵车站遇到中国驻军十九路军的坚决抵抗。诗中对看到的"亡国无关儿女事，看渠熙攘逞春妍"的情景进行了讽刺。

　　1936 年钱锺书与杨绛在英国伦敦，钱锺书在牛津大学学习。他从报纸上接连看到一些有关国内的消息：1935 年 10 月 22 日，日本在河北香河指使汉奸暴动，占据县城；11 月 7 日，策动宋哲元等进行"华北五省自治运动"；11 月 25 日，策动殷汝耕等汉奸在通州成立冀东"防共自治政府"，宣布脱离南京政府；12 月 18 日，南京国民政府不顾全国人民的反对，反而指派宋哲元等成立"冀察政务委员会"，由宋哲元任会长，以适应日本关于"华北政权特殊化"的要求，历史上称为"华北事变"。"华北事变"后，日本大力进行以征服中国和称霸亚洲为主要目标的扩军备战，加速了全面侵华的步伐。在新年之际，钱锺书写了《新岁感怀适闻故都寇氛》一诗。诗曰：

---

〔1〕罗厚. 钱锺书书札书钞续一. 弁晓朋、范旭仑. 记钱锺书先生. 大连：大连出版社，1995.

海国新年雾雨凄,茫茫愁绝失端倪。

直须今昨分生死,自有悲欢异笑啼。

无恙别来春似旧,其亡归去梦都迷。

萦青积翠西山道,与汝何时得共携?[1]

诗说的是,在雨雾凄凉的伦敦迎来新年,得知"故都寇氛"炽
烈,茫茫忧愁使心绪百般不宁。自从日寇占领故都北平之后,一
定会是生死两重天,人们的悲欢、笑啼都将不同。与故都离别后,
故都的春天还会是原来的春天一样阳光灿烂,但是如果做梦回去
一定也认不出故都被日寇践踏蹂躏后的模样了。何时和你一道
再到萦青积翠的北平西山路上去游览?

1937 年 12 月 13 日日寇攻陷南京,在南京城区及郊区对中国
平民和战俘进行了长达六个星期的大规模屠杀、抢掠、强奸,三十
多万中国平民和战俘被日军杀害。钱锺书听到这消息,于 1938
年,悲愤地写下《哀望》一诗。诗曰:

白骨堆山满白城,败亡鬼哭亦吞声。

熟知重死胜轻死,纵卜他生惜此生。

身即化灰尚赍恨,天为积气本无情。

艾芝玉石归同尽,哀望江南赋不成。[2]

旧时南京别称白下,因沿江旧有白石陂。白石陂是晋朝陶侃

〔1〕钱锺书.槐聚诗存.北京:生活·读书·新知三联书店,2003.
〔2〕钱锺书.槐聚诗存.北京:生活·读书·新知三联书店,2003.

率军平定苏峻之乱时修筑的,又名白石垒。曾是六朝都城的南京,今天却白骨堆满城,只剩鬼魂哭泣,悲咽无声。人们都十分清楚地知道珍惜生命胜过为了贪欲而不惧怕死亡,即使预料有来生,也会珍惜此生,而三十万同胞却无端惨遭杀戮。这些无端惨遭杀戮的人,即使死了化为灰,还会是怀抱怨恨;老天本是无感情的,但天空也布满了乌云,悼念惨死的人们。不论贵贱贤愚的人都同时被杀死,多么令人悲愤痛苦;很想写一篇像北周时期庾信的《哀江南赋》那样的文章来表达悲愤之意,但是悲痛使我无法动笔。

从这些诗中,我们可以体会出钱锺书"位卑未敢忘忧国",时刻关注着国家大事、关心民族命运的心情。在国外留学时,在诗中主要表达忧国忧民的悲痛;回到国内,目睹了国民党政府消极抗战和官场的黑暗,主要表达的是强烈的愤慨和指责。

在钱锺书回到上海"孤岛"后,更切身地感受到亡国之恨。他于1943年写了一首《故国》,诗曰:

> 故国同谁话劫灰,偷生坏户待惊雷。
>
> 壮图虚语黄龙捣,恶谶真看白雁来。
>
> 骨尽踏街随地痛,泪倾涨海接天哀。
>
> 伤时例托伤春惯,怀抱明年倘好开。[1]

钱锺书是以此诗来吊唁淞沪抗战的英烈的。

看到残垣断壁的战场,能同谁来吊唁这场劫难呢? 大家只闭

---

[1]钱锺书.槐聚诗存.北京:生活·读书·新知三联书店,2003.

门在家,苟且偷生,等待春天的惊雷炸响。有人像岳飞曾说过的"直抵黄龙府,与诸君痛饮尔!"那样的豪言壮语都成了空谈;而宋末元初江南民谣"江南若破,百雁(按:百雁,即白雁。谐音元军统率二十万大军伐宋的统帅伯颜)来过"这样不祥的亡国预言却真会到来。这里曾经满街都是被日寇杀害的尸体,今天人走在街上,心随地而痛;眼泪盈眶,如大海涨潮激起连天的悲哀之声。但哀伤时世的情感,今年照例却只能借伤春来表达;如果明年赶走了日寇,我就会开怀大笑起来。

十七　归计未成　忧愁难眠

　　1940年国师放暑假之前,钱锺书写信给杨绛,说"暑假将回上海"。杨绛后来回忆:公公原先说,一年后和锺书同回上海,可是他一年后并不想回上海。[1]

　　钱基博并非不思乡,但他决定不回上海,有两大原因。一是要支持廖世承办好国师,为抗战建国培养人才。钱基博是一个具有强烈爱国思想的知识分子,要求自己不只是做个仅传道授业解惑的经师,而且要做一个为人师表的人师。他发表在《国师季刊》创刊号上的《国立师范学院成立记》一文说:"而造人之大任微师范学院谁与归! 亦既以大任降于吾党;当仁不让,思之,何可不重思之! 传不云乎! 十年生聚,十年教训。生聚或可因任自然;而教训则必加以力振。在日本今日,非兼并之难,而坚凝之难! 在吾国此后,非生聚之难,而教训之难! 假如师而不范,教训无方,

---

〔1〕杨绛.我们仨.北京:生活·读书·新知三联书店,2003.

何以造人,亦将何以造国! 经师人师,孰为难易? 尚基宏此远谟,百年树人;推亡固存,岂异人任! 基博虽为执鞭,所忻愿焉!"办好师范学院,培养未来的教师,不仅是为了振兴中国的教育,更重要的是救亡,振兴中华民族。这样的重任远在照顾家人之上。

在国师哪个没有思家的忧愁呢? 廖世承曾在向教育部写的辞职回籍养亲的报告上说:"……命主持本院以来,倏逾三载,黾勉至今,未敢稍懈。现初基虽奠,而人事渐繁;自顾孱躯,深虞陨越。近以院务冗杂,操作稍劳,时觉耳鸣目眩,举步气促;医者谓系积劳所致,必须静养,始克复原。……久役思息,人之恒情。又以家君年近八旬,时感不适,询游子之归期,望白云而增恋。世承身在湘中,心依膝下,忧病交侵,情绪更劣。"但辞职没获准,仍然忍痛负重,"力疾照常视事"。钱基博对廖世承很敬佩;而钱基博在社会上德高望重,是廖世承的重要倚仗之人,国师的一些重大事情廖世承常要征询他的意见,有时发生重大事件,需要钱基博出面斡旋。廖世承舍不得钱基博走,钱基博也不忍心离开。

在战火纷飞的年代,国师的创办真是筚路蓝缕。国师教授锺钟山曾总结创办国师有"三难"。"一曰时难……而吾校即于此战事紧张之际,筹备成立,是谓时难。二曰地难……蓝田既偏处一隅……交通既不便利,物质缺乏,可想而知……是谓地难。三曰人难……抗战发生,北方各省及东南沿海各区多被沦陷,名流人望,星散各方,百计招致,多辞而不应,此教授之难延也。而诸生亦以交通不便,来校匪易,或仓皇于征途,或羁身于逆旅,此又诸生之难聚首也。是谓人难。"[1]

---

〔1〕锺钟山.艰难缔造的国师.邱超文.《围城》之城.北京:中国文史出版社,2007.

当时国师只有国文、英文、教育、史地、公民训育、数学、理化等七个系，如果在这创办之初，一下离开国文、英文两个系的系主任和两位名教授，这不是拆了国师的台吗？

另一个重要原因是，钱基博回上海可能就会遭到汉奸的裹挟。1940年夏，钱锺书的小妹钱锺霞来到国师。钱锺霞来蓝田的目的，有人说，是给其父亲送信。"日寇陷沪后，为笼络人心，准备在上海创办一所联合大学，指使上海汉奸维持会会长写信给钱先生，聘他去任校长，并命他的女儿千里迢迢从上海来到蓝田送信。钱先生接到此信，义愤填膺，当即撕毁。他认为：'寇深矣！国危矣！吾人当此危急存亡之秋，安可不思所以自处！'终于稳坐国师任教不动。"[1]

1940年暑假，钱锺书与徐燕谋辞职离开国师回上海，大概走的仍旧是上年来蓝田的路线。

当时，为阻止日寇进攻长沙，第九战区的中国军队制定了"战区决诱敌深入于长沙附近地区，将其包围歼灭之；赣北、鄂南方面，应击破敌军，以利我主力方面之作战"的方针，破坏了一切可资日军利用的道路。湘赣公路、湘鄂公路及九江、武宁、平江、长沙间公路，粤汉铁路岳阳至株洲段、湘赣铁路株洲以东，都在民众的支援下进行了破坏或者拆毁。

当钱锺书两人从蓝田到邵阳、衡阳时，去江西的公路已断，两人无计可施，只好半路返回蓝田。"锺书是和徐燕谋先生结伴同行的。但路途不通，走到半路又折回蓝田。"[2]

---

〔1〕彭锦棠. 经传三尺讲台外，情系万家烽火中——钱基博先生在蓝田国师. 傅宏星. 钱基博年谱. 武汉：华中师范大学出版社，2007.

〔2〕杨绛. 我们仨. 北京：生活·读书·新知三联书店，2003.

归计未成,自然给钱锺书增添了愁思,遂写下一首《遣愁》诗:

归计万千都作罢,只有归心不羁马。

青天大道出偏难,日夜长江思不舍。

干愁顽愁古所闻,今我此愁愁而哑。

口不能言书不尽,万斛胸中时上下。

恍疑鬼怪据肝肠,绝似城狐鼠藏社。

鲠喉欲吐终未能,扪舌徒存何为者。

一叹窃比渊明琴,弦上无声知趣寡。

不平物犹得其鸣,独我忧心诗莫写。

诗成喋喋尽多言,譬痒隔靴搔亦假。[1]

　　诗的大意是,先前,想尽千方百计回上海去,但现在都落空了;只剩下归家之心如不羁之马,四处奔撞。真的如李白《行路难·大道如青天》诗中所言:"大道如青天,我独不得出……行路难,归去来!"心中的愁思如长江之水日夜不停地流淌着啊。这样没来由的、深重的愁闷自古没听说过;今天我有家不能回的愁苦如哑巴吃黄连有苦说不出。口里不能说,笔也写不尽;万斛之愁如潮水在胸中冲上下撞。仿佛是百鬼千怪盘踞在肝肠深处;消除心中之愁,很像消灭城狐社鼠,也将伤害自己。心里有愁没有说出来,就如鱼骨头卡在喉咙里,非常难受;手按着舌头,对它说,你白白长在嘴里做什么呢? 感叹自己就如陶渊明摆一张无弦琴,弦上无声,知音者也少。不平则鸣,但只有我的忧愁之心无法用诗

〔1〕钱锺书.槐聚诗存.北京:生活·读书·新知三联书店,2003.

来抒发。即使诗写成了，也难以把心中的忧愁抒发出来；人喋喋不休，尽管话多，也如隔着靴子搔痒却说能止痒那样是假的。

一天，钱锺书提着文明杖从李园大门口出来，转过李园后面的牛角石（因一块矗立在田园中的石头像一牛角而取名）往六亩塘方向去。这里有一口水面六亩大的山塘，山塘一头有溪水流进，一头流出，故名"六亩塘"。钱锺书写《谈艺录》时，读到天社注黄庭坚《王稚川既得官都下，有所盼，未归。予戏作林夫人欸乃歌二章与之》中的"从师学道鱼千里"一句谓："以六亩地为池，池中有九州六谷，鱼在其中周绕，自谓江湖。"便想到这六亩塘去看看。当时六亩塘附近驻扎着国民革命军第二十集团军七十三军十五师，还有一座七十九伤兵医院、七十七师蓝田输运处。七十三军十五师师长是蓝田附近三甲乡的梁祗六，曾率部参加常德会战、长衡会战、湘西会战。1940 年 7 月，奉命进驻蓝田三甲乡一带，他命令全师官兵配合当地群众，从枫坪、石马山、洪水岭、尖山岭、田心坪一线，依山扼水挖筑战壕四十余华里，依托家乡崇山峻岭之险，把日军阻击在防线之外，使家乡免遭日寇铁蹄的践踏。

钱锺书伫立在六亩塘边，兴致勃勃地看水牛在塘中泡澡。牛全身浸没在水中，只剩下牛鼻露在水面上，呼呼喷气。钱锺书忘记了忧愁，突然战马嘶叫，忙抬头看，只见不远处的大道上战马奔腾而过，尘土飞扬，淹没了马头。

这时虽然是秋天，但还是"秋老虎"肆虐之时，干热难耐，急需清风吹散暑热。

那战马扬起的满天尘土大煞风景，还哪有什么闲适心情散步呢？出门有阻隔，如暑假回上海而半路遇阻一样，愁思又重上心头。连那"落日"也如徐仲车《淮之水》所描写的："残阳欲落未落处,尽是人间今古愁。"

无论什么都不如归去好,此时的妻子肯定也在高楼上倚栏看这西边的暮色,可想象出她身体和精神都疲惫不堪。

散步是为了散心,但这次散步却平添了忧愁。钱锺书快步回到宿舍里,就着灯光写了《晚步》一诗。诗曰:

> 野塘水慢浮牛鼻,古道尘旋没马头。
> 亟待清风屠宿暑,便能白露沃新秋。
> 出门有碍将奚适,落日无涯尽是愁。[1]
> 百计不如归去好,累人暝色倚高楼。[2]

人一般会因愁思深长而身体消瘦,但在蓝田的钱锺书却胖了。于是,就写一首自嘲诗《予不好茶酒而好鱼肉戏作解嘲》,诗曰:

> 富言山谷赣茶客,刘斥杜陵唐酒徒。
> 有酒无肴真是寡,倘茶遇酪岂非奴。
> 居然食相偏宜肉,怅绝归心半为鲈。
> 道胜能肥何必俗,未甘饭颗笑形模。[3]

诗的大意是:宋朝宰相富弼说黄庭坚是江西一位茶客,明代文渊阁大学士刘健指斥诗人李白、杜甫不过是一个酒徒,但我写

---

[1]"落日"句,钱锺书自注:"徐仲车《淮之水》:'残阳欲落未落处,尽是人间今古愁。'"
[2]钱锺书.槐聚诗存.北京:生活·读书·新知三联书店,2003.
[3]钱锺书.槐聚诗存.北京:生活·读书·新知三联书店,2003.

诗,既不像黄庭坚那样好茶,也不像李白、杜甫那样好酒。[1]

有酒而没有下酒的佳肴真是少了趣味,如果绿茶遇上奶酪,茶难道不是奴了?[2]

自己长着一副好鱼肉而有做大官的相,之所以想回家一半原因是为回家吃故乡味美的莼菜与鲈鱼。[3] 不甘心自己因思乡而瘦,就像李白在饭颗山嘲笑杜甫太瘦那样;于是修身养性而心定神安,身体就发胖了。[4]

归计不成,忧愁难眠,诗人怎么能心定神安? 这不过是反嘲自己而已。

出乎意料的是,钱锺书和徐燕谋回上海半路遇阻返回蓝田,但张贞用 1940 年 7 月 6 日请假回上海,子身独行,虽历尽艰辛,历时 29 天,却平安到家;两个月后,又经过 42 天的行程回到了蓝田。

张贞用是怎样的神通呢? 廖世承请他把往返湘沪的经过向全院师生作了一次报告。张贞用介绍了一路上的艰险经历,说

---

[1] "富言"句,钱锺书自注:"《宋稗类钞》富弼谓山谷'只是分宁一茶客'。"

[2] 南北朝时,北魏人不习惯饮茶,而好奶酪,戏称茶为酪奴,即酪浆的奴婢。北魏杨衒之《洛阳伽蓝记》:王"肃与高祖殿会,食羊肉酪粥甚多,高祖怪之,谓肃曰:卿中国之味也,羊肉何如鱼羹,茗饮何如酪浆? 肃对曰:羊者是陆产之最,鱼者乃水族之长,所好不同,并各称珍。常云:羊比齐鲁大邦,鱼比邾莒小国。唯茗不中,与酪作奴。彭城王勰谓曰:'卿明日顾我,为卿设邾莒之食,亦有酪奴。'"酪奴,即茶的别称。

[3] 食相,万里侯的食相偏宜肉相格。《后汉书·班超传》载,看相的人说班超"燕颔虎颈,飞而食肉,此万里侯相也"。

[4] 道胜能肥,典出自《韩非子·喻老》:"子夏见曾子,曾子曰:'何肥也?'对曰:'战胜故肥也。'曾子曰:'何谓也?'子夏曰:'吾入见先王之义则荣,出见富贵之乐又荣,两者战于胸中,未知胜负,故臞。今先王之义胜,故肥。'"旧时文人一般认为肥胖是俗气,而瘦为风雅的外表。饭颗,即饭颗山,相传是唐代长安附近的一座山。唐孟棨《本事诗·高逸》:"(李)白才逸气高,与陈拾遗齐名……故戏杜曰:'饭颗山头逢杜甫,头戴笠子日卓午。借问别来太瘦生,总为从前作诗苦。'盖讥其拘束也。"苏轼《次韵沈长官》其一:"不独饭山嘲我瘦,也应糠核怪君肥。"

他："从绍兴到了余姚,才知道海港确已封锁。再从余姚到慈溪,到宁波;那时正值镇海失陷,镇海收复,一幕悲壮激烈的战事,虽未目击,也算耳闻;后来敌军虽退,可是开港无期,只得重回余姚。走间道到上海;但是中间有两个难题:一是渡海的危险,一是敌人检查的麻烦。渡海是坐的帆船,并且要趁海潮的涨落,要深夜赤足在盐田中走上十里。本人虽是生长在田间,可是从二十岁后,没有经过赤足而行,这回也不得不做了一次'赤足大仙'……海程有八九十里,在夜色沉沉之中,偷偷摸摸地张帆而行,同行者连我只有三人。于晓色朦胧之时,到了对岸。回顾大海茫茫,漂着一叶扁舟,好像小说上的'八仙渡海',细想起来,却也有些惊心。对岸是浙江的乍浦,那就是沦陷区了。一上了岸,统要经过敌人的检查。乍浦敌兵不过百人,而海口却排列着十个以上的小炮台。国军与敌军,夹海而守,因为两方都有炮台,大家不易进攻。不过本人在深夜登舟时,没有看见我方所筑的炮台。从乍浦到上海,虽是坐着国人的商轮,但是要经过敌人的检查,在十次以上;一次在行客中,查着了一个电筒,立刻把持有电筒的那个人,拳打脚踢,还把他抓去了,后来不知怎样,那时同轮的人,都张皇失措。本人也颇心惊,不知道自己的行李中有没有触犯敌人忌讳的东西。后来总算从虎口中出脱了。"

还介绍了沦陷区的所见所闻,说:"上海的情形与以前略有不同,各种物价,高涨到一倍或数倍,例如煤球之价,可抵得从前的鸡蛋;人口已减少一二百万,商业当然不及从前的繁盛,敌兵时常到租界上去滋扰,检查,逮捕……"[1]

---

〔1〕张贞用.往返湘沪之经过.国立师范学院旬刊,1941.

最后说到返回蓝田时出上海的艰险:"因为敌人封锁上海同内地的各路交通,在上海等了十多天。探悉有一艘小轮要开到浙江的岑港,本人就向一个旅行社接洽,冒险趁了这艘船。不料到了乍浦海面忽然被敌人的水上宪兵封住,停泊在海中十二天;最后四天,乃到绝食,后来经船夥(伙)同旅社中人,不知怎样的向敌人恳商,方许乘客登岸乍浦,折回上海。那时本人既决定前进,就约着同行者六人,雇一艘帆船,仍在深夜登舟,暗渡到浙江余姚县的安东,那是我国军队的防地。但在渡海时,敌人兵舰的探照灯,霍霍如电光,六人咸蛰伏舱底,不敢平视;本人亦闭上眼睛;恰巧那夜风涛又很大,一叶扁舟,飘摇巨浪,耳边如百虎齐啸,万龙怒吼;人身上本来耳目之用最大,那时最好是天聋地瞎,就可减少恐怖了。到了明日的中午,才抵安东。沿岸也排列着不少的小炮台。"

听张贞用的报告时,钱锺书时而替他捏一把汗,时而为他长吁一口气。但听后,更增添了钱锺书心中的忧愁和思念。不仅为何时能平安回到上海而忧愁,也为生活在上海的亲人们而忧愁。忧愁与思念更让他晚上难眠,梦中更如柳宗元《与浩初上人同看山寄京华亲故》所写的那样:"海畔尖山似剑芒,秋来处处割愁肠。若为化作身千亿,散向峰头望故乡。"

十八　对月思亲　盼望团圆

　　这段时间,对钱锺书来说度日如年,但 1940 年中秋节却不紧不慢地如期而至了。

　　钱锺书先在父亲房里,与父亲、妹妹一起吃月饼,但月饼是什么味全没有吃出来,心里只思念上海的亲人们,不敢在父亲房里久坐,便回到自己房子里,又独自凭窗东望。

　　此时,他默念着苏轼的《念奴娇·中秋》:"凭高眺远,见长空万里,云无留迹。桂魄飞来,光射处,冷浸一天秋碧。玉宇琼楼,乘鸾来去,人在清凉国。江山如画,望中烟树历历。　　我醉拍手狂歌,举杯邀月,对影成三客。起舞徘徊风露下,今夕不知何夕? 便欲乘风,翻然归去,何用骑鹏翼。水晶宫里,一声吹断横笛。"

　　更反复低声吟着杜甫的《八月十五夜月二首》(其一):"满月飞明镜,归心折大刀。转蓬行地远,攀桂仰天高。水路疑霜雪,林栖见羽毛。此时瞻白兔,直欲数秋毫。"杜甫写的简直就是钱锺书——窗外是满月如明镜,而归家的情绪如同刀在心头乱割!辗转流离,离妻子女儿那么遥远;想攀着桂花步入蟾宫与嫦娥相会,仰望天空却是那样高远!归去吧!路上的霜露像雪一样洁白,林中栖息的小鸟正亮翅梳理着羽毛。此时月光如水,明亮如昼,远望月宫中的白兔,似能数清它在秋天新长的细毛。

于是,一股诗情也在钱锺书的心中激荡着,他挥毫写下了一组《中秋夜作》。诗曰:

> 补就青瓷转玉盘,夜深秋重酿新寒。
> 不知何处栏干好,许我闲凭借月看。

> 往年此夕共杯盘,轻别无端约屡寒。
> 倘得乘风归去便,穷山冷月让人看。

> 涸阴乡里牢愁客,徙倚空庭耐嫩寒。
> 今夜鄜州同独对,一轮月作两轮看。[1]

组诗其一的意思是:天上的圆月皎洁如玉盘,从东转到西,照着无眠之人;夜深天寒了,感受到冷空气在酿造明晨的寒霜。不知何处栏干好赏月,好让我一夜悠闲地凭栏赏月到天明。

其二的意思是:回想往年中秋之夜与家人共杯盘赏月,但自从与家人离别,多次爽约不能回家与亲人团聚。如果自己能乘风归去,这偏僻山区的冷月就留给人看。

[1]钱锺书.槐聚诗存.北京:生活·读书·新知三联书店,2003.

其三的意思是:秋风中满怀愁思的自己,忍受着轻寒,走出房门,徘徊在静静的庭园里,踩着地上斑驳的树影,抬起头来望着天上那轮满月。不禁吟诵起杜甫《月夜》诗:"今夜鄜州月,闺中只独看。遥怜小儿女,未解忆长安。香雾云鬟湿,清辉玉臂寒。何时倚虚幌,双照泪痕干。"而今,自己与妻子在相隔遥远的两地也望月思念着对方。

这是钱锺书称为"己思人乃想人亦思己,己视人适见人亦视己"的手法。[1]

这种情景,在钱锺书来蓝田之前就设想到了。请看他在将离上海赴蓝田之时所写的《对月同绛》一诗,诗曰:

> 分辉殊喜得窗宽,彻骨凝魂未可干。
>
> 隘巷如妨天远大,繁灯不顾月高寒。
>
> 借谁亭馆相携赏,胜我舟车独对看。
>
> 一叹夜阑宁秉烛,免因圆缺惹愁欢。[2]

这首诗写诗人与妻子在一起赏明月。月光从宽大的窗子里照耀进来,清澈入骨,使人神思专注,凛然不可冒犯。狭隘街巷怎么能妨碍天的高远广阔呢,而我们不管地上繁灯闪耀,只看天上高处的寒月。想到即将与妻子离别远去,下一次月圆之夜,不知妻子借谁的亭馆在赏月,但也胜过我在车船中独自一人对月看。为此长叹一声,宁愿一夜秉烛不睡,免得因月圆月缺惹动愁思。

---

〔1〕钱锺书.管锥编(第一册).北京:生活·读书·新知三联书店.2007.
〔2〕钱锺书.槐聚诗存.北京:生活·读书·新知三联书店,2003.

怀念亲人而致怨月,无理至极却是深情之至。

两首(组)赏月诗,抒发的都是离情别绪,只是离别之后所写的比在离别之前所写的愁绪要深重得多。而当远离亲人在外地遭受病痛时,那孤寂无助之情就特别地浓烈了。

每到月圆之夜,钱锺书的脑海里总是涌现出不能与家人团聚的痛苦之情。《湘日乘》1940年1月24日(农历十二月十六)就这样记载:"月明如昼,与雪交辉,惜无可人共此良宵耳。"

钱锺书在国师因风寒患肩痛,写了《肩痛》一诗。诗曰:

> 无人送半臂,子京剧可慕。
> 遂中庶人风[1],两肩如渍醋。
> 春事叹无多,老形惊已具。
> 因知风有味,甘辛不与数。
> 偏似食梅酸,齿牙软欲蠹。
> 气逼秀才寒,情同女郎妒。
> 喝风良有已,代醋三升故。
> 岂我吟诗肩,瓮醯入偶误。
> 不须更乞邻[2],但愿风可捕。
> 云何忘厥患,俳谐了此赋。[3]

这诗如肩痛反反复复发作一样,写得回环往复。其大意是:

---

〔1〕庶人风:卑恶之风。

〔2〕乞邻,典故出自《论语·公冶长》:"子曰:'孰谓微生高直? 或乞醯焉,乞诸其邻而与之。'"

〔3〕钱锺书.槐聚诗存.北京:生活·读书·新知三联书店,2003.

没有人像宋代的宋子京那样，天冷有人争着关心，送来衣服[1]，真羡慕他。不幸中了风寒，两个肩膀如浸泡在醋缸里阵阵酸痛。感叹春天快过去了，也惊叹自己的身体已有老年人的状况。就知道中风有滋味，但甘甜与辛辣不在其中。偏偏是吃杨梅一样的酸，牙齿酸软得像虫蛀一般。酸痛很似读书人寒酸的味道，情景跟女人吃醋一样。受风寒确实有原因，等于喝醋三升。难道我这吟诗的瘦肩，偶然误入醋瓮，所以酸痛？希望肩膀不要酸痛了，只愿祛除风寒。自嘲为什么伤疤未好却忘了痛，作此诙谐戏谑之辞？

病痛可一个人默默地忍受，但孤独寂寞之情就难忍受了。所以钱锺书反复设喻描写肩的酸痛如肩浸在醋里、如吃了酸梅子、如女人妒忌吃醋一样。用这幽默的诗句来消解心中的孤独寂寞之愁。

在"烽火连三月，家书抵万金"的时期，家人音信是最好的消愁之药。钱锺书在西南联大时，思家甚苦，三天两头地给妻子写信，信刚寄出，就盼来信。但是杨绛由于忙，常常没及时回信。钱锺书就如热锅上的蚂蚁，坐立不安。他在《一日》诗里是这样描写当时的心情的："一日不得书，忽忽若有亡；二日不得书，绕室走惶惶。百端自譬慰，三日书可望，生嗔情咄咄，无书连三日。四日书倘来，当风烧拉杂；摧烧扬其灰，四日书当来。"[2]

来到蓝田，同样如此。钱锺书在《湘日乘》里记载，1939 年 12

〔1〕宋代魏泰《东轩笔录》（卷十五）："宋子京（名祁）博学能文章，天资蕴藉，好游宴，以矜持自喜……多内宠，后庭曳罗绮者甚众。尝宴于锦江，偶微寒，命取半臂。诸婢各送一枚，凡十余枚，皆至。子京视之茫然，恐有厚薄之嫌，竟不敢服，忍冷而归。"
〔2〕吴学昭.听杨绛谈往事.北京:生活·读书·新知三联书店,2008.

月 20 日：“发季书。”12 月 21 日：“得季书，知已得予抵校后发电。渠释念，我亦释念矣。”12 月 22 日、23 日分别记载：“作书致季。”24 日记载：“侍父亲散步，即赴梧封招。今日为基督诞辰，念在牛津与季围火炉听窗外唱赞美诗，怦然心动。作书与季。”25 日：“得季书，即复。”26 日、28 日和 1940 年 1 月 8 日、14 日分别记载：“作书致季。”1 月 19 日：“得季书、孝鲁书，皆复。”

钱锺书离家来蓝田时，女儿圆圆两岁半，开始旁听比她大两岁的表姐识字，后来杨绛的大姐教圆圆识字。圆圆不仅像钱锺书那样有过目不忘的天赋，而且悟性很高。“一次她挑出一个‘瞅’字，还拿了《童谣大观》，翻出‘嫂嫂出来瞅一瞅’，指点着说：‘就是这个‘瞅’。”1940 年，三岁的圆圆“认‘朋’字，她对妈妈说，这是两个‘月’字要好，挨在一块儿了”[1]，杨绛写信告诉了钱锺书。钱锺书为圆圆悟性强、有想象力而感到高兴，于是写了《绛书来云三龄女学书见今隶朋字曰此两月相昵耳喜忆唐刘晏事成咏》一诗。诗曰：

> 颖悟如娘创似翁，正来朋字竟能通。
>
> 方知左氏夸娇女，不数刘家有丑童。[2]

钱锺书一开笔就称赞女儿的颖悟，也不忘幽默自己一下，女儿的聪颖与父母的遗传有关，不过青出于蓝而胜于蓝，能无师自通啊。然后以西晋著名文学家左思《娇女》诗中所夸称的“吾家有

---

［1］杨绛. 我们仨. 北京：生活・读书・新知三联书店，2003.
［2］钱锺书. 槐聚诗存. 北京：生活・读书・新知三联书店，2003.

娇女,皎皎颇白皙。小字为纨素,口齿自清历……执书爱绨素,诵习矜所获"来比拟自己的女儿,可见钱锺书心中的喜悦之情。这给孤寂愁思之中的钱锺书带来多么大的慰藉啊!

中秋不能团圆,可盼春节团聚,但这都落空了。到1941年元宵节,钱锺书已两个元宵节没跟妻子女儿在一起过了。这一天,他写信给杨绛,并寄去诗《上元寄绛》。诗曰:

> 上元去岁诗相祝,此夕清辉赏不孤。
>
> 今日仍看归计左,连宵饱听雨声粗。
>
> 似知独客难双照,故得天怜并月无。
>
> 造化宁关儿女事,强言人厄比髯苏。[1]

诗的大意是说,记得去年写诗互相祝愿今年元宵能团圆在一起吃元宵,不再彼此孤单赏月了。但是今日回家的计划仍然落空,一夜无眠,只能饱听窗外的粗大的雨声到天明。老天爷也似乎知道难以照着双双客居他乡之人(杨绛故乡也是无锡,在上海也是客居),所以上天也可怜我们,今晚连月亮也没有。其实天上月缺月圆这自然现象怎与儿女情事有关呢?却硬要说人的厄运简直等同于苏轼。

1079年,苏轼任湖州知州时,因"乌台诗案",被捕入狱。出狱以后,苏轼被降职为黄州团练副使。1084年,苏轼奉诏赴汝州就任。由于长途跋涉,旅途劳顿,幼儿不幸夭折,路费已没有了。苏轼上书朝廷,请求暂时不去汝州,先到常州居住,朝廷批准了这

---

[1]钱锺书.槐聚诗存.北京:生活·读书·新知三联书店,2003.

请求。1085 年十月苏轼复为朝奉郎知登州。登州即蓬莱。《汉书·郊祀志上》中记载:传说"在渤海中,去人不远……盖尝有至者,诸仙人及不死之药皆在焉。其物禽兽尽白,而黄金银为宫阙。未至,望之如云;及到,三仙山反居水下,临之,风辄引去,终莫能至云"。但苏轼来到蓬莱,并没有见到海市蜃楼,就祈祷于海神庙,第二天果然见到了,认为这是上天的垂怜。于是,写《登州海市并序》。诗中说:"人间所得容力取,世外无物谁为雄。率然有请不我拒,信我人厄非天穷。"钱锺书的诗句"造化宁关儿女事,强言人厄比髯苏",是说如果硬要说人的厄运简直等同于苏轼,这有过分之嫌,但实际上我比苏轼还不如,因为苏轼还与妻子、孩子在一起,而我却远离妻子和女儿!

钱锺书的读书日札《鱼眼鼠须录》第三册里有他写于 1941 年年初的两首想念妻女的诗。一首《对月感书》诗末尾云:"有家不可归,不归思如麻。为夫不见妇,有女不作爷。有家亦何为,牵愁而已耶!"另一首《岁残》诗末尾写女儿同样在盼望自己回家团圆:"知有娇荼同此盼,盼能新正试新衣。"娇荼,以荼叶娇小婀娜的形状喻人,此指钱锺书的女儿圆圆。

十九　起居生活　有忧有乐

　　当时的师范教育是公费教育。国师所需全部经费,概由教育部拨发,学生食宿等费用,一概由公费供给,每年还发给学生零用金和制服津贴。

　　国师学生生活虽然艰苦,但生活、学习有保障。据薛炽涛《怀念廖世承先生》回忆:"当时的生活条件和教学条件都很艰苦,睡的是临时搭配的板床、竹榻,晚上教师和同学都在桐油灯下面备课、改卷和复习,白天上课时还要经常躲警报。由于廖先生处处以身作则,先人后己,与全院师生同甘共苦,使每学期的教学任务都能很好地完成。"

　　国师1938级教育系学生张奎在《师院生活素描》一文中生动地描述了国师学生的生活情景:

　　(一)生龙活虎的早操
　　"起来!"起身的号声打破了黎明的沉寂,一个个都从梦中惊醒;这时昏暗的朝雾迷漫在大地,一丝丝晨光渐渐浮映在秃了的枝头,更有飒飒凉风,逼入人底心脾,真有些难受。然而我们却挺起了胸,结成伟大强壮的队伍,踏着晶莹的露珠覆着的小草,向前迈进;我们忘怀了自我的存在,朝着同一个目标在黑暗中争取光明。"一!二!三!四!""打!倒!日!本!"吐出了久积的闷气。我们底血沸腾了,内心更烧着熊熊的怒火,我们紧握着拳头怒吼,这是胜利的呼声,复兴的前奏;为着挽救祖国的沉沦,为着自己在炮火中成长,抛了破碎的家乡,跳出敌人的毒焰,我们这迷途流浪之一群,已不复是暗泣的奴隶,永远被欺压的幽灵了!我们要在这伟大的自然里,活跃的操场上,把天赋的躯体,锻炼强壮,把脆弱的意志,煮炼成钢,来完成神圣的使命,造就个"人师"队伍中之前哨。

(二)庄严的升旗典礼

太阳金光,射过朦胧的朝雾,照在枝头,照在屋顶,照在每个生龙活虎青年的脸上;朝气迷漫,人世间到处有了光明。师和生分行肃立在院内办公室前一片大空场上,那青天白日满地红鲜艳的国旗,在雄壮幽(悠)扬之号声里升到竿头:在蔚蓝色天空中飞舞着。她藉晨风荡漾,传播着博爱平等,自由的种子;虽然白山黑水,以及其它(他)沦陷区域中,看不到她可爱的慈颜,但她之形影,仍旧在每个被压伏在敌人妖氛下的同胞脑海里飘扬着。

(三)师生热诚的汇流

不错,国师同学,多出自寒门,但也有许多家庭环境好,而同样为着理想之追求与实现,不远千里而来者,这里无论院长、教授、职员、学生……均过着同一日常的劳动生活。师生膳务会之成立,就是这种神圣精神的表现。师生间和煦而融洽的情感、相亲相爱的精神,充溢在各个活动场所——课室、实验室、厨房、操场、食堂……以及其它各地方,我们没有一刻儿闲空,每天六七堂课外,还有校外的社会服务,而各系学会的读书、讲演、娱乐……各种课余运动,使我们朝夕都要忙;罗曼·罗兰说过:"一切的生命,都在不息的活动中。"我们在这艰难的境遇里,把握着每一个机会,利用一切"时""空",随时随地刻苦地学习,刻苦地教育自己,充实自己。打扫屋子,平治球场,师生之熟识更合成了整个的一体;师生之血汗,更汇成了一条有力的洪流。我们"只有在肉体的劳动中,才能得到健康,才能促进人类的相互团结"! 托尔斯泰的名言,我们从没忘记。在我们的席上,尝不到山珍海味;在我们的院内,看不到洋房高楼;这儿日常生活多么简洁而有味啊,稀饭、馒头、白菜、豆腐、萝卜、糙米,会食号响,师生鱼贯而入,互相合坐,鸦雀无声地进餐,边吃边想:"40 年来新教育,最大的毛病,就是和民众生活隔离。"我陡然想起院长这句训话,我们更要练习吃苦![1]

寒暑假里,许多外省的学生或在沦陷区的学生都不能回家,为了使学生假期生活充实,学院制订了假期学生留院办法及规定工作办法,安排教师义务举办国文、英语、数学等补习班。下面是

---

[1]吴勇前. 辉煌苦难 11 年——中国第一所独立师范学院史. 长沙:湖南师范大学出版社,2017.

1939年国文系主任钱基博先生为国文系学生制订的暑期读书指导方法:

（一）离院学生:学期结束,由系主任召集该系离院学生谈话,规定暑期工作,计分看、读、写、作四项。

（1）看——除将一学年所授学科用心温习外,一年级规定复习四书以为切己体察。二年级自由提出专书一种,经系主任认可。临行作个别谈话一次,以指示途径。

（2）读——由各学生于一年来所受之文字中,遴选一己所喜诵之各体文字十篇,一年级以国师文范为主,二年级以历代诗文选为主,晨夕观摩,明其意,玩其辞,详其法,畅其气,以熟读为主,如有不明,随时通信询问。

（3）写——限定每日临写半页小楷,大抵平素字划（画）柔弱者,教以临摹刚健之体,而武健者临摹婀娜之体,取其轻重相济也。

（4）作——以习作书记文为主,每两星期必须来信一次,报告离院后生活状况,务求于随笔叙次中,熟谙书牍体式,照平常作文批改发还。

（二）留院学生:学期结束,系主任定期召集留院学生谈话会,规定暑期工作,亦分看、读、写、作四项。

（1）看——温习旧课外,另习专书一种或预修下学期所开学程。

（2）读——同样规定遴选一己所喜诵之文字十篇,一年级以国师文范为主,二年级以历代诗文选为主,详其变化,究其流别,务求彻底了解,再行熟读。每读一篇文字,随时前来报告心得,疑惑处予以讲解。

(3)写——(与离院学生同)。

(4)作——每两星期习作一次,由各导师轮流命题批改,尤注意其楷书法之工整,即于作文训练中,寓练习书法之意。

除上述规定外,留院学生依院令有读书会之组织,在规定时间内由各系导师出席指导,该系留院学生第一次读书会,由钱锺山先生出席指导,第二次读书会由周哲胅先生出席指导,第三次读书会由阮乐真先生出席指导,第四次读书会由钱子泉先生出席指导。[1]

其他各系均由指导老师开列阅读书目和布置了作业,并且为便利暑期留院学生阅览,阅览室调整开放时间,照常开放。还由留院全体同学组织假期学生体育会公推干事五人主持一切体育活动。

国师 1942 级学生 1947 年毕业时撰文《我们的发祥地——光明山》,是这样回忆蓝田国师的学校生活的:

普通大学里,未免自由点,然而在国师所规定的札记、论文和读书报告,都得准时完成!四楼四底,联以拱门的宽大高敞的图书馆,只要是开放的时间,人总是满的。里面,静悄悄的;偶尔一不小心而来的一两声响声外,同学们连走路都是提起脚跟走的。大家都埋头在教长们指定或兴趣所

---

〔1〕吴勇前. 辉煌苦难 11 年——中国第一所独立师范学院史. 长沙:湖南师范大学出版社,2017.

在的书本里,谁也不敢、谁也不愿破坏那里的宁静。

也并不纯是读"死书",那儿有完善的体育设备。足球场,是湖南最标准的一个,在金兆均博士的倡导下,课余规定的时间内,铅球、标枪、双杠、单杠,不会有好多空;至于球类则不用说,体童科的同学,固然天天在抛掷踢蹴,普通系科的同学,也不会放过它。国师远征队,就曾以所向披靡的姿态,扬威桂林。

大家还有普遍的音乐、戏剧爱好。自音专设立,唐学咏博士来院后,各种器乐组、合唱团,日趋完善。只要在蓝田读过书的同学,谁能不醉心向往于《神曲》《牧童操》《山居引》的精美的旋律。就现在回到那儿去,相信大礼堂的梁上还有余音;假如孔夫子复活,起码是得十年不知肉味!

至于国师剧团,先后公演过《雷雨》《北京人》两个大剧本,曾博得不少的眼泪与掌声,事后,报上的赞美评论继续两周之久。蓝田各中学戏剧的演出,"导演"照例是专聘国师剧团的同学充任的。[1]

曾在多所大学任教过的黄子通,1941年下半年被聘为国师教育系教授,他发表在1942年1月10日《国立师范学院旬刊》第五十五期上的《初到师范学院的感想》中说:"我起初看到这里一列一列的房屋,满以为是锑矿管理处,哪知恰好就是我现在所享受的地方。这当然不仅是物质的优美,而是精神的表现,有了清楚的条理,才能有整齐的房屋;有了纯洁的胸怀,才能有清洁的校

---

[1]国立师范学院民三六级毕业纪念册.湖南省档案馆档案全宗61.目录1.卷号213.

园。……就同学来说,燕京大学的学生是相当的洋化,凡有约会,都能谨守时刻。到湖南大学,湖南大学的情形却有点两样,对遵守时间的习惯要差一点,不过湖南大学的学生都是诚恳的,我在那边有好多事都是同学替我做的,帮我买车票整理行李。到这里,觉得师范学院的同学同样的诚恳,并清洁整齐,遵守时间。……我常见有些大学校长,见了学生好像是日本人来了一样,紧张得了不得;还有一些校长一见了学生,又非常客气,好像见了外国大使一样;而廖先生却能以笃实平易的态度处理一切事务,以亲爱诚恳的态度对待学生,这是我所不料的。廖先生虽然是我早年的老同学,却有三十年不见面了,这一次我到这边来,听见许多的同学对我说:'廖院长对于学生如家人,父子一般。'"

黄子通教授讲演《国师的优点》中概括了国师的五大优点:环境优美、师生刻苦清廉、学术空气浓厚、学生十分用功、师生忠诚爱国。

在这样的环境中,钱锺书更多的还是心情愉悦的。他的组诗《小诗五首》,生动地描写了自己的日常起居生活。诗曰:

> 日长供小睡,惊起尚忪惺。
> 角止声犹袅,梦余眠已醒。
>
> 庭竹骄阳下,清风偶过之。
> 此时合眼听,瑟瑟足秋思。
>
> 日落街遥岫,天垂裹小村。

只资行坐卧[1]，又了昼晨昏。

庭虚宜受月，无月吾亦罢。
阁阁蛙成市，点点萤专夜。

难觅安心法，聊凭遮眼书。
意传言以外，夜惜昼之余。[2]

其一描写的是，夏天白昼时间悠长，短时的午睡好养精神；嘹亮的起床军号一吹（当时国师起床、就寝由校警吹军号），美梦中一下惊醒。军号停了，余音还袅袅，萦绕在窗外的竹梢间；人已醒，但梦境还在回味中。

其二描写的是，庭院里翠竹把火辣辣的太阳挡在半空中，一片阴凉；偶然有清风吹拂，更是爽歪歪。此时闭上眼睛倾听，竹叶瑟瑟作响，似乎传递来秋天的愁思撞心怀。

其三描写的是，远处的山峰衔着一轮落日恋恋不舍；天幕下垂，像黑绒丝幕慢慢地把山村轻轻裹住。早、中、晚，只供人专心致志用功；一天又过了，竟然不觉不知。

其四描写的是，静静的庭院最适宜赏月，没有月亮的晚上我也只好作罢。青蛙阁阁叫，田野成了闹市一般；一点一点的萤火虫儿的亮光，好像黑夜全归它。

其五描写的是，很难找到能使心平静下来的方法，暂且就着

---

[1]行坐卧，"行住坐卧"的省说。语出《佛经》，如《本生心地观经·报恩品》："行住坐卧，受诸苦恼。"佛家认为，诚意修行的人，无论行住坐卧，都可以用功，都要摄心不乱，念佛不辍。
[2]钱锺书.槐聚诗存.北京:生活·读书·新知三联书店,2003.

昏黄的灯光刻苦读书。静静的夜晚是白天剩余的空闲时间,要充分珍惜,潜心研读,把蕴含的不尽之意好好领悟。

从这些小诗中,可感受到钱锺书的日常生活有潜心苦读,有休闲散心,有享受清风、蛙市的快乐,也有梦后、秋来的忧愁。忧乐共生是人生的普遍性状态;在真实的人生中,人不会时时愁闷,也不会永远快乐。

有忧有乐,才是真实的人生。

二十　真性情者　互为诤友

《白虎通·谏诤》引《孝经》：“大夫有诤臣三人，虽无道，不失其家。士有诤友，则身不离于令名。”这说明诤友的重要。诤友真诚直言，不会一味奉承，只说赞美的话语，而是敢于直言你的问题和不足，善意规劝；诤友胸怀宽广，对朋友真诚、关心、爱护、负责，自己也能够平和地接受意见，承受误解。诤友，也不会屈就，会坚持自认为正确的意见。在蓝田，钱锺书和蒋礼鸿可以说是一对这样的诤友。

蒋礼鸿，字云从，浙江嘉兴人，之江文理学院毕业。他比钱锺书小六岁，时年二十三岁。比钱锺书到国师仅晚十一天，即 1939 年 12 月 15 日，曾任杭州之江文理学院（后改为之江大学）国学系教授兼系主任的锺泰来到蓝田任国师国文系教授，他的学生蒋礼鸿也随同，任他的助教。蒋礼鸿工作之余，潜心读书，深钻精研国学，他说自己是“只问耕耘，不问收获”。与钱锺书只写诗、不写词不同，蒋礼鸿诗、词都写，常有诗词发表在国立师范学院学报《国师季刊》上,风格典雅含蓄。在《国师季刊》第五期上发表了钱锺书写于巴黎、地中海、香港、昆明等地的十首诗,也发表了蒋礼鸿的《鹧鸪天·思人》两首,《高阳台·落叶》《水调歌头·和清如》各一首。蒋礼鸿的《鹧鸪天·思人》(其二)曰:"仿佛瑶台青羽来。万里回互绣苍苔。试移弦柱琴心近,看舞霓裳宝翣开。千步幛,九重阶。鸩媒鸩使费安排。谁能自适谄琼玖,不恨差池百愿乖。"这首词模仿《离骚》,想象丰富,仿佛看到神仙从瑶台乘青鸟下降,想调整琴弦接近,看神仙们打开宝扇舞霓裳,但中间隔着千步幛、九重阶,阻碍重重。谗佞贼害人如鸩媒鸩使那样费心安排,谁能到神仙跟前去赠送美玉呢,暗喻追求光明幸福不可得。

蒋礼鸿在自传里说自己是个"狷者",有时也有些"狂"。钱锺书也是一个狂狷者,他说"一个人二十不狂没志气,三十犹狂是无识妄人",自然与蒋礼鸿惺惺相惜。

蒋礼鸿品质好,在国立师范学院有"小圣人"之称,内心热烈,外表冷漠;很有内才,但为人木讷,不善交际,不会客套。蒋礼鸿在《谈谈我的读书体会和治学途径》里回忆说:"我在蓝田国立师范学院任助教时,钱先生让我开课,不料班上学生联名反对……因我不会哗众取宠,当然不受学生欢迎。"[1]

对此,钱锺书向蒋礼鸿提出建议,要他学会迎合学生。钱锺书读书日札《鱼眼鼠须录》第三册录存一首《雪喻赠蒋云从礼鸿》诗,诗曰:

---

〔1〕杭州市政协文史委员会.之江大学的神仙眷侣——蒋礼鸿与盛静霞.杭州:杭州出版社,2012.

资清以化莫如雪,索我赠言聊取材。

一片冰心偏作絮,六棱风骨却肥梅。

高崖峻岸泯其迹,列玉堆银挟此财。

食肉无妨贞士相,还期容俗稍恢恢。

　　这首诗在蒋礼鸿《怀任斋诗词》集里题作《雪喻赠云从》,诗中的"材"字作"裁"字,"列"字作"积"字。钱锺书诗的第一联,说你要我赠言,我就随便说,说得对否,你自己裁断。纯净的雨变成雪,雨却不如雪。第二、三联说的是,你纯洁之心如棉絮一样温暖,外表风骨却像雪花把梅枝滋润得凛然难犯;才华像大雪那样能堆积成玉山银山,能将高峻的崖岸抹平。最后一联是说,即使有一副封侯的面相,也不妨碍做个有坚定的志节、方正的操守的人,因此期望你胸怀宽广一些,待人要宽容一点。全诗的意思是说你品性纯洁,腹中有才,如果活得过于分明,一心追求完美,眼里容不得一点沙子,一心追求高洁,容不下任何的偏颇,不一定人人喜欢。

　　蒋礼鸿写了《钱默存赠诗,以雪为喻,落句云:"食肉无妨贞士相,还期容俗稍恢恢。"次韵奉答》,诗曰:"颇闻市悦莫如热,独此凌兢少取裁。世事那知心是水,诗人漫许格同梅。倘将千尺驱蝗吻,懒说盈仓兆富财。与失不恭宁守隘,敢持谔谔配恢恢?"[1] 蒋礼鸿在诗里,对钱锺书把他赞扬为具有梅花一样的品格表示感谢,但不能苟同钱锺书要他少一点冷若冰霜的态度的劝告,宁愿

〔1〕杭州市政协文史委员会.之江大学的神仙眷侣——蒋礼鸿与盛静霞.杭州:杭州出版社,2012.

对朋友不恭敬,也要坚守自己处世的原则,不做一个唯唯诺诺、阿谀奉承、哗众取宠的人,要坚持做一个敢于直言的人。

钱锺书曾评价蒋礼鸿的"小字如簪花好女,人品亦如之"。蒋礼鸿对钱锺书的学术才华和诗才也很钦佩。他的《进退格依杨诚斋韵》诗曰:"吴郎钱子二徐翁,炉焰青来不论功。夷敌百城无剩壁,杀人一寸有奇锋。高谈孰与庞公略,匡坐真惭原宪穷。犹有春秋董狐手,会须诗境记提封。""吴郎钱子二徐翁",指吴忠匡、钱锺书、徐燕谋、徐仁甫。全诗赞扬这四人各专一门,造诣十分高,会在诗史上各占一席。

因此,国文系教授钱子厚很赏识蒋礼鸿的才华,很器重蒋礼鸿的思想性格,便充当月下老人,把他曾在南京中央大学教过的一个叫盛静霞的同乡学生介绍给蒋礼鸿,并要盛静霞到当时在重庆的中央大学为蒋礼鸿找一个工作,以便两人接近,增加了解。盛静霞便将蒋礼鸿介绍给中央大学国文系主任伍叔傥。中央大学当时正缺人,便聘蒋礼鸿做伍叔傥的助教。1942 年,蒋礼鸿离开蓝田去了重庆中央大学。到重庆后,蒋礼鸿与盛静霞相处时,非常拘谨。两人一起在办公室坐了几天,蒋礼鸿只埋头看书,一声不吭。而盛静霞是一个爱说爱笑的人,怎能愿意和这样的人相处呢? 盛静霞的朋友替她出了一个主意,两人暂时分开一段时间。于是盛静霞便去了另外一所学校。临走时,约定蒋礼鸿第二年五月去看她,并要他学会讲话,改掉沉默寡言的性格。看来,钱锺书提出的在与人交往时,"食肉无妨贞士相,还期容俗稍恢恢"的意见是对的。

蒋礼鸿和盛静霞经过一段时间的信来信往,互相唱和逐渐多了起来。蒋礼鸿也改变了沉默寡言的性格和不讲究打扮的习惯,两人的心越来越近了。当时，蒋礼鸿正在撰写《商君书锥指》，时值盛夏，两人各占书桌的一角，蒋礼鸿写，盛静霞抄。一个半小时下来，桌子上留下条条汗迹。在这过程中，盛静霞体会到蒋礼鸿扎实的学术功底，也深深地被他的钻研精神所折服。这部书代表了当时《商君书》研究的最高水平，后来被当时的教育部评为"著作发明及美术品"三等奖。第二年，两人便订了婚，1945年结婚，婚后，两人感情日深，被人称为一对"神仙眷侣"。

抗日战争胜利后，蒋礼鸿随学校回到南京，新中国成立后曾任杭州大学（1998年并入浙江大学）中文系教授、杭州大学古籍研究所兼职教授、杭州大学汉语史专业博士生导师。1959年出版《敦煌变文字义通释》，在国外引起很大的反响。此书获得代表中国社会科学研究领域最高荣誉的吴玉章学术一等奖、首届全国古籍整理优秀图书奖、首届全国高校人文社会科学优秀研究成果一等奖。蒋礼鸿还长期从事大型语文辞书的编纂工作，参加了《辞海》和《汉语大词典》的编纂工作。

蒋礼鸿曾将其赠送给钱锺书，钱锺书复信蒋礼鸿，对书中奴字条、鸟字条等提出了自己的见解。信曰：

云从吾兄足下：

昨夕始获大著，匆匆卒业；太半皆珍珠船也，倾倒何极。然亦有未敢苟同者。如奴字条。夫奴即第一人称侬字音之转，今苏州、吴江等处语尚可证。此一事也。妇人自谦，假奴婢之奴为称，正如男子自称仆，《老子》所谓"寡孤不穀而王公以为称"。此又一事也。二者可以如章贡之水交流、罗浮之山合体，然不得混而等之。故有"奴奴""小奴家"之称，而未闻"侬侬""小侬家"。盖谦称可以谦而益谦,人称则人称而已,不能增损其涵意也。又如鸟字条。单文孤证。原句语意含糊,似未足坐实"鸟灾"之鸟即"鸟人"之鸟。"鸟灾"与"豹尾"作对,似即指禽鸟,非诅骂语。足下"黄鸟是鸟,燕子也是鸟"云云,意颇未圆。信然则吾人交谈不得言横遭人祸矣——以人而言人祸、人厄,并非自外于人类也。鸟字作《六书通》了字解,六朝及唐人著作中数见之,特此处尚须存疑耳。倘有尊信大作执而不化之徒,见《千字文》"鸟官人皇",唐诗"忽闻啄木鸟,疑是打门僧",而曰此反抗官僚也,此反对迷信也,则兄害人不浅矣。一笑。他如"儿夫"早见词曲,"贡高"原出释典;小小引证处,又不足为大作轻重,故亦不赘。率尔奉质,聊答虚怀。[1]

《敦煌变文字义通释》初版后,三十六年间,进行了六次补订,从五万七千字增补到了四十二万字,但钱锺书的这些意见没有被采纳。

1981 年 5 月中国训诂学研究会成立,钱先生为顾问,蒋礼鸿为理事。蒋礼鸿读了钱锺书的《宋诗选注》,也对该书个别注释提出自己的见解。他说:"钱锺书先生在《宋诗选注》(1958 年版)中说:'分'就是宋徽宗《大观茶论》所谓'鉴辨',唐代陆羽《茶经》里'六之饮'说:'茶有九难……二曰别',所以陆游说'戏分茶',表示他不过聊以消遣,并非胜任这桩'难'事的专家;参看白居易《谢李六郎中寄新蜀茶》:'应缘我是别茶人。'按:以'别'为鉴别,唐

〔1〕杭州市政协文史委员会.之江大学的神仙眷侣——蒋礼鸿与盛静霞.杭州:杭州出版社,2012.

宋人诗文中不乏其例,而以'分'为鉴别,似难更为举证,自来有'鉴别'而无'鉴分',钱先生所解,恐未免出于望文。"〔1〕可见,在学术上,蒋礼鸿还是坚持自己"与失不恭宁守隘,敢持谔谔配恢恢"的做人标准。

据杭州大学中文系朱宏达《1990 年的今天,拜访钱锺书杨绛先生》一文记载,1990 年 5 月 29 日下午,朱宏达拜访钱锺书、杨绛先生时,代蒋礼鸿教授向钱老问好。钱先生便问蒋礼鸿身体情况。朱宏达问钱先生:"盛静霞告诉我,当年你们在湖南时,您对蒋的小楷毛笔字有过评价:'簪花碧玉,人亦似之。'钱先生连连说:'是,是这样说的。'他显得很开心的样子。"〔2〕

可见,钱锺书与蒋礼鸿几十年的交情是深厚的,两人都是真性情者,一生互为诤友、益友。朋友之间真诚相处,是好说好,不互相吹捧;有异议直说,可坚持己见。正因为如此,除徐燕谋、吴忠匡外,蒋礼鸿是钱锺书与国立师范学院同人交往长久的一位。

〔1〕蒋礼鸿.分茶小记.蒋礼鸿文集(第四集).杭州:浙江出版社,2001.
〔2〕朱宏达.1990 年的今天,拜访钱锺书杨绛先生.钱江晚报,2016.

二十一　释难解忧　情同至亲

　　在写《谈艺录》时，钱锺书尽管博闻强记，也难免遇到记不起来的东西。而国师的图书馆在当时的高等院校里是算图书资料比较丰富的，但毕竟图书资料有限，这时帮助钱锺书解决难题的人是徐燕谋。

　　徐燕谋(1906—1986)，名承谟。江苏昆山蓑葭浜(陆家浜)乡人，比钱锺书大四岁，两人是苏州市桃坞中学(今苏州市第四中学)的校友。1985年，钱锺书在《〈徐燕谋诗草〉序》开头写道："余十三岁入苏州一美国教会中学。燕谋以卓异生都讲一校。彼此班级悬绝若云泥，余仰之弥高而已。越一年，君卒业，去入大学，在先公门下，为先公所剧赏；君亦竺(笃)于师弟子之谊，余遂与君相识。后来两次共事教英语，交契渐厚。"[1]徐燕谋中学毕业后，考入光华大学，成为钱基博的学生。1928年，徐燕谋从光华大学

---

〔1〕钱锺书.钱锺书集·写在人生边上的边上.北京:生活·读书·新知三联书店,2003.

商学院毕业。1930年,由钱基博推荐到私立无锡中学任教该校高年级的英语,后来钱基博任光华大学文学院院长,又力邀徐燕谋返母校任教。1933年,钱锺书从清华大学毕业后,也到光华大学任外文系讲师。其间,两人多有诗作唱酬常并载于校刊。

1939年冬,徐燕谋与钱锺书一同从上海辗转数千里到达蓝田,任国师英文系讲师。钱锺书1941年3月写于国师的《〈徐燕谋诗〉序》里说:"……寻间关来湖南穷山中,又得与君共事,南皮坠欢,几于重拾。然皆自伤失地,沉忧积悴,无复曩兴,岂无多士,在我非侪,煦沫嘤和,唯君是赖,文字之交,进而为骨肉,侘傺之思,溢之于篇章。"

徐燕谋家是大富户,藏书丰富,并且家世儒素。在上海时,钱基博与钱锺书都曾向他借阅过书籍。《〈徐燕谋诗〉序》里说:其家有"良田广宅,可以乐其志者靡勿有。又好聚书,中外三数国典籍,灿然略备,悉假余不少斋,复时时招余饭其寓"。优越的家庭条件,使他受到了良好的教育。徐燕谋童年时即爱诵古诗,读初中就已尝试写诗。如在《挽姨丈》诗中有句云:"称觞偶通涪皤(宋诗人黄庭坚之别号)语,誉我居然摘句工。"当时他还未满十五岁。成人后兼擅中西文学,并且是个出色的古典诗人。在私立无锡中学任教时,淞沪抗战爆发,国军退出淞沪,徐燕谋作有七言古诗《哀淞沪》;又作《铁门槛》五古十三韵鞭挞权贵豪门,这首诗得到时任暨南大学教授的龙榆生的赞赏。

对徐燕谋的诗才与学识,钱锺书亦推崇备至,以为胜于己。钱锺书《〈徐燕谋诗草〉序》中说徐燕谋"于古人好少陵、山谷、诚斋、放翁,于近世名家取巢经巢、服敔堂。自运古诗,气盛而言宜,排奡而妥帖"。这是说,徐燕谋写诗多效法唐宋诗人杜甫、黄庭坚、杨万里、陆游和晚清诗人郑珍、江湜诸家。他学古人而能自出机杼,自抒性情。徐燕谋早年所作的歌行体很下推敲功夫,钱锺书在《〈徐燕谋诗草〉序》里称其古诗"气盛而言宜,排奡而妥帖",特别指出《纪湘行》"滔滔莽莽,尤为一篇跳出"。《纪湘行》是徐燕谋记录自己与钱锺书等一行六人从上海辗转到蓝田的1870字的长诗,如大江大河一泻千里,又百回千折,缠绵悱恻。如开头十二句:"己卯十月吉,戒装我将发。床前拜衰亲,未语辞已窒。中闺别吾妇,叮咛到鞋袜。稚子喧户外,行李争提挈。离家才数步,已感在天末。"写行前与家人辞别,寥寥几句,如歌如泣,将乱世间远行人难舍难分和前途迷茫的心态表现得淋漓尽致。全诗在记叙艰难的行程中的所见所闻所感,反映了敌寇的凶残、当时内政的腐败、民生的困苦、士兵的疲惫;也表达对祖国壮美山河的赞颂,对古代杰出人才、义士的怀念,是一首史诗般的作品。厦门大学郑朝宗教授在《续怀旧》一文里誉其为"步武杜甫《北征》,在现代人所作古体诗中,当以此首位第一"[1]。

钱锺书还称赞徐燕谋的"近体属词俪事,贴切精工,而澹乎容与,无血指绝膑之态"[2]。在蓝田期间,两人常切磋诗作,讨论文学理论。两人之间的情感、思想常用诗来表达。钱锺书在《〈徐燕谋诗〉序》里回忆说:"识君二十年,聚散离合,真若过隙,合则为二马之同皁,离则为一莺之求友,胥足以发皇诗思。"[3]在此之前,大约在1940年冬,钱锺书看到了徐燕谋的诗稿,并写了一首《题燕谋诗稿》的诗。诗曰:

---

〔1〕郑朝宗.但开风气不为先.郑朝宗.海夫文存.厦门:厦门大学出版社,1994.
〔2〕钱锺书.钱锺书集·写在人生边上的边上.北京:生活·读书·新知三联书店,2003.
〔3〕郑朝宗.但开风气不为先.郑朝宗.海夫文存.厦门:厦门大学出版社,1994.

闭门堪上士,觅句忽中年。

难得胶粘日,端能笔补天。

琢心一丝发,涌地万汪泉。

家法东湖在,西江佐刺船。〔1〕

　　诗的大意是,你徐燕谋闭门读书,构思写诗,可称得为胸藏万卷书的"上士"〔2〕,但人生易过,不知不觉就到了中年;你的诗才能补天,古人的歌声能响遏行云,而你能写出粘住太阳的诗来;你用心深细,又诗思如万斛泉涌,汩汩而出;你的诗像宋代号东湖居士的徐俯学黄庭坚那样,秉承了"夺胎换骨,点铁成金"的家法传统。〔3〕

　　大约在1940年春,钱锺书把决定夏季辞职回上海的事告诉徐燕谋。徐燕谋生怕又一次与钱锺书分离(这是不是《围城》里方鸿渐不愿与赵辛楣分离的原型?),便再将自己的诗稿拿出来,请钱锺书作序。在《〈徐燕谋诗〉序》里,钱锺书再一次评说徐燕谋的诗作。说徐燕谋在蓝田期间,诗风大变,"化排奡为熨帖,不矜

---

〔1〕钱锺书.槐聚诗存.北京:生活·读书·新知三联书店,2003.

〔2〕"上士",用了一个佛教典故。钱锺书在《谈交友》一文中说过这个典故:"唐李渤问归宗禅师云:'芥子何能容须弥山?'师言:'学士胸藏万卷书,此心不过如椰子大,万卷书何处著?'"

〔3〕"东湖",指宋人徐俯,其字师川,号东湖居士,江西派著名诗人之一,著有《东湖居士集》六卷。为黄庭坚外甥,其诗学其舅。早期诗风受黄庭坚影响,崇尚瘦硬,强调活法,要求"字字有来处",提倡"夺胎换骨,点铁成金"。晚年的徐俯,在诗歌创作中力求创新,诗风趋向平实自然,清新淡雅,别具一格。"佐刺船",意谓帮助撑船,比喻向……学习写诗。宋朝释惠洪《冷斋夜话》:"鲁直(黄庭坚,字鲁直,晚号涪翁)谓予曰:'观君诗说烟波缥缈处,如陆忠州论国政,字字坦夷。前身非篙师,沙户种类耶?'有诗,其略曰:吾年六十子方半,槁项螺颠忘岁年。脱却衲衣着蓑笠,来佐涪翁刺钓船。"元好问《赠湛澄之四章》:"石门故事君知否,好佐涪翁学刺船。"

不卓,而自开生面,君诗于是乎名家,而有以自立矣",并说他研习英国文学,融洽东西文化,诗的题材却取自现实生活,"安于本土,不乞诸邻,雅饬有足称者"。[1] 针对当时一些人乐于接受外国的物质文明,而对外国的文学理论、创作方法却拒之门外或只借来炫耀才学的现象,钱锺书提出了自己的文学主张:学习和借鉴外国的文学理论、创作方法要融会贯通,化作自己的灵魂,创作时不分谁我,只为抒发自己的情感而用。"譬若唼鱼肉,正当融为津液,使异物与我同体,生肌补气,殊功合效,岂可横梗胸中,哇而出之,药转而暴下焉,以夸示之未尝蔬食乎哉? 故必深造熟思,化书卷见闻作吾性灵,与古今中外为无町畦。及夫因情生文,应物而付,不设范以自规,不划界以自封,意得手随,洋洋乎只知写吾胸中之所有,沛然觉肺肝中流出,曰新曰古,盖脱然两望之矣。"[2]

钱锺书读了徐燕谋的诗稿,觉得很有启发,写了《〈徐燕谋诗〉序》后,意犹未尽,还写了一首《戏燕谋》的诗,继续讨论诗的创作方法。诗曰:

> 樗园谁子言殊允,作诗作贼事相等。
> 苦心取境破天悭,妙手穿窬探榱蕴。
> 化工意态秘自珍,讵知天定还输人。
> 偶然漫与愁花鸟,奇绝诗成泣鬼神。
> 此中窃亦分钩国,狡狯偷天比狐白。
> 诛求造物不伤廉,岂复贪多须戒得。

---

[1]钱锺书.钱锺书集·写在人生边上的边上.北京:生活·读书·新知三联书店,2003.
[2]钱锺书.钱锺书集·写在人生边上的边上.北京:生活·读书·新知三联书店,2003.

偷势终看落下乘，卑无高论皎然式。

昌黎窥盗向陈编，太息佳人为钝贼。

夙钦吾子诗才妙，我法行之忽逼肖。

竟如道祖腹中言，可许拂衣引同调。

我欲诚斋戏南湖，君莫魏收斥邢邵。

诗窗宵来失却匙，知君不拾道行遗。

无他长物一敝帚，留与贫家护享之。[1]

　　此诗说的是，《乾嘉诗坛点将录》有樗园先生题词云："我谓作诗如作贼，横绝始能跻险绝。"它的意思是：苦思摄取诗境，让上天慷慨相助；运用艺术手法探求意蕴如穿墙偷物一样。自然的工巧把人物的神情姿态刻画出来的新奇，自然珍贵，怎知上天还会输给诗人。用偶然所得之语把愁赋予花鸟，写成奇妙的诗句来能感动鬼神。这是灵感加上诗人的技巧，才能写出泣鬼神之诗句。写诗如偷，也有窃取国家那样的大偷，偷天的机灵如狐白一样珍贵。向自然求取不损害廉洁，怎么还要戒除贪得无厌？"偷势"也会写出下乘的诗作来，皎然的《诗式》见解也很一般。韩愈向古籍偷窃陈词旧语，可叹这杰出人才也成了不高明的贼。平时钦佩徐燕谋诗才高妙，实施我的"偷天"之法，不注重模仿。竟如老子所说的，你可让我高兴地引为知心朋友。自己效仿杨万里开玩笑说张缇是诗中老贼一样，戏说徐燕谋也是诗中老贼；但愿徐燕谋不要像魏收排斥邢邵那样，排斥自己。诗窗子的钥匙在夜间丢失，知道你是路不拾遗的君子。诗人身无长物，只把自己的艺术主张当作

---

[1]钱锺书.槐聚诗存.北京:生活·读书·新知三联书店,2003.

宝贝珍藏,留给自己享用。意谓诗人谦称坚持自己的艺术主张。

这首论诗诗,借评论徐燕谋的诗,表达了钱锺书对诗歌创作的观点。"樗园"两句,点出诗的中心话题:作诗如作贼。"苦心"两句,对前两句进行阐释。"化工"两句,说写诗化工诚然可贵,但诗人的创作更胜过化工。"偶然"两句,说的是灵感在诗的创新中的作用。"此中"两句,说的是取境有高低优劣之别,"偷天"是最珍贵的、最重要的。"诛求"两句,说的是作诗须向天地造化中求取,多多益善,不怕贪多。"偷势"两句,对皎然的《诗式》中关于"偷势"见解的评论。"昌黎"两句,说的是"偷语"是不高明的模仿、借鉴。"夙钦"六句,对徐燕谋诗才的赞赏。"诗窖"四句,进一步评论徐燕谋的作诗主张的技巧,说的是徐燕谋作诗的主张和技巧并非"偷"诗人的,是徐燕谋自己的见解,其诗也并非拾取别人现成的东西写的。

钱锺书上面那首诗中说的"偷势""偷语",来自唐朝诗僧皎然《诗式》。《诗式》里提出著名的"诗有三偷"之说,即"偷语""偷意""偷势"。"偷语"就是仿效别人语句,"偷意"就是袭取别人的意旨,"偷势"就是模仿别人的结构布局。钱锺书认为这"三偷"都还不是最高级的偷。最好的是"偷天",正如《〈徐燕谋诗〉序》里所主张的观点:中西融会贯通,化作自己的灵魂,创作时不分谁我,只为抒发自己的情感而用。此诗学主张,目的在强调独创性,反对模仿。

用"戏说"的方式来讨论重大的诗歌创作方法,一是显示两人亲密无间的关系,二是表示钱锺书并不想将自己的观点强加于人,对徐燕谋诗的评论也只是一家之言,不一定算得数,表现钱锺书在朋友面前的谦逊作风。

钱锺书博闻强记,但在国师时,常说自己虽然年龄比徐燕谋要小,但记忆力却不如他好,常常碰到疑难问题,都要向他请教。在《〈徐燕谋诗草〉序》里说:"……君好卧帐中读书,余有不知,叩之,如肉贯串,戏赠云:'示人高枕卧游录,作我下帷行秘书[1]。'余与君倾心服膺,盖若此者。"钱锺书还有在蓝田写的一首《赵雪崧有偶遗忘问稚存辄得原委—诗师其例赠燕谋君好卧帐中读书》诗记叙其事。诗曰:

> 开卷愁无记事珠,君心椰子绰犹余。
>
> 示人高枕卧游录,作我下帷行秘书。
>
> 不醉谬多宁可恕,善忘老至复何如。
>
> 赠诗僭长惭颜厚,为谢更生解起予。[2]

赵雪崧是清朝文学家、史学家赵翼。他论诗主"独创",反摹拟,特别重视天赋灵性,认为优秀的诗歌都是情感的自然而然表达,而不是呕心沥血的雕琢之作。无论评价诗人本身还是诗歌创作,他都将有无创新作为一个重要的评价标准。可见《戏燕谋》里的观点与赵翼的观点是相似的。

据说,赵翼偶然有记忆不起来的事情时,就向经学家、文学家洪亮吉(字稚存)请教。赵翼为此写了一首诗,原题为《偶有遗忘,问之稚存,辄录示原委,老夫欣得此行秘书矣。无以为报,拟质一事即劳以酒一壶书此为券》。钱锺书把自己比况为赵翼,把徐燕

---

[1]"行秘书",称博闻强记的人。唐朝刘悚《隋唐嘉话》(卷中)记载:虞世南,沉静寡欲,精思读书,学富五车。太宗尝出行,有司请载副书以从。帝曰:"不须。虞世南在,此行秘书也。"
[2]钱锺书. 槐聚诗存. 北京:生活·读书·新知三联书店,2003.

谋比拟为洪亮吉。

钱锺书上面那首诗的大意是：我开卷读书，愁的是手中没有一颗传说中的能帮助记忆的珠子[1]，但你徐燕谋却有；你的心也只有椰子那么大，却可以装得万卷书。你喜欢卧于蚊帐中读书，是个博闻强识的人，常给我解决疑难问题。自己不是喝醉了，记忆却出现那么多差错，真是不可原谅；但年纪大了，善忘了又能怎么办？[2] 说自己年龄大了善忘，这是我像赵翼赠诗洪亮吉(晚号更生居士)那样假冒年长者，对此自己也感到真是惭愧脸皮厚；你像洪亮吉对赵翼那样对待我钱锺书，能启发我钱锺书[3]。

其实，徐燕谋更佩服钱锺书。钱锺书在《〈徐燕谋诗草〉序》里写道："忆君见已与余诗并载杂志，因赋一篇，警策云：'谁言我语胜黄语，敢学严诗附杜诗。'同人莫不击节绝倒。"徐燕谋的"谁言我语胜黄语，敢学严诗附杜诗"之语，是把钱锺书比作黄庭坚，把自己当作师法黄庭坚的北宋诗人陈师道。他谦逊地说，自己的诗不能与钱锺书比肩。自己与钱锺书就如严武与杜甫，两人是亲密无间的朋友，但严武的诗作只附在杜甫的诗集后。

钱锺书、徐燕谋两人的性格迥然有别。钱锺书有如杨绛所说的"痴气"，有时像调皮的小孩儿，淘气而恶作剧。而徐燕谋"为人沉默寡言，当座客高谈阔论时，他总是在旁静静听着"。[4] 这两

---

[1]"记事珠"，传说能帮助记忆的珠子。五代王仁裕《开元天宝遗事·记事珠》："开元中，张说为宰相，有人惠说一珠，绀色有光，名曰'记事珠'，或有阙忘之事，则以手持弄此珠，便觉心神开悟，事无巨细，涣然明晓，一无所忘。"

[2]《谈艺录·序》："余既叹颛愚，深惭家学，重之丧乱，图籍无存。末髦善忘，不醉多谬；蓄疑莫解，考异罕出。"

[3]"解起予"，能启发自己的观念和想法。语出自《论语·八佾》："子曰：'起予者，商也，始可与言《诗》已矣。'"何晏集解引包咸曰："孔子言子夏能发明我意，可与共言《诗》。"

[4]郑朝宗.但开风气不为先.郑朝宗.海夫文存.厦门：厦门大学出版社，1994.

个性格互补的人,气味相投,在蓝田常常相处一起谈天说地,论诗作诗。

1941 年夏,徐燕谋也辞职,同钱锺书经广西到越南海防坐货轮回到上海。《徐燕谋诗草》:"夏日苦热。忆 1941 年冒盛暑与中书君自湘西返沪,迂道广西郁(玉)林至湛江,乘货轮渡海,遇台风。……"[1]钱锺书在震旦女子文理学院担任教授,直到抗战胜利。徐燕谋则重返母校光华大学及光华附中任教。至 1942 年,因学校为日寇统治,徐燕谋不愿为日寇服务,就不去任教了(这应是方鸿渐不愿在将被敌伪收购的报馆工作而辞职的原型)。郑朝宗《怀旧》一文里说,当时"但也有坚持民族气节不肯降志辱身的人,如钱先生的总角之交徐燕谋(承谟)先生"。[2]

回到上海一年后,钱锺书写了一首《示燕谋》的诗,回忆两人离开蓝田回到上海的历程,念念不忘两人有幸同在蓝田共事和相互作诗唱和的生活。诗曰:

> 去年六月去湖南,与子肩舆越万山。
>
> 地似麻披攒石皱,路如香篆向天弯。
>
> 只看日近家何远,岂料居难出更艰。
>
> 差喜捉笔囚一处,伴鸣破尽作诗悭。[3]

诗的大意是说,去年 6 月离开湖南,一路上和你一起坐轿子

---

〔1〕范明辉. 杨绛《钱锺书与围城》笺证. 牟晓朋、范旭仑. 记钱锺书先生. 大连:大连出版社,1995.
〔2〕郑朝宗. 但开风气不为先. 郑朝宗. 海夫文存. 厦门:厦门大学出版社,1994.
〔3〕钱锺书. 槐聚诗存. 北京:生活・读书・新知三联书店,2003.

（滑杆）越过数不清的山。平缓的土丘石山如麻披散而错落交杂；而高山上盘旋的路曲折艰险，如香炷燃起时的烟缭绕弯曲形似篆文。在高山上，只觉离太阳近而离家远，怎能想到居家艰难而出行更艰难。非常高兴的是，我俩在国师，好像被人捉着关在一只笼子里，如鸟伴鸣，我俩相互作诗唱和多么快乐，虽然作诗不多。

1964年，钱锺书写的《答燕谋》还回忆他俩的交往："比邻学舍灯穿壁，作（做）伴归舟海拍天。"前一句应是两人在光华大学、国立师范学院一起工作、读书的情景，后一句应是写两人从蓝田结伴回上海之事。

二十二　孕育《围城》　嬉笑怒骂

　　《围城》是钱锺书回到上海后，1944 年开始以自己从国外留学回来，后又与同事辗转数千里从上海到国师任教，以及从蓝田回到上海的经历为素材创作的长篇小说，1946 年完成，1947 年由上海晨光出版公司印制发行。先后被翻译为 40 多种外文，成为一部名著。《围城》却孕育于蓝田。

　　郑朝宗在《怀旧》一文中写道："1980 年《围城》重印出书，徐(燕谋)先生来信告诉我：'中书君《围城》一书虽成于沪，而构思布局实在湘西穷山中。四十年前坐地炉旁，听君话书中故事，犹历历在目。'"[1]

　　《围城》这个书名，可能就是受徐燕谋的一首诗的启发。徐燕谋在接受廖世承的聘请时，对钱基博邀请他、廖世承聘请他为国师英文教职是非常感激的，他写了一首《闻廖钱二师有见招意感

---

〔1〕郑朝宗.海夫文存.厦门：厦门大学出版社,1994.

赋》刊载在 1939 年 8 月出版的《国师季刊》第四期上，此时他还没来蓝田。诗曰："围城坐守竟蹉跎，奈此堂堂玉貌何。贫可辱身难夺志，悲来当哭但狂歌。衰亲忍使愁柴米，白眼留看舞鬼魔。剩有平生心一片，不才转怕受恩多。"诗的大意是说，堂堂男子汉，竟坐守着日寇围城的上海蹉跎时日。贫穷可以屈辱自己的身份，但不能改变自己的志气。悲来长歌以当哭，只不过是如春秋时楚国狂人接舆唱着歌从孔子的车旁走过，唱道："凤凰，凤凰，你的德运怎么这么衰弱？过去的已经无可挽回，未来的还未来得及改正。算了吧，算了吧。今天的执政者危乎其危！"不忍心看着衰老的父母亲为每天的柴米发愁，愤怒地看着魔鬼舞翩跹。只有平生一片孝心、没有才华的我，只怕承受廖院长的恩情太多。

钱锺书 1945 年写于上海的《徐森玉丈（鸿宝）间道入蜀话别》诗的尾联为"围城轻托命，转赚祝平安"，这诗句中的"围城"与徐燕谋诗中的"围城"意思是一样的，都是指当时沦陷于日军的上海。1937 年 11 月 12 日，"八一三"淞沪抗战结束，中国军队撤离上海，日寇便占领了上海的南市、闸北、虹口、杨浦、浦东等地，并设立关卡，许多地方被划为军事禁区。当时上海公共租界的其余部分和法租界，虽然因英、美、法等是中立国而没被日寇占领，但是，被日寇包围，形成了"孤岛"。这"孤岛"自然像一处围城了。钱锺书父母的家和岳父的家都在法租界这座"围城"中。钱锺书与徐燕谋都博闻强记，精通中国传统文化和英语，在聊天中，由徐燕谋诗中的"围城"想到《战国策·赵策·鲁仲连义不帝秦》"吾视居此围城之中者，皆有求于平原君者也。今吾视先生之玉貌，非有求于平原君者，曷为久居此围城之中而不去也"里的"围城"。将《围城》译成日文的中岛长文当初到钱家拜见钱锺书先生时，就问起了"围城"来历,钱锺书从书柜拿出一本《史记会注考证》,翻到这段话给他看。[1] 所以,《围城》书名的初始意义是对当时现实的痛苦反映。

徐燕谋来到国师后,写了《湘中吟·入湘感怀》一诗,诗曰:"误尽平生是腐儒,当年我祖但奋锄。五弦久绝南风手,一鹗徒传北海书。身历吴头兼楚尾,诗难正始况黄初。漫云浪走空皮骨,为拾斯文失坠余。"大意是说迂腐的读书人误尽平生,当年我祖宗都是耕田人出身。大雕空传北海信,如舜帝弹五弦琴,歌《南风》之诗而治天下的盛世很久没出现了。亲身经历过从上海到湖南的漂泊,又遇上如曹魏时期那样严酷的政治现实,写诗也难以抒发心中的悲哀。不要说为保存失去的文化四处奔走而躯体瘦瘠。

这大概是徐燕谋经历了国师 1940 年春季发生的学潮后写的。他先是高兴地走出上海这座"围城",打算安心在国师任教,1940 年春,钱锺书告诉他自己打算回上海,而他没有打算跟随钱锺书回上海,但经过国师春季发生的学潮后,感觉到当时政治的险恶,觉得国师也是一座"围城",到暑假时却辞职要和钱锺书一起回上海这座"围城"里去了。

钱锺书想到法国一句古语:"爱情、婚姻之事好比一座被围困的城堡,已婚的人处于被围之城里,极力要冲出城去;而未婚的则如攻城的勇士,拼命想冲进城。"还想到法国的散文大家蒙田也说过类似的话:"婚姻就像一只大鸟笼子,眼看着外边儿的鸟儿都想飞进去,里边儿的呢,倒想最好飞出来。"[2]

〔1〕汤溢泽.透视钱锺书.长沙:湖南人民出版社,2006.
〔2〕钱定平.围城密码.上海:上海百家出版社,2009.

"钱锺书说：'我没有什么本领，不过是善于联想而已。'"[1]正是这种丰富的联想，使《围城》一书中的"围城"具有丰富的意蕴。"'鸟笼''城堡''围城'，是作者钱锺书给男女婚姻塑造的一个假象，在外面的想进去，进去了的想出来。具体来说，没有结婚的想结婚，结了婚的又想分手。作者更把这种心理倾向，扩大到'人生万象'。"[2]吴其南《论〈围城〉的感觉深度》里也说："所谓'城外的人想冲进去，城里的人想逃出来'，揭示的是人类进退失据、左右不得其所、永远也找不到自己精神家园的生存困境。或者说，它干脆否定了一个可供人类安置自己灵魂的精神家园的存在。你因为不满意自己的处境，把理想放在我的位置上；不知我也正不满意自己的处境，把希望放在你的位置上。"[3]

但退回"围城"，又陷入走投无路的窘境。钱锺书是这样，徐燕谋也是这样。

1941年12月7日，日本偷袭珍珠港，美国对日宣战，第二次世界大战全面爆发。上海沦陷成一个孤岛。回到上海的钱锺书没有一个可以维持生活的职业，同普通市民一样陷入了困境。那时"日本人分配给市民吃的面粉是黑的，筛去杂质，还是麸皮居半；分配的米，只是粞，中间还杂有白的、黄的、黑的沙子。黑沙子还容易挑出来，黄白沙子，杂在粞里，只好用镊子挑拣。听到沿街有卖米的，不论多贵，也得赶紧买"[4]。

钱锺书此时写的《夜坐》诗，就描写了在上海沦陷区的苦难生

〔1〕吕嘉健.论"钱锺书文体".冯芝祥.钱锺书研究集刊第二辑.上海:三联书店,2000.
〔2〕周锦.《围城》的主题.金宏达.钱锺书评说七十年.北京:文化艺术出版社,2010.
〔3〕冯芝祥.钱锺书研究集刊第二辑.上海:三联书店,2000.
〔4〕杨绛.我们仨.北京:生活·读书·新知三联书店,2003.

活和痛苦心境,诗曰:

> 试扪舌在尚成吟,野哭衔碑尽咽音。
>
> 生未逢辰忧用老,夜难测底坐来深。
>
> 忍饥直似三无语,偷活私存四不心。
>
> 林际春申流寓者,眼穿何望到如今。[1]

此诗的意思是说,试着摸摸舌头还在还可吟诗,但四野哀鸿遍野,尽是悲咽声。生不逢辰,人因忧伤而老,黑夜沉沉深不可测,不知何时是尽头。忍饥挨饿,如苏轼所说的是无饭无菜无盐;虽然苟且偷生,但"不臣不叛不降不辱"的原则矢志不渝。[2] 在蓝田时望眼欲穿地盼望早日回到上海,与妻、女儿团聚,没想到如今却成了流落上海的人。

这"围城"简直是地狱,怎不叫人痛苦万分?

徐燕谋回到上海后,在光华大学及光华附中任教,但至 1942 年,学校被日寇统治,徐燕谋就愤而离校,失业了。在自己的国土上,却痛苦地生活在外敌的围困中,怎不叫人悲愤? 在追求"轰轰烈烈的奋斗"[3]的年代,人生却是一个个冲不破的困境,不是天大的悲哀吗?

这些悲愤、悲哀,钱锺书在创作《围城》时,自然会注入笔端,这样就更丰富了"围城"的内蕴,也使《围城》的字里行间充满了

---

〔1〕刘聪.续谈《社会日报》上的钱锺书诗〔DB/OL〕.

〔2〕"忍饥"句后,钱锺书自注:"东坡以麄饭戏刘贡父,谓饭菜盐三者皆无。""偷活"句后,钱锺书自注:"方密之削发为僧,口号云:'不臣不叛不降不辱。'"

〔3〕1939 年新生活运动五周年时,蒋介石将"礼义廉耻"口号释为"严严整整的纪律""慷慷慨慨的牺牲""实实在在的节约""轰轰烈烈的奋斗"。

幽默、讽刺、嘲笑。

因此，在小说《围城》里，"围城"既指为敌军包围的城邑，也指生活、事业包括爱情、婚姻方面的困境，更象征人们不断地渴求冲出"围城"，然而冲出之后又总是落入另一座"围城"⋯⋯这样永无止境，无法突破的人生困境。

这样，"围城"这个意象，由特指对象，到引申意义，再上升到哲理，钱锺书一定会为之踌躇满志，提笔而疾书。

《围城》全书九章，第一章至第四章，写方鸿渐从海外留学回到上海和家乡（江南某县）的生活情景，以写上海为主。第五章写一行教师从上海到"三闾大学"途中的故事，第六至八章写"三闾大学"的生活和教授的众生相。第九章写方鸿渐和孙柔嘉在返回上海途中结了婚，回到上海的生活。

钱锺书在《围城·序》中说："在这本书里，我想写现代中国某一部分社会、某一类人物。写这类人，我没忘记他们是人类，具有无毛两足动物的基本根性。"[1] 其立意是针对当时国民政府倡导的新生活运动而言的。所谓新生活运动，是国民政府从 1934 年至 1949 年推出的国民教育运动，它横跨抗日战争全程。新生活运动，蒋介石解释为"提倡礼义廉耻的规律生活，以礼义廉耻之素行，习之于日常生活衣食住行四事之中"，用所谓"社会教育"的方式，使一般国民日常生活能够整齐、清洁、简单、朴素、迅速，达到"生活军事化、生产化和艺术化"的目标，但收效甚微，还产生了许多笑话和虚伪作假的乡愿风气，一向同情宋家姊妹的美国作家项

---

〔1〕钱锺书.围城.北京:生活·读书·新知三联书店.2007,1.

美丽说，"新生活运动"后来变成了全国性的一场不大不小的笑话。[1]

于是，钱锺书就围绕这个立意来选材。当时，除沦陷区之外，中国的大多数学校的大多数教师抱有"教育救国"的理想，学生怀着"读书不忘救国"的情怀。廖世承聘任为国师院长时，就抱定教育救国的宗旨，"奔走率职，用承厥志"。他在《本院成立三周年之回顾》的演讲中说到自己接到教育部聘任为国立师范学院筹备会主任电后，"深知抗战时期设校的艰苦，初甚感踌躇；继念教界人士，日夕盼望政府能恢复高级师范教育制度，口述笔宣，历十余年，今当民族生死存亡之际，政府毅然创立师范学院，不以世承为不肖，委以重任，何敢言辞！"1939年1月14日国师补行开学典礼。礼堂上高悬的是全院教职员所献的大书"击蒙御寇"四个大字的匾额。"击蒙御寇"的意思是：我们要在危难时候树立教化以御敌人。

国师的师生常为抗战的将士在前线浴血奋战而自己在蓝田这宁静的环境里工作或学习而自勉或怀有愧疚感。国文系教师章慰高《登九思堂作》一诗曰："北斗南天尽仰瞻，堂高取义九思兼。两行阶级铺砖路，十二阑干对屋檐。竹影松涛依旧有，书声琴韵恰新添。万方多难驱穷寇，莫道山间可养恬。"国文系学生彭德猷《履艰蹈险入成均》一诗曰："深造来湘别邻里，蹈危履险入成均（按：古代称大学为成均）。弦歌下共蓝田境，患难相将学院人。悚听赣萍燃战火，遥怜儿女匿山菜。樗材有幸承师教，太息无由拯溺民。"国文系学生邓志瑗《光明山上晨读》一诗曰："晨起携书

---

[1]新生活运动[EB/OL].

出,鱼鳞满布天。高声开卷读,回响遍山传。花惨零朝露,林昏带晓烟。敌人犹犯国,深愧似修仙。"内心的自勉和愧疚感,激励国师师生利用假日积极宣传抗日,踊跃捐款捐物,支援前线抗战。1939 年至 1945 年 3 月共进行了 26 次捐献。1944 年,国师进行劳军公演及筹募青年号飞机捐款等工作,募得捐款 50549.20 元,受到教育部嘉奖。

钱基博更是具有"眷恋宗邦,生死以之"的情操。1944 年,日寇长驱深入湘中腹地,国师被迫西迁溆浦。年届五十八岁的钱先生面对寇难日深的形势,义愤填膺,一方面痛感当时政府无能,人们苟安,所谓武人不知保家卫国,舍生取义,师者不思明耻教战,为人师表;另一方面,"考于兵法,揆诸地理,推乎人事",坚信日寇兵势已竭,蓝田必无忧虑,于是以一介书生,自请留守,欲以身殉国明志。当时驻在湘西的国民党第四方面军司令官王耀武听到这事后,立即派人力劝钱基博先生立即后撤,并欲派韩军长护送他到洪江。但钱先生不为所动。1945 年 6 月,经过湘西雪峰战役,终于寇退危解,钱先生才赴已转移到溆浦的国师任教。钱先生这次留守蓝田的壮举,深深地感动了他的学生。吴忠匡说这是钱先生"生命史上最见肝胆、锐志献身、爱国意识强烈焕发的重要一页"[1]。

这方面的素材,钱锺书一定掌握了不少,但他没有选。虽然这些在《围城》里没有显性表现,但却用隐喻的形式进行了表现,即借"三闾大学"的命名来做隐性显示。

"三闾"是"三闾大夫"的省称。"三闾大夫"是战国时楚国特

---

〔1〕傅宏星. 钱基博年谱. 武汉:华中师范大学出版社,2007.

设的官职,屈原遭贬后任此职。钱基博为国师撰写的第一首院歌歌词为:"勃兴我少艾,五千年之文明,焕彩霏芳霭,国何曾老大,勤以精业,博爱之谓仁,明德亲民,旧邦命维新,国何害老大,抚万里之山河,沧海以为带,万国莫我奈,好作新兆民,好作新兆民,一代师表重自珍,莫辜负群伦。"后来廖世承院长重新撰写院歌,歌词为:"国师,国师,文化的先进,国民的导师,陶甄人才,作育多士,建树一代良规,忠于为人,勇于克己,披荆斩棘,履险如夷,宏施教泽,百年以为期;国师,国师,青年的先导,建国的良师,爱护幼童,扶持少壮,创立和平始基,诚以待人,义以接物,摩顶放踵,念兹在兹,风行草偃,千载有余思。"〔1〕这两首院歌都体现了国师自觉承担"率其贤良,以厉国士"的社会责任。

钱基博极力推崇湖南学风。在国立师范学院开办之初,钱基博与已报到还没上课的学生进行了一次座谈。在谈话中,钱基博列数了湖南历史上的学者名流,第一个就是屈原。他还慎重地说明,屈原虽然不是湖南籍人,而是曾被流放到湖南,但屈原没有这段经历,就不能写出《离骚》这样伟大的诗篇,"所以屈原非湖南产,而《离骚》则非湖南风土不能产生,可断言者",并且高度评价《离骚》的开创性成就,除《诗经》外,"自成风格;创楚辞,以开汉京枚马之词赋"〔2〕。

所以,"三间大学"的命名,实蕴含着钱锺书对中国知识分子具有的传统思想的肯定,陆文虎《对钱锺书学术境界的一种理解》一文中说:"'九死未悔'的屈原是中国知识分子心中永远的楷模,

〔1〕吴勇前. 辉煌苦难 11 年——中国第一所独立师范学院史. 长沙:湖南师范大学出版社, 2017.

〔2〕钱基博. 我记忆中所认识之湖南学者. 国师季刊,1939.

也是一位伟大的孤独者。钱锺书称其为'志士',在考论《离骚》时,'读"又何怀乎故都"……安料其……非"远逝"而为长逝哉!令人爽然若失,复黯然以悲。盖屈子心中,"故都"之外,虽有世界,非其世界,背国不如舍生。眷恋宗邦,生死以之,与为逋客,宁作累臣。''背国不如舍生',于钱锺书心中必有戚戚焉。"钱锺书是借"三闾"来指代屈原所具有的爱国主义思想,也暗指当时中国知识分子所具有的爱国主义思想和"眷恋宗邦,生死以之"的情操。

有关国师的素材,在《围城》里往往是反而用之。如国文系教授马宗霍曾在南京金陵女子大学任教,1937年12月13日日寇占领南京后,其原来租赁的房子被日军占用,房子里的书籍、手稿全都散失。1939年年暮,马宗霍得知这消息后,头发一夜花白,心痛不已,写了《岁暮得南都信赁庑驻日军书籍散失旧稿随之尽矣感而有作》一诗,发表在1940年7月1日出版的《国师季刊》第七、八期合刊上。锺泰听说此事,表示了极大的同情,也写了一首《宗霍先生京寓为寇军所据,藏书文稿尽失,赋诗有"怵心萦梦"之句,知未能释然也。赓其韵作一律以解之》诗,发表在同期的《国师季刊》上,劝慰马宗霍,要像东汉孟敏堕甑不顾那样,丢失了就丢失了,别记挂在心。1937年12月22日杭州弃守,锺泰也为自己在杭州建德的藏书担忧。他在1942年10月20日《国力》月刊第九、十期合刊上发表了一首《闻建德弃守藏书不知如何矣》诗。

这令人痛心的素材被写入了《围城》第七章,却作为汪处厚向方鸿渐和赵辛楣炫耀自己以前家产的情节——

(方鸿渐和赵辛楣)两人同声赞美他住的房子好,布置得更精致,在他们这半年来所看见的房子里,首屈一指。

汪先生得意地长叹道:"这算得什么呢!我有点东西,这一次全丢了。两位没看见我南京的房子——房子总算没给日本人烧掉,里面的收藏陈设都不知下落了。幸亏我是个达观的人,否则真要伤心死呢。"这类的话,他们近来不但听熟,并且自己也说惯了。这次兵灾当然使许多有钱、有房子的人流落做穷光蛋,同时也让不知多少穷光蛋有机会追溯自己为过去的富翁。日本人烧了许多空中楼阁的房子,占领了许多乌托邦的产业,破坏了许多单相思的姻缘。

钱基博在国师曾经当了一次月下老人(不包括把自己的女儿许配给石声淮)。那是把曹典球的孙女介绍给国师英文系教授汪梧封。汪梧封于 1925 年,以优异成绩考取清华大学奖学金,成为该校西洋文学系首届学生,是钱锺书的学长。1935 年,从法国留学归来,获聘上海光华大学英语系教授兼系主任。1938 年随钱基博一起来国师。1940 年春,钱基博携钱锺书去拜访曹典球,了解到曹典球的大儿子和大儿媳妇都已病逝,他们的女儿曹治瑜刚高中毕业在家,于是就介绍曹治瑜到国师的补习班学习,以便报考国师。给补习班上英语课的是汪梧封。汪梧封当时已 35 岁,未婚。后来,不知是谁追求谁,反正,钱基博便当了汪梧封与曹治瑜的月下老人。大约是 1940 年秋天,汪梧封在杨家滩师善堂与曹治瑜举行结婚典礼,钱基博是两人的证婚人。钱锺书也参加了婚宴,并留下了一张与新郎、新娘和其亲友的合影。

这样成人之好的素材在《围城》却成了结帮拉派的手段:汪太太借请赵辛楣和方鸿渐吃饭的当儿,想要把女生指导范小姐、外

文系主任刘东方的妹妹分别做媒给他俩,以便把"从龙派"的他俩拉入"汪派"。《围城》第七章里写道:

> 汪先生摇头道:"那不行。历史系的人,少来往为妙。子潇是历史系的台柱教授,当然不算小鬼。可是他比小鬼都坏,他是个小人,哈哈!他这个人爱搬嘴。韩学愈多心得很,你请他手下人吃饭而不请他,他就疑心你有阴谋要勾结人。学校里已经什么'粤派''少壮派''留日派'闹得乌烟瘴气了。赵先生,方先生,你们两位在我这儿吃饭,不怕人家说你们是'汪派'么?刘小姐的哥哥已经有人说他'汪派'了。"
>
> 辛楣道:"我知道同事里有好几个小组织,常常聚餐,我跟鸿渐一个都不参加,随他们编派我们什么。"
>
> 汪先生道:"你们是高校长嫡系里的'从龙派'——高先生的亲戚或者门生故交。方先生当然跟高先生原来不认识,可是因为赵先生间接的关系,算'从龙派'的外围或者龙身上的蜻蜓,呵呵!方先生,我和你开玩笑——我知道这全是捕风捉影,否则我决不敢请二位到舍间来玩儿了。"

这些情节反映了一些人的虚荣心和当时高等院校里险恶的人事关系,不仅表达了钱锺书对这些人事的辛辣讽刺,更表达了对当时国民政府开展新生活运动的嘲讽。在三闾大学里,追求不成,理想无法实现而产生出来的虚伪欺瞒、空虚无聊、爱虚荣、求名利的思想性格的人有之,结帮拉派、互相倾轧排挤之风有之,但礼义廉耻却没有。

《围城》里对三闾大学环境的描写，大多是对国师环境的真实描写。《围城》里关于"三闾大学"的一些景物描写都可以在国师的所在地蓝田找到原型。《围城》写"三闾大学"是一座"摇篮"，这"摇篮也挑选得很好，在平成县乡下一个本地财主的花园里，面溪背山"。"平成"，是"平安成化"之意的缩语，即暗指安化县；"花园"就是李园；"溪"就是蓝田的升平河；"山"就是国师二院里的光明山。《围城》里描写的三闾大学的图书馆就是国师的图书馆。《围城》里描写的联谊社，就是国师的联谊社，今涟源一中教工之家处。《围城》第七章里写道："汪家租的黑砖半西式平房是校舍以外本地最好的建筑，跟校舍隔一条溪"，这建筑就是当时的"德志园"，在今涟源市盘龙湾小区东前侧不远处，只是现在成了残垣断壁。

《围城》第七章里写道："水涸的时候，大家都不走木板桥而踏着石子过溪……"据在国师当过校工的李中文老人说，国师初办时，附近一村民为了方便国师的师生过溪，在现光明山社区李家院子前的河湾处架了一座木板桥，这座木板桥后来被洪水冲走了。今在此处修建了一座四车道的大桥。《围城》里写道："表上刚九点钟，可是校门口大操场上人影都没有……四野里早有零零落落试声的青蛙……"这大操场就是国师校门前的大操场，今为涟源市政府大院东前侧的"五江购物中心"。

来国师不久，钱锺书写了一首《寓园树木》诗，是对李园环境的描写，在《围城》第七章里，被汪先生引用首联"阅世长松下，读书秋树根"来形容园外之景："过了溪，过了汪家的房子，有几十株瘦柏树，一株新倒下来的横在地上，两人就坐在树身上。汪先生取出嘴里的香烟，指路针似的向四方指点道：'这风景不坏。"阅世长松下,读书秋树根。'……"

《围城》第六章里描写"这学校草草创办,规模不大;除掉女学生跟少数带家眷的教职员外,全住在一个大园子里"。这契合国师创办时的情况。国师开办时借李园为校舍,国师第一届学生桂多荪在《"国师"初建时期的点滴回忆》一文中回忆说:"除在距李园约半市里的光明山上、下修建新校舍,尚未完成外,又在李园后山上已建成一层教室上十间。这就是我们上课的教室。师生员工的住宅则全挤住在李园。领导、教授、员工约一百多人;我们七系一科的同学也有一百人……"〔1〕

这些环境描写,表现了钱锺书对蓝田和国师的深刻印象和眷恋之情。

钱锺书最多的是综合运用在西南联大和国师积累的一些素材来表现三闾大学里的一些人事。如《围城》第六章写"鸿渐瞧了生气,想自己总不至于比李梅亭糟,何以隔壁李梅亭的'先秦小说史'班上,学生笑声不绝……"这"先秦小说史"课程国师没有开设过,它应是影射西南联大沈从文开设过的"中国小说史"课程。〔2〕 先秦时期还没有小说,更无从谈什么小说史,虚构这门课程,反映的是当时西南联大一些教授对沈从文瞧不起的实际情况。"当时联大的一些教授以古籍、考据和国学为学术生命,对新文学和作家,并不接受。""公开瞧不起沈从文的是刘文典,据说在讨论沈从文晋升教授职称的会议上,他勃然大怒,说:'陈寅恪才是真正的教授,他该拿四百块钱,我该拿四十块钱,朱自清该拿四

〔1〕桂多荪."国师"初建时期的点滴回忆.邱超文.围城之城.北京:中国文史出版社,2007.
〔2〕刘宜庆.绝对风流:西南联大生活录.北京:北京航空航天大学出版社,2009.

块钱,可我不给沈从文四毛钱。'"[1]但是"学生笑声不绝",则不是取材沈从文,因为沈从文虽然"非常敬业",但是"不善于讲课","他的课,学生多因其浓重的湘西口音听不懂,兴趣渐无"。所以"学生笑声不绝"应是取材于联大或国师其他教师,可能就是取材于钱锺书自己。联大"当时大一英文分三个组,A组的陈福田注重美国英文,B组的钱锺书注重英国英文,C组的潘家洵注重中文翻译。在学生中最受欢迎的是潘家洵,很多人在窗子外面听他的课,听他翻译易卜生的作品"。"北京大学教授、翻译家许渊冲曾经听过钱锺书的大一英文课,他记录了钱锺书上课时的情形:'钱先生只说英文,不说中文;只讲书,不提问题;虽不表扬,也不批评,但是脸上时常露出微笑。'……钱锺书口才极好,人很风趣,许渊冲曾经回忆,钱先生妙语连珠,大有'语不惊人死不休'之慨。"[2]国师毕业的陈思卓"曾说《围城》中的李梅亭,有他们学校某教授的影子。同学们后来读到《围城》,不由得都联系到这位教授身上。他们彼此还交相考问:你看像谁? 一经道出,大家都觉得真是惟妙惟肖、入木三分"[3]。

《围城》第六章里写"三闾大学"实行导师制。这是以西南联大与国师实行导师制和钱锺书对牛津大学导师制的体验为素材的。1938年4月9日,当时的教育部颁布了一训令,"分别订写专科以上学校导师制纲要及中等学校导师制纲要"。[4] 联大于1938年"11月……遵照教育部实施一年级导师制的规定,专门成

〔1〕刘宜庆. 绝对风流:西南联大生活录. 北京:北京航空航天大学出版社,2009.
〔2〕李洪岩. 智者的心路历程——钱锺书生平与学术. 石家庄:河北教育出版社,2002.
〔3〕刘衍文. 漫话钱锺书先生. 冯芝祥. 钱锺书研究集刊:第二辑. 上海:上海三联书店,2000.
〔4〕姚丹. 西南联大历史情境中的文学活动. 桂林:广西师范大学出版社,2000.

立了大学一年级生课业生活指导委员会。师范学院成立后,设主任导师,由查良钊任训导长。每晨举行升旗仪式,由院长或主任导师讲话。对学生的生活、纪律等方面管理比较严格"。[1]

国师同样实行导师制。国师训导主任任诚曾在国师成立一周年纪念日发表讲演时,说:"我们有个信条——师生共同生活。这一年来,我们虽不能全部做到,但已不断地努力求得师生间的接近。凡关于学生生活各方面,导师皆随时加入,处处都表现着亲密的合作……"[2]

《围城》第六章里写李梅亭代理训导主任,"在牛津剑桥,每个学生有两个导师,一位学业导师,一位道德导师。他认为这不合教育原理,做先生的应当是'经师人师',品学兼备,所以每人指定一个导师,就是本系的先生;这样,学问和道德可以融贯一气了",他认为"议决每位导师每星期至少和学生吃两顿饭,由训导处安排","他定下规矩:导师的饭由同桌学生行盛,学生该等候导师吃完,共同退出饭堂,不得先走。看上来全是尊师。外加结合了孔夫子的古训'食不语',吃饭时不得讲话,只许吃哑饭,真是有苦说不出"。对这种苦,钱锺书是深有体验的。一是他在牛津留学时体验过,罗银胜《百年风华——杨绛传》写道:"钱锺书所在学院里,每个学生有两位导师:一位是学业导师,另位是品德导师。""牛津还有一项必须遵守的规矩。学生每周得在所属学院食堂吃四五次饭。"[3]二是在国师体验过,国师第一届毕业生袁勋回忆说:"开学之初,人数不多,会食在一大厅。八人一席,每席有一二

〔1〕西南联合大学北京校友会编.国立西南联合大学校史.北京:北京大学出版社,2006.
〔2〕任诚."留恋"和"反省".邱超文.围城之城.北京:中国文史出版社,2007.
〔3〕罗银胜.百年风华——杨绛传.北京:京华出版社,2011.

教师,学生不分系别男女,固定座位,按时入席,谦让静肃,彬彬如也。席次座位,每月调整一次。这种安排初以为拘束,久而习惯,不独同学中相识较广,即师生间也互增了解,人亲切之感。教务长汪博士,留学法国,特重仪表礼貌,同席者毋敢散放"。[1]

《围城》里对导师制的描写融合了钱锺书国内外生活的体验,表现了他对这种形式主义的厌恶和讽刺之情,而这种导师制也是新生活运动对高等院校思想品性教育的要求。

还如,有人说方鸿渐有钱锺书的影子,确实是这样,但也有徐燕谋的影子,甚至还有其他人的影子,是综合了种种而合成的一个;同时钱锺书也化作了因子,成为其他形象的影子,如汪太太要把外文系主任刘东方的妹妹做媒给方鸿渐,这不是影射钱基博要把钱锺书的妹妹许给石声准吗?这表达了钱锺书对其父亲擅自为妹妹婚事做主这一行为的不赞同。

至此,我们明白徐燕谋所说的"听君话书中故事",这些故事既有留学海外的故事,也有国内的故事;既有生活在上海的故事,又有生活在内地的故事;既有在西南联大任教的故事,又有在蓝田国师任教的故事。甚至钱锺书可能还会开玩笑地说,你我两人的一些事也会写进去……

我们可以想象得出,钱锺书向徐燕谋谈《围城》的构思、用幽默的语言夸张那些人物的言行时,两人一定会时而哈哈大笑,时而会心微笑,时而悲愤拊膺,时而痛心不已。

---

[1]袁勷.回忆廖世承院长.邱超文.围城之城.北京:中国文史出版社,2007.

二十三　昔有狂态　今为狷者

"在钱锺书的性格中,狂狷和傲气是十分突出的,这在中国现代的作家和学者中也是独一无二的,尤其是青年时代的钱锺书。也许因为才高,使他自负自傲。因此,'狂'和'傲'的另一面也反映了他的才气。香港的司马长风在他的《中国新文学史》中说:'现代作家中有两个狂人,一是无名氏,另一个是钱锺书。无名氏狂在忘趣,野心太大了,狂得严肃认真;汪洋恣肆,酷似古代的庄生。'"[1]

钱锺书字默存,是因为其父亲钱基博在钱锺书十岁时,看他口无遮拦,常得罪人,便为他取字为"默存",告诫他要缄默无言、存德于心。"默存"两字出自《易经·系辞》:"默而成之,不言而信,存乎德行。"大意是:宁静无为却可以促使人获得成功,默默无言却可以值得别人信赖,这是因为有一种深沉的力量存在于德行

---

〔1〕王卫平.东方睿智学人——钱锺书的独特个性与魅力.石家庄:河北教育出版社,1997.

之中。但是"默存"这字并没有束缚住青年钱锺书的"狂"。

据钱锺书清华大学同宿舍的同学常风[1]《和钱锺书同学的日子》记载:"哲学系给高年级学生开讨论会,教师和学生都参加。每次开会时冯友兰院长都派他的秘书李先生来,请锺书参加。每次开会,锺书回来后都十分得意,因为他总是'舌战九儒',每战必胜。"许景渊《从钱锺书先生学诗散记》里也说:"当小学生到大学生,对于教师总不免要品头论足的。头些年流传着几句话,说是钱锺书说的,清华的几位老教授某某老朽,某某懒惰,又说某某不学无术,等等。这些话都是我们在学校时经常谈论的……"[2]

"更能表现他'狂'的性格的,是他几乎不选修什么必修之外的课程。据说,他只选修过杨树达、蒋廷黻和赵万里三位教师的课。对老师的学问漏处毫不客气地予以挑剔,推及一般普通人,就更瞧不起了。据吴组缃回忆:有一次,年轻气盛、仅有二十五岁的青年教师赵万里,为钱锺书等一班人讲版本目录学,讲到某书,矜然独断地说:'不是吹牛,这书的版本只有我见过。'课后,便有两位同学议论开了:'这个版本我也见过,同他讲的就不一样。'这两位同学,一位是钱锺书,一位是吴晗。钱锺书并且说:'这个版本我见过好多次呢!'"[3]

1933年夏,钱锺书即将大学毕业,清华大学外文系的教授都希望他进研究院继续研究英国文学,为新成立的西洋文学研究所增加光彩,可是他一口拒绝了,他对人说:"整个清华没有一个教

---

〔1〕笔名常风,先后执教于太原平民中学、北平艺文中学和中国大学文学系。
〔2〕刘桂秋.无锡时期的钱基博与钱锺书.上海:上海社会科学院出版社,2004.
〔3〕李洪岩.智者的心路历程——钱锺书生平与学术.石家庄:河北教育出版社,2002.

授有资格当钱某人的导师。"[1]

　　钱锺书在《管锥编·全后周文卷二四》里列举了道教和世俗社会里各一例有关"狂"的事:"《高僧传》二集元嵩本传记其出家为亡名法师弟子,师谓之曰:'汝欲名声,若不佯狂,不可得也';《旧唐书·文苑传》中记李邕谏武则天,或为危之,邕曰:'不愿不狂,其名不彰,若不如此,后代何以称也?'"然后指出"噉名卖声,道俗合辙"。接着又引"太公《阴符》早曰:'大知似狂,不痴不狂,其名不彰'(《全上古三代文》卷七)"后,总结说:"夫岂三代之遗教乎?亦百虑而一致尔。"[2]可见,"狂",也是一种传统习气。

　　"《管锥编》论'狂'有两样,'避世之狂'与'忤世之狂':'避世之狂,所以免祸;忤世之狂,故以招祸。风狂乃机变之一道,其旨早发于太公《阴符》早曰:'大知似狂,不痴不狂,其名不彰;不狂不痴,不能成事。'避世阳狂,即属机变,迹似任真,心实饰伪,甘遭诽笑,求免疑猜。既明且哲,遂似癫如狂也。忤世之狂则狂狷、狂傲,称心而言,率性而行。既直性狭中,多所不堪,而又有好尽之累,不喜俗人,刚肠疾恶,轻肆直言,遇事便发,安望世之能见容而人之不相仇乎……则接物遇事,小小挫锐同尘而已,至是非邪正,绝不含糊恇怯,勿屑卷舌入喉、藏头过身。此龙性之未驯、炼钢之柔未绕指也……明知故犯,当缘忍俊不禁。夫疾恶直言,遇事便发,与口不议人过,立身本末大异,正忤世取罪之别于避世远害也。"[3]钱锺书年轻时的"狂",应是那种"称心而言,率性而行"的忤世之狂。

---

〔1〕王卫平. 东方睿智学人——钱锺书的独特个性与魅力. 石家庄:河北教育出版社,1997.

〔2〕钱锺书. 管锥编(第四册). 北京:生活·读书·新知三联书店. 2007.

〔3〕范旭仑. 钱锺书的性格. 冯芝祥编. 钱锺书研究集刊(第一辑). 上海:上海三联书店,1999.

1940年10月6日晚,钱锺书收到由杨绛转来的曾为清华大学同学常风瑑、曹觐虞从北京寄来的信。读后,激起了他对曾在清华大学读书生活的回忆和对当时沦陷于日寇铁蹄之下的人民苦难的同情。于是写了一首《十月六日夜得北平故人书》的诗。《鱼眼鼠须录》第三册有诗题:"妇书来言,风瑑、觐虞自故都寄声存问。二君与予谊如骨肉,而宣南又魂梦所恋地也。三年去国,百事全非。忆少年游,赋诗远寄,俾知斯人亦复憔悴。"诗曰:

> 回首宣南足怅嗟,远书吞咽话虫沙。
> 一方各对眉新月,何日重寻掌故花[1]。
> 秋菊春兰应有种,杜鹃丁鹤[2]已无家。
> 当年狂态蒙存记,渐损才华益鬓华。[3]

　　诗的大意是,今日朋友远道来信,回忆当年我们一道在北京文化繁荣之地——宣武门以南地区——游玩的情景,已足以令人惆怅感叹万分了;更令人痛苦的是,信中诉说着北方人民被战争摧残的悲惨情景[4]。自己和北京的故人各对着天上的一轮蛾眉月(1940年10月6日,是农历九月初六)思念着对方,哪一天才能

---

〔1〕掌故花,指丁香。据民国王逸塘撰《今传是楼诗话》(三四八条)记载,(北京)城西南角太平湖邸"丁香最盛……民七之春,园址新葺,丁香盛开,余柬约都下名士往赏","郭垫云作:'绿沈青锁属诗家,此亦宣南掌故家。谁与池台记兴废,尽多车骑斗繁华。妍春到眼寒犹滞,影事沈吟日又斜。玉照堂前惭写照,百年松石对槎枒。'"
〔2〕丁鹤,指丁令威化鹤。据东晋陶渊明《搜神后记》载,汉时辽东人丁令威学道于灵虚山,后化鹤归来,落城门华表柱上,一少年欲射它,鹤飞起而歌曰:"有鸟有鸟丁令威,去家千年今始归。城郭如旧人民非,何不学仙冢累累!"便冲天飞走了。后常用此典比喻社会、人生的变迁。
〔3〕钱锺书.槐聚诗存.北京:生活·读书·新知三联书店,2003.
〔4〕虫沙,出自晋朝葛洪《抱朴子》:"周穆王南征,一军皆化,君子为猿为鹤,小人为虫为沙。"后因以猿鹤虫沙比喻战死的将士或因战乱而死的人民。

相聚北京,一起欣赏北京的丁香花呢? 今天,秋菊春兰应还在,但已是物是人非了,那里的人民像杜鹃啼血那样,哀伤自己无家可归。承蒙朋友还记得我当年在清华读书的狂态,但现在才华渐渐减少,鬓角白发却增加了。

从诗的最后一联可看出,钱锺书认为自己的"狂"与表现才华无关;现在觉得自己的才华渐渐减少了,当然这是自谦之言,言外之意是表现才华的欲望小,也就没有当年的"狂"了。

钱锺书曾说:"一个人二十(岁)不狂没志气,三十(岁)犹狂是无识妄人。"他是引用桐城先辈语:"子弟二十不狂没出息,三十犹狂没出息";[1]也是"夫子自道"。钱锺书到蓝田时,虚岁三十,写此诗时,快三十周岁了,已自觉克制"狂"了。但有人还用老眼光看人,把钱锺书在国师课堂上向学生说的"家父读的书太少"之类的话也看作"狂"言。

对于"狂","钱锺书自己说:'人谓我狂,我实狷者。'狷者,有所不为也"[2]。"狷者,有所不为也",出自《论语·子路》,原文是"子曰:'不得中行而与之,必也狂狷乎! 狂者进取,狷者有所不为也'"。意思是说:如果找不到"中行"的人为友,就与狂狷者交往。狂者敢做敢为,大所有为;狷者清高自守,有所不为。何晏《集解》引包咸曰:"中行,行能得其中者,言不得中行则欲得狂狷者。狂者,进取于善道。狷者,守节无为。欲得此二人者,以时多进退,取其恒一。"

1940 年 4 月,时任国民党中央组织部部长的朱家骅分别密电

〔1〕杨绛. 我们仨. 北京:生活·读书·新知三联书店,2003.
〔2〕杨绛. 杂忆与杂写. 北京:生活·读书·新知三联书店,2017.

昆明、上海等地寻找钱锺书，拟请他陪同戴季陶访问印度，却因钱锺书的去向不明而放弃。实际上，应是杨绛替钱锺书挡了驾，"钱锺书坚持不参加任何党派"[1]，杨绛不希望钱锺书得到这份有些人眼中难得的美差。因为朱家骅发给上海的密电，译转到了"霞飞路来德坊五号钱锺书"。霞飞路来德坊，是杨绛父亲住处；锺书回到上海时，因为住在辣斐德路的钱家，人多，"挤得满满的"，就与杨绛与女儿住在这里。这电报，一定交到了杨绛手中，杨绛便谎说钱锺书去了苏州，而且具体地址不知。于是，上海奉命找钱锺书的人给朱家骅的复电说："……嘱转钱锺书先生卯支电，昨日送去后即遭退回。据云钱先生业于前一日赴苏州，约半月始返，因苏州地址不知，无法转送，故卯支电亦无能传去。……"[2]

这应是"狷者，有所不为也"。

真是心相通，天涯若比邻；道不同，不相为谋，比邻犹天涯。

有所不为，是为了有所为。在蓝田，钱锺书潜心写作《谈艺录》，保存和传承中华传统的诗学文化，不致在日寇的军事和文化侵略中被灭亡。在钱锺书离开国师时，已完成了《谈艺录》的上半部，回到上海，继续写作下半部。据杨绛《记钱锺书与〈围城〉》，钱锺书1944年在动笔创作《围城》时，"又忙着写《谈艺录》；他三十五岁生日诗里有一联：'书癖钻窗蜂未出，诗情绕树鹊难安'，正是写这种兼顾不来的心境"。

这首生日诗是这样写的：

〔1〕杨绛. 杂忆与杂写——一九九二—二〇一三. 北京:生活·读书·新知三联书店,2017.
〔2〕孙彩霞.陪同戴季陶访问人选之波折.中华读书报,2013.

行藏只办倚栏干,勋业年来镜懒看。

书癖钻窗蜂未出,诗情绕树鹊难安。

老侵气觉风云短,才退评蒙月旦宽。

输与子山工自处,长能面热却心寒。[1]

诗的大意是,回上海的这些年来,只能倚靠栏干,悠闲无事;什么事业、功业都休谈,懒得照镜,镜中人肯定老了。潜心钻研典籍,就像蜂钻进窗内出不去了;诗情如夜鹊,绕树三匝未能安歇。意谓自己既要忙学术研究,又要忙文学创作,时间有限,先忙哪一项,陷入两难境地。老气侵人,时局动荡,慷慨奋发的气概不足;才气衰退,品评标准要放宽。[2] 不如羁留北朝的庾信能善于自持,能长时间地脸上亲热若无其事,内心却因怀念故国家乡、感伤身世而感到凄寒。[3]

钱锺书常怀着这样的亡国亡种之忧,坚持民族尊严和气节,坚持不为五斗米折腰而做汉奸,只埋头写作。这就是有所为而有所不为的"狷"。

钱锺书到晚年,"有时也后悔自己的狂狷。早年,他曾戏谑他的老师吴宓并取笑吴宓的老情人毛彦文是'徐娘'。钱氏晚年对此羞愧不已,他说:'我年轻不懂事,又喜欢开玩笑,加之同学的鼓动,常常卖弄才情和耍弄小聪明。''我写文章只顾一时取乐,却万万没想到当年这篇文字会让吴宓老师那么伤透了心! 自己的罪

---

〔1〕钱锺书. 槐聚诗存. 北京:生活·读书·新知三联书店,2003.
〔2〕月旦:指品评人物或诗文字画等。典出《后汉书·许劭传》。许劭,是当时最有名的鉴赏家和评论家。他常在每个月的初一,发表对当时人物的品评,叫"月旦评"。
〔3〕长能句,钱锺书自注:"庾信《拟咏怀》:'其面虽可热,其心常自寒。'"

过不能逃脱,真该一把火烧光纸笔算了! ……后来吴宓老师对我大度包容,我们的关系和当年一样好。但我现在很内疚,没有任何办法去弥补我从前的过错,只有惭愧后悔的分了。如果您能够把我这封信附录进日记里,让大家知道我这老家伙还不是不明白人间有羞耻事的,我这个老学生或许还能免于被师门除名。'这段文字折射出钱先生的坦荡,不失为性情中人"[1]。

〔1〕史飞翔.狂狷钱锺书.西安晚报副刊,2011.

二十四　除夕守岁　暗自忧伤

1940 年的除夕是农历腊月二十九,公历 1941 年 1 月 26 日。蓝田这区域的气象规律是:如果农历十二月是大月,即农历十二月三十日是除夕,除夕、春节这两天一般天晴温暖;如果农历十二月是小月,即十二月二十九日为除夕,除夕、春节这两天一般是阴雨天,天气寒冷。

这年除夕,钱锺书是同父亲钱基博、妹妹钱锺霞一起晚餐的。这除夕晚上还发生一件对钱家来说极其重大的事情。

据国师学生、曾与钱锺书"洛阳女儿对门居"的桂多荪在《"国师"初建时期的点滴回忆》一文记叙:"钱基博教授看中了中文系(按:当时叫'国文系')高材生石声淮。……在一个旧历除夕晚餐时,请石声淮到他家做客,他当着儿子钱锺书,一手牵着石声淮,一手牵着女儿的手叫他们握手认识。"

石声淮(1913—1997),字均如,湖南长沙人。出生于读书人家,"先父佣笔于黄河南北,廪禄不足以给家室生资。先母为人绣十字布帘囊橐，得值以佐米盐。……先父于 1936 年 1 月……弃养"[1]。有兄弟四人：大兄石声汉，留学英国伦敦大学，获植物生理学哲学博士学位，时任同济大学理学院教授；石声淮为老二，1938 年入国师国文系学习；三弟石声河，1940 年就读于华中大学；小弟石声泰。

石声淮少时以书为枕，熟读经史，国学功底深厚。1938 年，在国师入学考试国文评阅试卷时，他试卷上的作文，被钱基博看到，钱兴奋地对廖院长说："江南出才子，又有石声淮。"石声淮刚入学就展示自己的才华，在《国师季刊》第二、三期，分别发表了《记本院成立之军训检阅》《九思堂眺远记》和《非乐》等文章。请看他的《九思堂眺远记》：

> 蓝田在山之奥，而李园居其西，国立师范学院在焉。地势视蓝田为高，而九思堂尤在学院高处；吾辈朝斯夕斯，宜乎高瞻远瞩，左宜右有；而孰知殊不然！盖荆南卑湿之地，风雨冥晦之日多，而天日晴丽之时鲜；少晴，则晨夕岚障雾昏，往往蒙无所见焉。昨日之晴，凭九思堂前修槛小立；遥见天之末，树之隙，有山如屏；而山之隙，又有山，层见叠出，杳不知其所穷；近者如黛，远者浅碧，而尤远者，色在有无之间；浑浑焉，穆穆焉，无诡谲之状，无峭拔之势；有径一线，樵苏蠕蠕，人大如豆；而群渐敷翠，风寒不凋，尤江以北所不见也！彼苍者天，何不作美？往往风雨雾为之障翳！此时赏会，亦未易得！独念往昔，与二三故人登妙高峰，西眺落日，

---

〔1〕石声淮.追思声汉先兄.石声淮.石声淮文存.武汉：华中师范大学出版社,2016.

东望炊烟,啸歌中宵,为乐何极！今者友朋星散,故园劫灰,追妙高峰之旧游,登九思堂而远眺,逝者如斯,不自知其悲从中来也！[1]

石声淮用白描手法描绘了晴日在九思堂远眺所见之景,绘形绘色又绘势,语言生动简练,情景相生。结尾处,宕开一笔,用昔日在长沙读高中时登妙高峰之乐来衬托今九思堂远眺之悲,有似王羲之《兰亭集序》之乐而悲之叹。文笔老练,似一宿儒之作。难怪,1943 年他的毕业论文"获当年全国大学国文系毕业论文第一奖"[2]。

石声淮跟钱锺书一样博闻强识,会英语、德语,同数学系主任李达教授的太太用德语交谈时,言语流利,谈笑风生。他还弹得一手好钢琴。国师附中高三学生傅业葵在《记实习教师石声淮》一文里回忆道:"国师举行音乐会时,他是演出者之一。别人都是西装革履,风度翩翩,个个都是浊世佳公子。只有他石声淮,仍旧是那件污渍斑斑的蓝布长衫,两只手交叉着插在袖筒里,耸着肩头,慢吞吞地走上舞台,走向那硕大的平台钢琴。看着他那模样,许多人忍不住要笑。然而,当他的指尖一阵清风似的掠过琴键时,半闭着眼睛的听众仿佛徜徉于蓝天白云、垂杨流水之间;当他重重地叩击着琴键,那粗犷豪迈的乐音在人们的意念中,描绘出了一只在暴风雨中翱翔盘旋的海燕。一曲终了,人们如梦初醒地慢慢睁开眼睛,一瞬间的寂静之后,紧接着的是声震屋瓦的掌声。

〔1〕蓝田:国立师范学院.国师季刊,1939.
〔2〕王玉德.钱基博评传.武汉:湖北人民出版社,2018.

石声淮从琴凳上站起来，微微地一弯腰，一绺头发滑下来，遮住了他的半边脸。"他还会画画，吟诵唱诗，声情并茂。确实是一位多才多艺的人才。可以看出来，在博闻强识、会多种外语、读书时的出众表现，与钱锺书有相类似的地方，且年龄相差不大，钱锺书三十岁时，石声淮二十七岁。应会惺惺相惜。只是钱锺书仪表堂堂，风度翩翩，而石声淮长得丑，"一双斗鸡眼，一只鹰钩鼻，一张手掌宽的脸，一绺长发斜斜地遮住半只眼睛；他那很少换洗的蓝布长衫的前襟有一块块的稀饭渍印"[1]。

钱基博教学古文学遵循"书读百遍，其义自见"的方法，总是反复吟诵，让学生从吟诵中体味出古诗文中的意蕴。石声淮也是如此，星期天常常到国师后边的河岸上、树荫下，放声吟诵古诗文。

石声淮这种善绘画、吟诵唱诗的才能在以后的教学中发挥了重大作用。他在华中师范学院任教时的学生傅道彬在《人民政协报》2013年4月15日《学术家园》版发表的《学者的治学之道》一文中回忆说：石声淮先生善于图画，课堂上常常是寥寥几笔，就生动勾画出人物的表情和典章器物的形貌，"总角""熨斗""缙绅""绶印""崇牙"等，先生几笔勾出，跃然纸上。在讲到《触龙说赵太后》的时候，先生画了三个表情，描绘出赵太后从"明谓左右"的愤怒到"色少解"的温和再到"恣君之所使"的喜悦的表情与心理变化，十分传神。而先生更是歌者，他乐于歌唱，他的古诗歌唱更富有感染力。

[1]傅业葵.记实习教师石声淮.孔春辉.师范弦歌——从蓝田到岳麓.长沙：湖南师范大学出版社，2008.

傅道彬还回忆说:石声淮先生沉浸在古典文化的世界里,每日捧读经典,朝诵夕吟,从无暇日。先生不仅对十三经等文献可以背诵,对经典的注疏也了熟于心,也能背诵几千首唐诗。先生歌唱《诗经》留给了我们深刻的记忆。《诗》三百零五篇先生皆能歌唱,先生的歌唱不是私塾的摇头晃脑式单调乏味的吟诵,而是悠扬婉转跌宕起伏情感真切的艺术歌唱。《黍离》的悲凉无奈、《蒹葭》的忧伤抑郁、《硕鼠》的急切冷峻、《七月》的凝重苦涩,在先生的歌唱中艺术地展现出来。诗的意蕴是潜藏在诗的音乐里的,上古诗歌不求格律,不讲平仄,原因是它是音乐的艺术。那一刻,许多语词的训诂变得没有必要,音乐的境界更能传达出诗的艺术蕴含。不唯《诗经》《楚辞》以及李白、杜甫的诗篇,先生也能歌唱。先生歌唱《离骚》,最具风味。先生以四句一节,把握《离骚》的结构脉络,情感随着结构的变化而起伏跌宕,把屈原缱绻抑郁无奈彷徨的心境表现得淋漓尽致。那天,窗外东风骀荡,阳光和煦,在先生深情的歌声里,泽畔行吟的屈灵均形象变得清晰起来。他哼唱着一首首古诗,曲调悠扬,意味深长,环绕于梁间树上。听到先生歌声的人,都被诗的音乐所感染。1982年初冬先生去黄冈参加苏轼学术研讨会,会上特地安排先生歌唱诗骚,代表们侧耳倾听,会场安静极了,听者无不被先生的歌声所征服。事后,来自齐齐哈尔师范学院的何凤奇老师,专门给傅道彬寄来了磁带,让傅道彬为石声淮先生的歌唱录音。

　　石声淮与国文系同学郭晋稀、彭祖年以及钱基博的助教吴忠匡为"国师四兄弟",四位的学术志趣和个人感情都至为融洽。国文系教授马宗霍在给郭晋稀的信中说:"吾回湘九年,所见诸学子

真能笃志好学者,莫如足下与石生声淮。"[1]郭晋稀的学生伏俊
琏在《石声淮先生的才艺和学问》一文中说:"钱基博相中石声淮
先生,除了石先生为人厚道,品德优秀外,还有他的学识和才气。
石先生的学问,他的同辈和学生辈都非常钦佩。郭晋稀师多次
讲,石声淮对中国文化元典非常娴熟,1930 年代末在蓝田国师,他
们经常漫步在山间水边,他经常放声诵读《尚书》《周易》《庄子》
《楚辞》《史记》《文选》《古文辞类纂》及李、杜、苏、黄的诗。""石
先生不仅饱读中国传统四部书,而且还精通英文和德文,读了不
少欧洲文化经典。1940 年代初,他在'国师'和钱锺书……很谈
得来,就是这个缘故。先生的书法也柔妙圆润,还写得一手好文
章。"[2]

这样的学生很自然地会得到钱锺书的关注。郭晋稀 1940 年
夏转学到湖南大学时,钱锺书将自己一首《偶作》诗,抄录赠送给
郭晋稀。题诗之后款识曰:"晋稀学兄吟之,钱锺书稿。"可能是钱
锺书在书写这首诗时,郭晋稀在旁边吟诵着。这足见师生俩情谊
的不同一般。

钱锺书的《偶作》诗曰:

> 辜负垂杨绾转蓬,揭来块独此房栊。
>
> 泪红天远难相寄,油碧春还不再逢。
>
> 将石镇魂终欲起,倩丝系梦亦成空。
>
> 依然院落溶溶月,怅绝星辰昨夜风。[3]

〔1〕张士舫、郭令原.郭晋稀纪念文集.兰州:甘肃教育出版社,2000.

〔2〕伏俊琏.石声淮先生的才艺和学问.文汇报,2017.

〔3〕张士舫、郭令原.郭晋稀纪念文集.兰州:甘肃教育出版社,2000.

这诗的大意是,随风飘转的蓬草,辜负了杨柳垂枝的依依系结之情,离开了窗棂后这孤独的人。春天去了,乘坐油碧车的春姑娘也远去天涯了,不能再相逢了;红笺上沾满了泪痕,这缠绵的情书也难以寄达。将烧炼丹石安魂,但思念之情又在心中腾起;梦中的思念,梦醒之后也是一场空。庭院中依然月光似水一般地流动,为昨夜的星辰、昨夜的风惆怅到了极点。

石声淮是钱基博的得意门生之一。钱基博在《金石缘谱》中说:"声淮从学四年,吾观其人,相非富贵,而秉德弗回,持己以介,用情则挚;诸生之中,性行特类我!"他对石声淮也是非常关心的。傅道彬在《学者的治学之道》说到石声淮先生大学三年级的时候,因家庭贫苦无力交纳学费而提出退学申请。钱基博老先生知道后,让其以学生的身份担任助教,不仅让石声淮先生完成了学业,还能将长沙乡下的母亲接来赡养。

1940 年夏,钱基博四个子女中唯一的女儿、二十四岁的钱锺霞来国师。据李园的后人李忠忻回忆:钱锺霞容貌端丽,身材高挑,楚楚动人,被人称作"钱小姐",她的到来,在蓝田产生过轰动,远远近近来求婚者络绎不绝,钱基博一概婉言辞谢。大概此时,钱基博有了把钱锺霞许配给石声淮的念头。

钱基博是这样向石声淮介绍自己的儿女的:

> 内子王生三男一女。十年之前,长次两男,咸游英伦;季男锺英,侍余负笈。余有四方之志,而不问家人生事谁何;门户支撑,独有老妻!女霞中学毕业,老妻遂留自佐;以故无女大学生之头衔,而亦无女大学生之习气;治家奉母,

勤生节用,饭能自煮,衣能自纫;足不履剧场,手不拊赌具,口不衔纸烟;应接宾朋,指麾佣仆,米盐料量,胥女之赖! 操作有暇,诗书以娱。吾家藏书多;吾女杂览亦不少;线装之书,耳濡目染;凡有涉猎,靡不通晓! 然诵览之书多,而写作之功少;操管濡墨,楚楚大致,足以记姓名,写家信而已,无才为女学士,然不害为良家女![1]

钱锺书很喜欢妹妹,"在清华刚毕业那会儿还专门写过有关于妹妹的诗:'依娘小妹剧关心,鬌鬓多情一往深。别后经时无只字,居然惜墨抵兼金。'写妹妹幼时撒娇不肯上学,梳着小辫子,没想到别后再见时就爱好读书写字了。写出了哥哥对妹妹成长的关心、爱护和欣喜"。[2]

当父亲把妹妹的手拉向石声淮手中时,钱锺书当时是什么心情,我们不知道;也不知道晚餐后,钱锺书是否还与父亲、妹妹一起守岁。我们只知道钱锺书在这一天晚上写了一首《除夕》诗,诗曰:

> 曾闻烧烛照红妆,守岁情同赏海棠。
>
> 迎送任人天落落,故新无界夜荒荒。
>
> 拼抛敝履何容颜,罄毕良书若有亡。
>
> 一叹光阴离乱际,不须珍重到分芒。

诗说的是,曾经听说苏轼《海棠》里有诗句:"只恐夜深花睡去,故烧高烛照红妆。"今日守岁的感情也同当年苏轼被贬黄州时

---

〔1〕钱基博. 金玉缘谱. 石声淮. 石声淮文存. 武汉:华中师范大学出版社,2016.

〔2〕钱之俊. 钱锺书为何要拆"金玉良缘"?. 中华读书报,2013.

赏海棠一样孤独寂寞。新春旧年的交替在一片茫茫夜色中进行，此时老天昏昏沉沉，任由人间送旧年迎新春。多么美好容貌的人却像抛弃破烂的鞋子那样；好比眼睛全瞎了，好书也没用了。大家感叹在这离乱时期，无须珍惜分分秒秒，希望这离乱的日子早日到头。

不知这诗中的"迎送由人天落落"，是否含有双关意义，暗指父亲糊涂，自作主张地把女儿送给别人。还有，第三联说得是否太刻薄了？

钱锺书曾将此诗寄给在上海的冒效鲁，发表在1941年2月16日的《社会日报》上，收入《槐聚诗存》里，改为《庚辰除夕》，也进行了修改。修改后的诗如下：

> 曾闻烧烛照红妆，守岁情同赏海棠。
>
> 迎送由人天梦梦，故新泯界夜茫茫。
>
> 污卮敝屣行将弃，残历寒炉黯自伤。
>
> 一叹光阴离乱际，毋庸珍惜到分芒。[1]

当然，钱基博的这一决定，不仅钱锺书和他在上海的母亲难以接受，连国师的学生也为钱锺霞惋惜。国师附中1940级高一班学生（国师附中1940年创办于李园）傅业葵在《记实习生石声淮》一文写道：石声淮"是国师国文系的高材生，深受那里成天捧着线装书吟咏的老教授的赏识，甚至以创办'无锡国学专修学校'而闻名全国的古典文学家钱基博教授竟把他那位如花似玉的掌

〔1〕钱锺书.槐聚诗存.北京:生活·读书·新知三联书店,2003.

上明珠许配给他。国文系的男生用嫉妒的眼光审视着石声淮，暗暗地问自己：‘我哪一点比不上他？’国文系的女生愤激得眼睛里噙着泪花，差点儿上门去质问钱老先生：为什么亲手把一朵千娇百媚的鲜花插在牛粪上？就连我们班上三个小姑娘一提起这件事，也愤愤不平地涨红着小小的脸庞”[1]。

伏俊琏《石声淮先生的才艺和学问》里记载：“郭师还讲了石先生的婚姻往事：他们的老师、著名学者钱基博准备把女儿钱锺霞许嫁石声淮，遭到家人的反对。一段时间，石先生也非常痛苦。那时，郭师已转学到湖南大学（时在湘西辰溪），有一日，他收到了石先生从蓝田国立师范学院寄来的一张五寸大照片，背面题写了他的新作：‘石生石生亦足自豪哉，苍天赋以如此奇形骸。心胸磊落中有千丈万丈之傲气，枯肠芒角待贮一斗半斗之诗才。身长七尺面尺五，鬓发蓬松须满腮。暴牙露齿还零落，左眼半瞎右眼开，仿佛刚从饿鬼地狱放出来。瘦骨棱棱如枯柴，科头赤足上长街，见者辟易心胆摧。岂唯面目惹人憎，语言无味更教与世乖。见人口强舌本木，一语不发如痴骙。但逢谈锋一发不可遏，也能倾河倒海善诙谐。不达人情无忌讳，牛鬼蛇神于我如尘埃。有时登山攀危崖，临风放歌抒沈哀。亭云失色星斗落，长江倒流山岳聩。苍天苍天汝既予我以此不全之形相，胡为使我成此不堪之弃材。今我思欲乘风游九垓，更上帝阙与瑶台。无教七尺之躯成无用，到头空自没蒿莱。’”这首诗表面上是嘲讽自己，实际上是强烈地表达了对自己尊严的维护之情，是不是钱锺书《除夕》诗中的“拼抛敝履何容颜，訾毕良书若有亡”这一联严重地刺伤了石声淮的

〔1〕孔春辉. 师范弦歌——从蓝田到岳麓. 长沙：湖南师范大学出版社，2008.

自尊心？

可以肯定地说，当石声淮是学生身份时，钱锺书与他、郭晋稀一样，情谊很深，一旦是未来妹夫的身份时，态度就不同了，甚至反对。爱默在《鱼雁抉微》一文里辑录有这么一则短文："石声淮先生不大说话，对钱先生的事更是只字不提。他说他曾代老泉去受批斗。他把家中相册给我看。钱锺霞确实漂亮，楚楚动人。老泉则一脸胡须，非常端肃。他说他有一套《孙庵年谱》。1991.9.29."[1]可见石声淮对钱锺书是有点耿耿于怀的。

但钱基博不顾家人的反对，坚持把女儿许配给石声淮。1942年夏至这一天，当时国师的第一届学生开始实习了（国师学制前两届为五年，四年修业期满后，离开学院到其他学校或留院担任实习教师一年），石声淮留在国师实习，当国文系助教，便与钱锺霞正式订婚，约定等抗战胜利后再结婚。钱基博把在蓝田写成的《中国文学史》和《孙武书注》二书手稿，送给女儿作嫁妆，"凡二书之所获，不论国家之学术著作奖金，抑书店之版税稿费，惟尔锺霞实有之！"钱基博还将二百余册日记赠予石声淮，"以翁婿言，则规仪也；以师弟论，则衣钵也！"还编了《金玉缘谱》一册，赠送国师师生及亲友。

杨绛在《我们仨》第三部第七节回忆道：

> 锺书的妹妹到了爹爹身边之后，记不起是哪年，大约是1944年，锺书的二弟当时携家住汉口，来信报告母亲，说爹爹已将妹妹许配他的学生某某，但妹妹不愿意，常在河边独

---

[1]牟晓朋、范旭仑.记钱锺书先生.大连：大连出版社，1995.

自徘徊,怕是有轻生之想。……我婆婆最疼的是小儿小女,一般传统家庭,重男轻女。但钱家儿子极多而女儿极少,女儿都是非常宝贝的。据二弟来信,爹爹选择的人并不合适。那人是一位讲师,曾和锺书同事。锺书站在妹妹的立场上,妹妹不愿意,就是不合适。我婆婆只因为他是外地人,就认为不合适。……

我婆婆嘱锺书写信劝阻这门亲事。叔父同情我的婆婆,也写信劝阻。他信上极为开明,说家里一对对小夫妻都爱吵架,惟独我们夫妇不吵,可见婚姻还是自由的好。锺书代母亲委婉陈词,说生平只此一女,不愿她嫁外地人,希望爹爹再加考虑。锺书私下又给妹妹写信给她打气,叫她抗拒。不料妹妹不敢自己违抗父亲,就拿出哥哥的信来,代她说话。

爹爹见信很恼火。他一意要为女儿选个好女婿,看中了这位品学兼优的讲师,认为在他培育下必能成才;女儿嫁个书生,"粗茶淡饭足矣",外地人又怎的? 我记不清他回信是一封还是两封,只记得信中说,储安平(当时在师院任职)是自由结婚的,直在闹离婚呢! 又讥诮说,现在做父母的,要等待子女来教育了! (这是针对锺书煽动妹妹违抗的话)爹爹和锺书的信,都是文言的绝妙好辞,可惜我只能撮述,不免欠缺文采。不过我对各方的情绪都稍能了解。

……

锺书的妹妹乖乖地于 1945 年 8 月结了婚。我婆婆解放前夕到了我公公处,就一直和女儿女婿同住。锺书的妹妹生了两个聪明美丽的女儿,还有两个小儿小女我未见过。

爹爹一手操办的婚姻该算美满,不过这是后话了。

石声淮 1943 年毕业留校任教,钱基博后来回忆说:"湖南一住八年,到了最后,行动需人照顾,全仗同学们对我爱护,石声淮就是其中的一人。"[1] 1946 年秋天,石声淮侍钱基博就聘于华中大学任教,随后华中大学并入华中师范学院。石声淮 1950 年受聘为副教授,1980 年受聘为教授。潜心学问,淡泊名利,学为人师,行为世范,是一位令人敬仰的国学名师。

傅道彬在《学者的治学之道》中说,从湖南蓝田李园到湖北武汉的昙华林,石声淮先生追随钱基博先生二十余年,像一个传灯人一样,将钱基博先生的文明之火传承下来。传承钱基博先生的学术,是石先生晚年所做的一项重要工作。钱先生的《中国文学史》,就是石声淮先生与师母整理重印的。

傅道彬还说,1984 年 4 月,他的三位硕士研究生带着石声淮的书信来到北京拜见钱锺书,并转交石声淮托他们带给了钱锺书的一部清代著名学者谭献的日记手稿。谭献是章太炎的老师,手稿是钱基博先生从谭献后人处购得,具有重要文献价值。钱基博先生去世后,一直保存在石先生手里。石声淮先生说:"带给默存先生吧,放在他那里比放在我这里有意义。"当这三位研究生将《谭献日记》手稿交给钱先生的时候,钱先生高兴得拿着《谭献日记》手稿,大声招呼杨绛来欣赏。那天钱先生谈话兴致很高,讲起话来手舞足蹈,神采飞扬,一派诗人的天真本色。

至此,钱锺书的暗自忧伤、石声淮的耿耿于怀都释然了。

---

〔1〕钱基博.自我检讨书.钱基博.钱基博自述.合肥:安徽文艺出版社,2013.

二十五　天各一方　心在一起

1941 年春节后，钱锺书把自己写的《除夕》寄给冒效鲁，冒效鲁和了一首《上元得默存去年除夕诗，辄用其韵寄怀》，并将钱锺书的《除夕》交给《社会日报》发表。冒效鲁的和诗曰：

> 检书烧烛杜陵狂，不比东坡照海棠。
>
> 短鬓遥思天渺渺，孤村矮屋月荒荒。
>
> 宁知世上云翻覆，但问瓶中酒在亡。
>
> 除夜寄诗元夜到，几回吟罢吐精芒。

这诗发表在 1941 年 2 月 16 日《社会日报》上，诗中的"检书烧烛"化用杜甫《夜宴左氏庄》诗句："检书烧烛短，看剑引杯长。""杜陵狂"典故出自唐代王贞白《少年行二首》中的诗句："游宴不知厌，杜陵狂少年。"宋代陆游《梅花》一诗中也用了"杜陵狂"之典："山村梅开处处香，醉插乌巾舞道傍。饮酒得仙陶令达，爱花欲死杜陵狂。""东坡照海棠",化用苏轼《海棠》诗句:"只恐夜深花睡去,故烧高烛照红妆。"冒效鲁这首和诗,写元宵之夜收到钱锺书寄来的除夕之夜写的诗,连忙点起灯来读,反复吟诵,不知天亮了,太阳已吐出了光芒。读诗时,仿佛看到了如古人诗中所写的杜陵狂少年一样的诗人,在偏僻山区小镇的低矮的房屋里感叹时间匆匆而过,仰望天空渺茫无际。然后宽慰诗人:世上的事是变幻无穷的,不要为之担忧,只问瓶中还有没有酒,有愁就借酒消愁罢了。

冒效鲁是钱锺书最相投契的朋友。

当初,在法国马赛舟中,冒效鲁与钱锺书在船上吟诗论诗起来,冒效鲁写了《马赛归舟与钱默存(锺书)论诗次其见赠韵赋柬两首》。其一说:"我读杜韩诗,向往未能至。抒达胸中言,驱使古文字。后生欲变体,所患薄才思。邂逅得钱生,芥吸真气类。行穿万马群,顾视不我弃。谓一代豪杰,实罕工此事。言诗有高学,造境出新意。"从这里可看出冒效鲁对钱锺书的诗学才华是评价很高的,接着鼓励钱锺书要敢于标新立异,说:"滔滔众流水,盉树异军帜。换骨病未能,嚼蜡岂知味?"

其二,冒效鲁说自己:"我诗任意为,意到笔未至。君诗工过我,戛戛填难字。"还说他与钱锺书气味相投:"云龙偶相从,联吟吐幽思。苦豪虽异撰,狂狷或相类。"叮嘱钱锺书:"君看江海成,曾弗细流弃。欲拓诗界宽,包举尽能事。"最后鼓励钱锺书:"登高试一呼,响应万邦帜。舍我其谁欤? 孟言愿深味。"[1]

还有一首《红海舟中示默存》,诗里说:"苦殚精力逐无涯,我

〔1〕张文江.营造巴比塔的智者——钱锺书传.上海:复旦大学出版社,2011.

与斯人共一痴。各有苍茫秋士感,莼鲈虽好那堪思?"[1]

1939年12月,钱锺书来蓝田,冒效鲁写作《送默存讲学湘中》一诗赠别,诗曰:"我生寡朋俦,交子乃恨晚。……回思谈艺欢,抗颜肆高辩。睥睨一世贤,意态何瑟僴。每叹旗鼓雄,屡挫偏师偃。光景倏难追,余味犹缱绻。"诗的大意是说,冒效鲁一生少朋友,与钱锺书交往是相见恨晚。回想以前两人在一起时,大谈特谈诗艺,有时争论得面红耳赤,互不认输。两人都轻狂,睥睨一代贤士,意态是多么高傲。常常感叹两人水平是旗鼓相当,多次把对方挫败。但这样推心置腹交谈的光景一去难返了,留下的只是回想不尽的意味。

钱锺书刚到蓝田,冒效鲁就将自己写的诗作寄来了。钱锺书将自己写的《萤火》诗寄给他,并写有《孝鲁寄示近诗,予最爱其〈雨潦〉一律。因忆君甚赏予〈萤火〉五古,赋以答之》一诗。诗曰:

> 李杜韩黄白陆苏,奇才大句累朝无。
>
> 都成异物文将丧,犹有斯人德不孤。
>
> 萤火光惭齐日月,潦污水喜类江湖。
>
> 纤纤泼墨君家手,烦作云龙上下图。

冒效鲁将它发表在1940年12月19日的《社会日报》上,诗的意思是,李白、杜甫、韩愈、黄庭坚、白居易、陆游和苏轼等人都是奇才俊杰,他们的诗篇都是出众的,历朝历代都没有人能与他

---

[1]王既端.钻之越久,仰之弥高——读《叔子诗稿》二十年.东方早报,2014.

们相比拟。在这样的诗人和诗篇都成了珍稀的东西、文明将丧失之时，仍然还有你这样有道德的人，你是不会孤单的，一定有志同道合的人来和你相伴。萤火虫的光卑微渺小，比起日月来自然感到惭愧，雨后污水却喜欢像大江大湖那样横流恣肆。请用轻巧的手挥洒笔墨，像南宋时期著名书画家陈容绘出一幅气势非凡、上下腾空飞跃的巨龙图那样，写出气势非凡的诗作来。

不久冒效鲁又来信，并附哭袁伯夔的诗作。钱锺书写了一首五古《得孝鲁书却寄》，诗的开头说："得书苦语短，寄书恨路长。争似不须书，日夕与子将。"表达亲密之情。

诗中回忆了两人在从欧洲归国的船上相逢相识和论诗的过程，还回忆了两人分别后，钱锺书去西南联合大学任教时的孤独。诗中写道："别子何太夙，子身落南荒。有子心目间，从兹不能忘。寄诗勿遗远，笔辣似蘸姜。缘情出旨语，譬姜渍以糖。"诗后还附注说明："去岁余在昆明，君寄示还家诗云：'妇靥犹堪看，儿啼那忍嗔。'余复书谓君诗甚辣，此则似蜜渍姜，别是风味。"

钱锺书在诗中写自己 1939 年夏从昆明回上海度暑假，两人再次相会："隔岁归复晤，追欢若追亡。流连文字饮，谐谑抵鄱阳。"

钱锺书还在诗中说自己来到蓝田："秋风吹我去，各看天一方。载愁而携影，来此涸阴乡。弥天四海人，一角闭山房。惟幸亲可侍，不负日堂堂。君平岂弃世，被弃如剑伤。赖子念幽独，不吝寄篇章。"意思是说，秋风吹我离开上海，我俩天各一方了。带着愁闷带着你的身影，来到这偏僻的地方。这里五湖四海的人都有，我关起山中的书房，坐在房子的一角捧卷读书。幸亏有父亲要侍奉，不辜负这明明亮亮的太阳。被人抛弃，心就像被剑刺伤。

全靠你挂念我这静寂孤独的人,舍得寄诗篇来。

诗的结尾又重复说:"寄书恐不达,作书恨不详。安得不须书,羽翼飞子傍。"[1]表达恨不得与冒效鲁能天天在一起聊天说诗的企盼。

1940年重阳节后,冒效鲁又来信。钱锺书看信后,回想冒效鲁在以前来信中"附哭袁丈伯夔诗有云:'忍事早知生趣少,吞声犹有罪言存。丈去春赋落花八章。遍征诗流和之。英尽枝空。遂成诗谶。'"钱锺书便酬答一首《孝鲁寄示九日与诸老集二十二层楼诗,念予之道别而伤袁丈之永逝。读而题其后》寄去。诗题中的袁丈是袁伯夔。此诗发表在1940年12月25日的《社会日报》上。诗曰:

> 插萸落帽岂其世,无地登高又以回。
>
> 几辈海滨能作赋,一峰天外不飞来。
>
> 市楼得势差如涌,幽抱逢辰强欲开。
>
> 未待凭栏感兴废,茫茫存殁已堪哀。

1940年重阳节是公历10月9日,查国师大事记,没有关于重阳节举行登高活动的记载,钱锺书可能也没有邀伴登高,故曰"插萸落帽岂其世,无地登高又以回"。在山河破碎的时节,文人登高往往会感叹国家的盛衰兴废,哀叹人世的生死存亡。《说苑·指武》和《孔子家语·致思》里都记载孔子带着子路、子贡、颜渊北游,东上农山,孔子喟叹:"登高望下,使人心悲!"中间两联是回想

〔1〕蓝田:国立师范学院.国师季刊,1940.

以前在上海与诸老、友人登高楼赏景的情景。尾联是写今年钱锺书虽然没登高，也没凭栏，但心中同样忧世伤时。

钱锺书还把写给徐燕谋的《赵瓯北有〈偶遗忘问之稚存辄得原委〉赋赠七古援例作此赠燕谋。君好卧帐中读书》[1]寄给冒效鲁，也由冒效鲁交由《社会日报》，于1941年1月9日发表。[2]

两人虽天各一方，但心在一起，相知带来的不仅是相思想念，更有酬唱的愉悦。

---

〔1〕这首诗收入《槐聚诗存》时，改为《赵雪崧有〈偶遗忘问稚存辄得原委〉一诗，师其例赠燕谋。君好卧帐中读书》，并修改了个别词语。
〔2〕刘聪.续谈《社会日报》上的钱锺书诗[OB/OL].

二十六 哀滕若渠 声泪俱下

白居易曾写过一首《李白墓》诗,曰:"采石江边李白坟,绕田无限草连云。可怜荒垄穷泉骨,曾有惊天动地文。但是诗人多薄命,就中沦落不过君。渚苹溪藻犹堪荐,大雅遗风已不闻。"表达了对李白诗文成就由衷的推崇和钦慕,对其生前的落魄和身后的萧条的深切同情和不平。在蓝田,钱锺书也写了几首表达对朋友的推崇和深切同情、悼念及不平的诗。

这朋友是滕若渠。

滕若渠(1901—1941),名滕固,江苏宝山县月浦镇(即今上海市宝山)人。是中国现代美术史上有影响的美术史论家,善诗词书法,著作颇丰。1918年毕业于上海美术专科学校,两次出国留学。第一次,十九岁入日本东洋大学学习美术,对哲学、文化学、人类学、美学和艺术学普遍涉猎;第二次,二十八岁负笈德国,入柏林大学哲学系专攻美术史,获哲学博士学位。在国内,先后参加过"文学研究会""民众剧社""创造社"和"狮吼社"等社团,并与刘海粟等人发起"上海艺术研究会";先后任上海美术专科学校教授、湖南艺术专科学校校长。1932年起先后担任南京金陵大学教授、广州中山大学教授、国立艺术专门学校校长等职。滕若渠多才多艺,在文学和艺术方面均有造诣,著有美术论著《中国美术小史》《唐宋绘画史》及小说集《壁画》《银杏之果》《睡莲》等,被称为中国美学史之父。

1938年6月,滕若渠担任搬迁到云南的国立艺术专门学校校长;钱锺书从英国留学回国后赴昆明,任西南联大外文系教授。两人在昆明见面,一见如故。此后,两位才子惺惺相惜,交往甚密,常与朋友一起宴聚,宴聚的人中有钱锺书在清华大学时的老师吴宓。

1939年暑假,钱锺书要从昆明回上海时,滕若渠为他饯别。参加饯别的十九人中,数钱锺书最年轻,也最被滕若渠看重。滕在赠给他的诗中说:"十九人中君最少,二三子外我谁亲。"亲密之情溢于言表。当时,钱锺书回赠一首《滕若渠饯别有诗赋答》,诗曰:

> 相逢差不负投荒,又对离筵进急觞。
> 作恶连朝先忽忽,为欢明日两茫茫。
> 归心弦箭争徐急,别绪江流问短长。
> 莫赋囚山摹子厚,诸峰易挫割愁铓。[1]

诗的大意是,我俩相逢,真没亏欠投奔昆明的这一趟,今天却

〔1〕钱锺书.槐聚诗存.北京:生活·读书·新知三联书店,2003.

面对饯别之宴而举杯连饮,不忍离别。

连日忧闷不快[1],早就惆怅失意;今天强颜欢笑,明天两人就相隔两茫茫,不知何日再相见。自己归心似箭,但离愁别绪如汹涌澎湃的江流一样长。不要模仿柳宗元作《囚山赋》,因为处处山峰都会触发自己的愁绪,如刀锋一样能割断愁肠。

此前,滕若渠请钱锺书为国立艺术专门学校撰写讲稿。钱锺书回到上海后,于中秋这一天,完成了《中国诗与中国画》一文的撰写。[2] 这年的中秋节是公历10月2日。不到一个月后,钱锺书便动身离开上海赴蓝田了。到蓝田后,钱锺书把自己来蓝田一路所写的诗编为《中书君近诗》,交由吴忠匡印行了二百份,随即给滕若渠邮寄去一份。《湘日乘》1939年12月21日记载:"寄印诗与若渠。"也将《中国诗与中国画》一文进行了修改,寄给了滕若渠。钱锺书把这篇论文给国师的朋友看,朋友读了后,认为写得很好,希望能在《国师季刊》上发表。钱锺书同意,便先发表在《国师季刊》1940年2月出版的第六期上。同期上还发表了钱锺书的六首诗作,其中一首为《余蓄须而若渠书来云剃发作僧相,戏作寄之》。诗曰:

> 藏身人海心俱违,各居空谷无与侪。
>
> 跫然不闻足音至,搔头剃面何为哉?
>
> 一任猬刺世都笑,窃喜鸳秃君可陪。
>
> 圆顶知现尊者相,长髯看作老奴猜。

---

[1]作恶:悒郁不快。语出自《世说新语·言语》:"谢太傅语王右军曰:'中年伤于哀乐,与亲友别,辄作数日恶。'"

[2]李洪岩. 智者的心路历程——钱锺书生平与学术. 石家庄:河北教育出版社,2002.

薙发莫如草务尽，艺须愿比花能栽。

鬒鬒勿失罗敷婿，揠助苗长良所该。

青青堪媚陆展室，胡竟图蔓除其荄。

休教野火烧便绝，留待他日春风吹。

相逢已恐不相识，彼此问客从何来。[1]

在"跫然不闻足音至"这句诗前，钱锺书注曰："君长国立艺专，校迁晋宁。"国立艺专由今中央美院、中国美院的前身北平艺专、杭州艺专两校合并而成。由于两校合并产生了复杂的人事纠纷，教师分成了两派，学生则分为多派，矛盾丛生，频频发生学潮。1939 年夏，因昆明校舍困难，又空袭频繁，国立艺专再迁至呈贡县（今呈贡区）安江村。面对棘手的学校行政工作和常发生的学校学潮，滕若渠可能萌发退隐之志，来信中说自己剃发为僧相，钱锺书便作此诗作答。钱锺书蓄须，当是玩笑之言，只是以此劝慰滕若渠，剃发为僧相大不必。对钱锺书来说，能以"戏作"形式写诗或作答的大概只有三人，一是钱锺书自己，《槐聚诗存》里收有《予不好茶酒而好鱼肉戏作解嘲》；二是徐燕谋，《槐聚诗存》里收有《戏燕谋》一诗；三就是滕若渠了，但此诗没收入《槐聚诗存》。

诗的大意是，藏身社会不是我们的心愿，只愿像幽兰各生长在静寂的山谷中，本性与同辈人不相同。很久没有听到你的音信，为什么突然挠头想要剃发为僧相？如果任头发如刺猬，世人都会讥笑；如果你剃成光头，秃鹙会高兴地陪伴你。圆圆的头顶现出尊者相，两颊长须会被猜作老仆人。剃发不如除草务尽，在

---

〔1〕蓝田：国立师范学院. 国师季刊,1940.

两颊上植胡须就如栽花。胡须稀疏那是《陌上桑》中的罗敷夫婿的相貌,揠苗助长般地助胡须长多长密确实应该。陆展为讨好小老婆把白发染得浓黑浓黑的;[1]蔓草很难除净,除非把它的根除尽,你为什么争着要把头发剃光呢? 不要叫野火把它烧尽了,留待以后春风吹又生。如果你剃了光头,我蓄了长长的胡须,我俩相逢就会认不出来,彼此会问"你这客人是从哪里来的?"

1940年夏,滕若渠因国立艺专的工作陷入困顿而离职去了四川,居家重庆,准备编辑《中国艺术论丛》第二辑,拟收入钱锺书的《中国诗与中国画》一文。后患脑膜炎。半年后,于1941年5月20日在出院途中因家庭纠纷死于非命。

此时钱锺书正筹划着回上海的事情,听到滕若渠去世的噩耗,犹如晴天霹雳,他不相信年仅四十一岁的滕若渠会英年早逝。伤痛之后,写下了《哀若渠》五古四首。诗如下:

一

阙地起九原,弥天戬一棺。

不图竟哭子,恶耗摧肺肝。

不信事难许,欲信心未甘。

子寿讵止此,止此宁天悭。

赴死轨独短,熟视不能拦。

修促事切身,自主乃无权。

亦思与命抗,时至行帖然。

徒令后死者,叩天讼其冤。

---

[1]南朝何长瑜《嘲府僚诗》:"陆展染白鬓,欲以媚侧室。青青不解久,星星行复出。"

二

昆明八月居，与子得良遘。
真能略名位，新知交如旧。
十九人最少，好句传众口。
别来忧用老，发短面增皱。
撒手子复逝，长往一何骤。
只有赠我篇，磨灭犹藏袖。
乃知人命薄，反不若纸厚。
酸心坡有言，安能似汝寿。

三

昔者吾将东，赋别借杜诗。
何意山岳隔，生死重间之。
留命空待我，再见了无期。
抚棺恸未得，负子子倘知。
故乡陷豺虎，客死古所悲。
禅智山空好，穿冢傍峨眉。
吾闻蜀有鸟，催归名子规。
魂气无勿之，为鬼庶能归。

四

子尝私于我，诗成子每羡。
哭子今有作，诗成子不见。
人死资诗题，忍哉事琢炼。
诗人大薄情，挽毕无余恋。
即工奚益死，况我初非擅。
聊以抒沉哀，未遑事藻绚。

感旧怆人琴,直须焚笔砚。[1]

这组诗写得沉郁悲痛,感情真挚,反复咏叹,充分表达了钱锺书骤得滕若渠去世噩耗的伤感之情,追述了两人相识相知的经过,对滕若渠的早逝充满了痛惜。

第一首,用一个特写镜头强烈推出——大地上掘出一座坟墓,竟收藏了心志高远的滕若渠。没想到我来哭你,不相信你死是真的,但事实却是真的,要相信你死是真的,但又心不甘。没想到上天竟只给你这么短的寿命,想拦你不死都不可能。只能问天,替你诉说冤屈,为什么这样不公平。[2]

第二首,回忆自己与滕若渠在昆明相遇而相知:你赞扬我的诗句,至今被人传诵,但你却走得这么急;你赠我的诗篇,我会永远珍藏,只是人命不如纸厚,我是否能活得你那样的寿命?

第三首,回忆两年前,我辞别你回上海,临别时借杜甫的诗句来表达心意,而你苦盼我入蜀。今后,却永无相见之时了。不能来抚棺痛哭,辜负你的期望。你我的故乡沦陷于日寇的铁蹄之下,你客死于异地他乡,只能葬于峨眉山,这多么令人悲痛。蜀地有鸟叫杜鹃,但你的魂气不要化为杜鹃,化为杜鹃就留在四川了,变为鬼大概能回去。

第四首,无比痛苦地说,你偏爱我的诗作,但今天诗写成了,你却看不到了。人死为他人提供写诗的题材,怎忍心去修饰精

────────────────

[1]钱锺书.槐聚诗存.北京:生活·读书·新知三联书店,2003.
[2]此句化用了韩愈《祭十二郎文》文句之意:"呜呼!其信然邪?其梦邪?其传之非其真邪?信也,吾兄之盛德而夭其嗣乎? ……未可以为信也。梦也,传之非其真也……所谓天者诚难测,而神者诚难明矣。所谓理者不可推,而寿者不可知矣。"

炼？即使诗写得再工巧，对死者有什么好处？何况写诗本不是我的擅长。暂且用这诗来抒发我沉痛的心情，没顾得上斟酌辞藻。古有知音已死便摔碎琴的典故，今天我应当为你焚烧笔砚。

不久，钱锺书回上海的路线初定取道贵州入云南，再辗转回上海，想到到云南，见不到好友了，便悲痛难已，又写了《又将入滇怆念若渠》一诗，表达了对滕若渠的怀念之情。诗曰：

> 城郭重寻恐亦非，眼中人物愁天遗。
>
> 学仙未是归丁令，思旧先教痛子期。
>
> 沉魄浮魂应此恋，坠心危涕许谁知。
>
> 分看攀折离披了，阅水成川别有悲。[1]

诗的大意是，回上海时途经昆明（钱锺书最终是由湖南至广西，再到越南海防搭海轮回到上海），城郭可重寻，但你已离去；若渠你这人们看重的人物，多么希望上天把你留在人间啊。你不要像丁令威成仙后化为仙鹤，飞回故里，如果是这样，你将看到的是"城郭如故人民非"，会更加痛苦；就如伯牙痛失钟子期，我也痛失了你这位知音朋友。你的灵魂会留恋此地，但哀伤涕泣有谁知道呢？想象你我在昆明分别时折枝相赠的柳树，今日定会衰残了；人世的更替特别叫人悲伤！

滕若渠去世后，《中国艺术论丛》第二辑便没有编成，自然钱锺书的《中国诗与中国画》也没有收入其中。幸好《中国诗与中国画》在《国师季刊》上发表了，这是钱锺书发表的第一篇学术论文。

---

〔1〕钱锺书.槐聚诗存.北京：生活·读书·新知三联书店，2003.

著名历史学家顾颉刚偶然看到该文,便给钱锺书写信索要,刊登在齐鲁大学国学研究所《责善》半月刊第二卷第十期（1941年8月1日）"。"《中国诗与中国画》大约有九千字,在新中国成立前即受到比较广泛的好评,后来又被收在1947年2月出版的《开明书店二十周年纪念文集》里。该文大概是钱锺书修改、增订最厉害的一篇文章,从《国师》(按:应为"《国师季刊》")到《责善》已经有所不同,到《七缀集》中的定本,该文已长达两万余言;文章最后小注,也由最初的七条,增加到三十七条。文章最初不分小节,一通到底,定本则析为六个小节。"[1]由此可见,钱锺书也是把它看作自己的一篇非常重要的论文。从这个角度说,它是钱锺书与滕若渠友谊的结晶,滕若渠的请求激发了钱锺书学术写作的灵感和热情,催生了一篇经典论文,开启了钱锺书的学术论文写作,并一发而不可收。

之前,钱锺书写过《论俗气》《谈交友》等文章,但这些还只能算是随笔而已。《中国诗与中国画》融通中西知识,追源溯流,对"诗画一律"和"诗画分界"作了深刻的解说,又妙喻连连。《中国文学小史序论》针对当时文学史写作的状况与存在的问题,阐述了自己的文学史观,其中对文学体制、文学史分期、评价文学作品标准等方面都有独特而深刻的论述,这是一篇很有分量的学术论文。《中国诗与中国画》不仅内容上,而且写法上都是对《中国文学小史序论》的继承和发展。如《中国诗与中国画》里"一个艺术家总在某些社会条件下创作,也总在某种文艺风气里创作。这个风气影响到他对题材、体裁、风格的去取,给予他以机会,同时也

---

〔1〕李洪岩.智者的心路历程——钱锺书生平与学术.石家庄:河北教育出版社,2002.

限制了他的范围。就是抗拒这个风气的人也受到它负面的支配，因为他不得不另出手眼来逃避或矫正他所厌恶的风气"。这个观点，就是对《中国文学小史序论》里"……以文学之风格、思想之型式，与夫政治制度、社会状态，皆视为某种时代精神之表现，平行四出，异辙同源，彼此之间，初无先因后果之连谊，而相为映射阐发，正可由窥见此种时代精神之特征"观点的继承和发展。《中国诗与中国画》里"诗和画既然同是艺术，应该有共同性；而它们并非同一门艺术，又应该各具特殊性"的观点，与《中国文学小史·序论》里"文章体制，省简而繁，分化之迹，较然可识。谈艺者固当沿流溯源，要不可执著根本之同，而忽略枝叶之异"的观点是一脉相承的。在继承和发展《中国文学小史·序论》里的一些观点的基础上，针对具体的研究对象，提出"神韵派在旧诗传统里公认的地位不同于南宗在旧画传统里公认的地位，传统文评否认神韵派是标准的诗风，而传统画评承认南宗是标准的画风。在'正宗''正统'这一点上，中国旧'诗、画'不是'一律'的"；"中国传统文艺批评对诗和画有不同的标准"，"总结起来，在中国文艺批评的传统里，相当于南宗画风的诗不是诗中高品或正宗，而相当于神韵派诗风的画却是画中高品或正宗"。这两篇文章在写法上都是破立结合，中外打通，旁征博引，但《中国诗与中国画》在立论、手法上比《中国文学小史·序论》显得更稳妥、成熟。

从这一点上说，滕若渠对钱锺书的影响是巨大的，也正因为如此，钱锺书对滕若渠的感情是深厚的，对他的英年早逝悲痛万分。钱锺书在晚年编辑他的诗集《槐聚诗存》时，对早年的诗作多有刊落，却保留了六首与滕若渠有关的诗，这说明晚年的钱锺书仍然怀念和珍视与滕若渠的友情。

二十七　赠诗知音　永久怀念

1941 年夏,钱锺书准备回上海,吴忠匡便向钱锺书提出把其诗书写给他留作纪念。钱锺书赋诗一首——《吴亚森(忠匡)出纸索书余诗》,诗曰:

　　吴生好古亲风雅,翰墨淋漓乞满家。

　　见役吾非能事者,赏音子别会心耶?

　　声如蚓出诗纤弱,迹如鸦涂字侧斜。

　　也自千金珍敝帚,不求彩笔[1]写簪花。[2]

---

[1]彩笔,指辞藻富丽的文笔。《南史·江淹传》载,传说南朝江淹少年时,曾梦人授之以五色笔,从此文思大进。其晚年又梦见一个自称郭璞的人向他索还五色笔,从此作诗再无佳句。宋朝晁补之《诉衷情》词句:"使君彩笔,佳人锦字,断弦怎续?"簪花,古代书体的一种,指书法娟秀工整者。明朝王彦泓《有女郎手写余诗数十首笔迹柔媚纸光洁滑玩而味之》之二:"江令诗才犹剩锦,卫娘书格是簪花。"
[2]钱锺书.槐聚诗存.北京:生活·读书·新知三联书店,2003.

诗的大意是说,吴忠匡先生爱好诗文之事,求得书法作品藏满家。你求我书法,而书法不是我的擅长;你欣赏我的诗,是特别有知心的理解吗? 我自己的诗作纤弱如蚯蚓,书法如小孩儿涂鸦,字体都不正。即使如此,但还是珍爱自己的诗作和书法作品,不追求用辞藻富丽的文笔书写出柔媚的书法作品。

这诗不仅将吴忠匡引为知音朋友,而且用幽默的语言表达钱锺书对诗学和书法的一个重要的观点:不要盲从别人的作品,要创作和珍爱有自己特色的作品。

吴忠匡(1916—2002),又名亚森。上海人。钱基博光华大学时的学生,1938 年与钱基博一起来蓝田,做他的助教。当时,钱锺书来船上送别父亲时,与吴忠匡就相识了,但当时两人没有说过话。这年钱锺书二十九岁,吴忠匡二十三岁。

吴忠匡在《记钱锺书先生》一文中回忆道:

> 我第一次见到锺书,是在辣斐德路(今名复兴路)他老父寓所。他身材并不高大,不肥不瘦,衣裳楚楚。他从外边回来,走向他父亲,向我瞥了一眼,没有理睬我,径自和他父亲谈论船票的事。他事先当然知道我将随侍他老父远行,因此在和老父谈完话离去时,他再次看了我一眼,微微点了一下头。在我这个生人前,他不无矜持。我感到他身上有股兀傲独特的气质。
>
> 我们启程的那一天,锺书兄弟送他父亲上船。结伴湘行的,还有周哲肫、汪梧封、高子毅三位先生(他们已全都离开人世了)。锺书离船之前,和他们一一握手话别,也捏了一下我的手,没有说话,匆匆登了岸。我们就这样相识了,

那一年我二十三岁,锺书二十九岁。

1939年冬,为了照顾老父的健康,锺书辞却昆明西南联大的教席,跋涉数千里,也来师院任教,组建外语系,留居蓝田共两个年头。在这两年中,我们一处读书,同桌进膳。我得从游于他们父子之间,进德修业,实为平生最美好、最值得回顾的一段经历。[1]

吴忠匡既当钱基博的助教,又照顾他的起居,故学院把他俩安排住在一块儿。杨绛2009年9月12日给汤晏信中说,在蓝田,吴忠匡的房间在钱基博房间的后面。他称钱基博为老夫子,称钱锺书为小夫子。老夫子每事记在日记上,日记本摊着置放在案头,吴看了日记则每事必报小夫子。他每有困难,便向小夫子求救。钱锺书有求必应,帮他很多忙,他对钱锺书很是服帖,凡事言听计从。[2]

哪些事言听计从? 不计学历只求提升学力这事应该算一件。吴忠匡是以大学肄业的学历破格当助教的,在国师当了将近七年助教,却没有升为讲师。按1940年8月《教育部公布大学及独立学院教员资格审查暂行规程》"讲师须具有左列资格之一"第二条"任助教四年以上,著有成绩,并有专门著作者"[3],就可由助教升为讲师,国师一些青年教师,到期就由助教升为讲师。如石声淮1942年下半年留院任助教,大概不到四年就升为讲师。但吴

---

〔1〕田慧兰等. 钱锺书杨绛研究资料. 北京:知识产权出版社,2010.

〔2〕汤晏. 一代才子钱锺书. 上海:上海人民出版社,2006.

〔3〕中国第二历史档案馆. 中华民国史档案资料汇编(第5辑·第2编·教育). 南京:凤凰出版社,1997.

忠匡跟随钱基博在国师近七年一直是助教。这不是吴忠匡学识水平不高,"作为助教的吴忠匡侍奉左右,晨夕相随,帮助钱基博查找资料,誊录稿件,东风化雨,润物无声,在钱基博的引领下,这一时期吴忠匡登堂入室,其学问与思想境界都大为提高。1939年5月,钱基博为国立师范学院学生编写了《国师文范》一书,特地请吴忠匡作序,钱先生作为名动海内的一代宿学硕儒,请一位刚刚二十几岁的青年才俊作序,足见钱基博对这位弟子的激赏"[1]。如果是学历不够,他可以插入国师学习,获得毕业文凭。当时教育部有政策,可以插班学习,国师也接收过从其他学院转来的插班生。但是,吴忠匡没有,这应是受了钱锺书的影响,也许钱锺书讲了他在牛津读书的遗憾:在英国留学时,"杨绛没有在牛津注册为正式生,因牛津学费奇昂,加上导师费实不胜负担,如念别的大学,学费较廉,但两人不能在一起,生活费用也高。考虑结果,杨绛乃申请在牛津及Exeter学院两处旁听。因此杨绛在牛津读书就没有像钱锺书那么大的压力,功课也没有那么重。钱锺书与杨绛同在饱蠹楼看书,杨绛自由自在,可有很多时间读一些自己喜欢而在别的地方读不到的书。这一点很使钱锺书羡慕。钱锺书常说,他如有像她那样自由,有那么多时间,则他可以读更多书"[2]。同样,吴忠匡不为文凭读书,只为能够自由地读更多的书。

在国师,钱锺书对吴忠匡办事很放心,而吴忠匡也乐意为钱锺书办事。1940年,吴忠匡代钱锺书印行《中书君近诗》二百份,

〔1〕傅道彬. 夜窗风雪一灯青——忆吴忠匡教授. 中国社会科学报,2013.
〔2〕汤晏. 一代才子钱锺书. 上海:上海人民出版社,2006.

该书收录 1939 年冬由上海赴湘途中写的旧体诗。"从此,他每有诗作,我都用夹贡纸(镇上还没有宣纸供应)强他为我录存。他总是欣然把笔,从不推拒。"[1]

钱锺书回上海后,吴忠匡继续在国师任钱基博的助教,并在国师附属中学兼教国文课。1944 年秋,因日寇逼近蓝田,国师搬迁到湖南西部的溆浦县,1945 年 5 月,中国人民抗日战争中的最后一次会战——湘西会战——开始,钱基博将吴忠匡推荐给此次会战主力第四方面军总司令王耀武将军做了中校秘书。

吴忠匡在《杨遇夫、赵寿人谈史琐记》一文中回忆,从蓝田、溆浦、龙潭,越雪峰山,经安江辗转抵达辰溪的一路上,"几乎与进犯湘西的敌寇遭遇,仓皇后撤,所携书物,一路都丢尽了。到辰溪时,随身仅有几本《史记》和一部汲古阁本《管子》。每有空闲便阅读《史记》和《管子》"。但有幸与语言文字学家杨树达(字遇夫)相遇,"遇夫先生见我好读《史记》,就提到清代学者理董古籍,为群经周秦诸子,做了很多校注、新疏,两《汉书》也有了集解,惟独《太史公书》还没有人动手给它做会校、新解的工作。他说,这个空阙,应该由我们来填补。他勉励我用十年、十五年的时间,努力从事,一定可以做出比前人更多更好的成绩来"[2]。

1947 年 8 月,他就离开部队进入齐鲁大学文学院任副教授、山东省立师范学院中文系任教授。1949 年以后先生辗转各高校,1954 年到哈尔滨大学任教。

杨树达先生的期望,吴忠匡没有辜负,1978 年以后,他开始了

〔1〕吴忠匡. 记钱锺书先生. 田慧兰等. 钱锺书杨绛研究资料. 北京:知识产权出版社,2010.
〔2〕吴忠匡. 杨遇夫、赵寿人谈史琐记. 黑龙江省文史研究馆. 黑水十三篇. 上海:上海书店,1994.

对《史记》注疏的全面整理,对《史记》的研究独有见地,先后发表了《论〈史记〉与〈汉书〉》《论司马迁朴素的唯物论的历史观》等九篇论文,编著了《史记·太史公自序》《论史记与汉书》《史记太史公自序注说会纂》等著作。这也得益于在国师跟随钱基博打下的雄厚的国学基础,也得益于钱锺书对他不求文凭求学识的指点。

在蓝田和钱锺书一起共同享受自由读书的快乐,成了吴忠匡一生神圣般的回忆。他说:"岁月如流,星移物换,几五十个春秋逝去了,锺书留居蓝田的时间,虽只有短短两年,我和他亲密无间的相处,也不过短短两年,但他在这个小天地的僻阻一角所展现的一个纯粹学者型的独立人格的许多侧面,给予我的印象和观感,却是异常深刻的,难以忘怀的。"[1]1975 年吴忠匡在哈尔滨又想起了蓝田的岁月,想起了已故去的老师"钱夫子",想起了至友钱锺书,便写了一首五古诗《寄怀钱锺书先生》,诗曰:

> 吾怀锺书君,垂老愈恺悌。
>
> 交期四十年,白首而不易。
>
> 忆昔湖湘游,弹指忽三纪。
>
> 当时蓝田镇,人比巨星里。
>
> 觥觥钱夫子,教诲究终始。
>
> 诸生皆帖然,冥心契文史。
>
> 多君飞逸兴,穷山猥玉趾。
>
> 风雨比邻居,书帙同卧起。
>
> 朝兴恒共餐,夜读每抵几。

---

〔1〕吴忠匡.记钱锺书先生.田慧兰等.钱锺书杨绛研究资料.北京:知识产权出版社,2010.

二十七 赠诗知音 永久怀念

馈我珠与玑,消我俗与鄙。

春秋有佳日,且往亦可喜。

或眺林峦美,或临清以驶。

觞咏记西园,联翩时庚止。

町坐无杂宾,谈笑皆名理。

此情毋或忘,刻骨到没齿。

名师俄宿草,故旧半生死。

人生良苦短,世事岂足恃。

太息念昔游,摧心泪如瀱![1]

诗的大意是说,我怀念钱锺书先生,他到年老仍和乐平易。与他交往了四十年,白发满头了,交情仍没变。回想在湖南的交往,一下子过去了三十多年。当时在蓝田镇,我好比在巨星光芒的照耀下,刚直的钱先生,始终对我谆谆教诲。学生们都尊敬、信服他。钱锺书先生超逸豪放、意兴勃发飞扬,在偏僻的山区小镇留下众多的足迹。我俩是风雨同舟,比邻而居,一同起居,一同读书。晨起常共餐,夜读常挨桌。他以珍珠般的教诲,消除我的浅陋。在春秋美好的日子里,一同高兴地游览风景。或远眺山峰的美好,或在清清的河中荡舟。或咏诗李园,浮想联翩。众多的朋友中,没有行为不端的,大家谈笑的都是学术方面的内容。这样的情谊刻骨铭心,至死也不会忘记。

一转眼,名师钱基博就去世了多年,还有许多老朋友也都去世了。唉!人生短暂,世上的事怎能长久,足以依赖?怀念昔日

---

〔1〕田慧兰等.钱锺书杨绛研究资料.北京:知识产权出版社,2010.

的交往而叹息,怎么不极度伤心,眼泪如水。

1986 年 4 月,钱锺书还记得吴忠匡"翰墨淋漓乞满家"的爱好,把写于 1957 年的《赴鄂道中》组诗的后两首写赠给他。这两首诗是:

> 弈棋转烛事多端,饮水差知等暖寒。
> 如膜妄心应褪净,夜来无梦过邯郸。

> 驻车清旷小徘徊,隐隐遥空碾懑雷。
> 脱叶犹飞风不定,啼鸠忽噪雨将来。

这是钱锺书去武汉看望患食道癌病重的父亲时写的。前一首的大意是,世事变幻如棋局如风中飘转的烛火变化多端,如人饮水,冷暖自知。我们凡夫动心起念总不离开色、声、香、味、触、法等六尘,而这六尘说起来,也不过是妄心所幻,并非实有。妄心退尽,即使经过邯郸,美梦也不作了。

后一首的大意是,因停车在清旷的月台上徘徊了一会儿,天空传来沉闷的隆隆雷声。树叶飘转,风向不定;听不到啼鸠叫声,预示大雨将临。

1998 年 12 月 19 日晨,钱锺书逝世。吴忠匡得悉噩耗,悲痛万分,向中国社会科学院治丧小组发来唁电:"惊闻默存先生之丧,悲痛伤心。六十年来最承教爱,齿耄道修不能赴殡,尤感疚憾。先生聪明精粹,博见强志,是本世纪最大的天才。他对独立思想和自由精神的追求,他考镜源流,辨章学术,综合交汇古今东西的文化传统。诵其著述,想见人德。他的灵魂永远不会死亡。……"[1]

吴忠匡心想能像宋朝黄庚《怀友》诗中所写"听雨思君泪欲流,檐声滴老鬓边秋。何时过我晴窗下,共话思君听雨愁"那样,该多好啊!

---

[1]何晖、方天星编. 一寸千思——怀念钱锺书先生. 沈阳:辽海出版社,1999.

二十八　漫卷诗书　诗心明月

　　钱锺书 1941 年暑假辞职回上海,一般认为是要与妻子女儿团聚,然后再去西南联大任教。但吴学昭《吴宓与陈寅恪》记载:"父亲与寅恪伯父都认为钱锺书'人才难得'。……1940 年春,父亲因清华外语系主任陈福田先生不聘钱锺书,愤愤不平,斥为'皆妾妇之道也'。他奔走呼吁,不得其果,更为慨然,'终憾人之度量不广,各存学校之町畦,不重人才也'。又怨叶公超、陈福田先生进言于梅校长,对钱等不满,'殊无公平爱才之意……'寅恪伯父同意父亲的看法,但劝导父亲冷静对待。据 1940 年 3 月 12 日《雨僧日记》:'寅恪教宓"不可强合,合反不如离"'。1940 年 11 月 4 日,父亲'赴 F.T.(陈福田)请便宴,商清华系务。……席间议请书(钱锺书)回校任教。忌之者明示反对,但卒通过'。父亲与寅恪伯父稍感宽慰,但钱君已不愿返回。"[1] 好马是不吃回头草的,

_____

〔1〕转引李洪岩. 智者的心路历程——钱锺书生平与学术. 石家庄:河北教育出版社,2002.

更何况,当时叶公超、陈福田等仍是西南联大外文系的头头。

所以钱锺书从国师辞职并非为了重返西南联大,主要是为了与妻子女儿团聚。至于辞职,除此之外,还有一个重要的政治原因。1939年10月,当时的《教育部为国民党六中全会撰写的教育报告书》"甲.高等教育"第(4)条"改进专科以上学校训育"说:"专科以上学校在组织上既须设立训导处,教育部呈准中央执行委员会组织专科以上学校训导人员资格审查委员会,颁布条例,审查训导人员之资格。凡国民党党员曾任大学教授或专科学校专任教员二年以上,著有成绩,学望品行足资表率,经审查合格者,得充任大学训导长或专科学校训导主任。国民党员在国内外大学毕业,曾任专科以上学校助教,经审查合格者,得充任专科以上学校训导员。近已令各校呈荐训导员人员资格备审。"〔1〕根据当时国民党中央的决定,任专科以上高等院校的主任级职务的人或导师都必须是国民党党员。如果不是,必须两年内参加中央训练委员会训练团党政训练班的受训,然后加入国民党。到1941年暑假,钱锺书任国师英文系主任和导师已两个年头了,如果要继续聘任,下半年就必须去参加中央训练委员会训练团党政训练班的受训,并加入国民党。对此,"坚持不参加任何党派"〔2〕的钱锺书是坚决不会干的,于是,只能辞去英文系主任之职。

1941年下半年,钱基博也被以健康原因为借口而"解除国文系主任职,专任教课",但并非学校要解除他,钱基博在《自我检讨书》中紧接着说:"不过院长廖世承,和我在光华十年共事,所以有

〔1〕中国第二历史档案馆.中华民国史档案资料汇编(第5辑·第2编·教育).南京:凤凰出版社,1997.
〔2〕杨绛.杂忆与杂写.北京:生活·读书·新知三联书店,2017.

事,都就我商。"解除的原因是当时教育部的规定。其实,接替国文系主任的刘异比钱基博年龄更大,已是五十八岁了,并且身体可能不健康,担任系主任后不久就去世了,可见解除钱基博系主任的原因绝不是年龄、身体。从国师档案中可看到,1941 年 7 月 18 日有一份国师呈教育部文案:"兹遴选本院教授公民训育系主任袁哲、暨史地系副教授萧熙群两员参加第十六届党政人员训练……"[1]这些人要继续当系主任或准备升为系主任就必须去参加训练,并加入国民党。这也是国师许多老教授如锺泰、马宗霍等不愿当系主任的原因。

国师一放暑假,钱锺书就准备回上海。人们常说"条条大道通罗马",但在当时,走哪条路线回上海,确实是一道大难题。去年暑假那条回上海而没走通的路线仍然不能走,去年张贞用那条经浙江宁波再到上海的艰险路线,肯定也不敢走。他可能选择从蓝田涟水河坐船向东到湘潭,涟水河在湘潭汇入湘江。然后坐船溯湘江而上,通过灵渠到广西,再转越南海防乘轮船回上海。这可能是经过史地系教师指点,或者是冯振一首诗的提醒。

冯振(1897—1983),广西北流人。原名冯汝铎,字振心,自号"自然室主人"。1910 年夏,随叔父往上海就学,"是近代国学大师陈衍(石遗)、唐文治(蔚芝)的得意门生。陈、唐二人在经学、诗学、训诂学方面功力过人,都有独到的成就。冯先生在上海受业这二人门下,加上个人勤奋努力,亦自学得扎扎实实。他在《自然室诗稿》中有两句:'海内大师今几辈,天涯何幸得相亲。'说的就是自己有幸得到这样的名师指点。后来在 1933 年印刷《自然

---

〔1〕湖南省档案馆档案:全宗号61,目录号1,案卷号1.

室诗稿》时,陈衍还亲笔为他题写书名"[1]。1927 年至 1949 年,任无锡国立专修学校教师,兼教务主任等职。1927 年无锡国学专科学校校长唐文治特聘钱基博为该校教授兼校务主任。冯振与钱基博两人有亲密交往;钱锺书与陈衍有忘年之交,这样冯振与钱锺书也有交情。1935 年钱锺书与杨绛结婚,冯振写有《钱默存新婚即偕往英京留学赋此志贺》一诗。诗曰:"从此连枝与共柯,不须更赋忆秦娥。词源笔阵驱双管,鬓影眉峰艳两螺。坐驾波涛度瀛海,羞谈牛女隔天河。张华妍冶休轻拟,要识风云气自多。"[2]1937 年,无锡国学专修学校迁往湖南长沙,1938 年迁至桂林、北流。1940 年冯振寄信到蓝田,信中有诗《寄钱子泉先生暨默存世兄湖南蓝田师范学院》,诗曰:"浪迹江南岁月深,君家父子托苔岑[3]。文章早许追洵轼,学术何惭继向歆。每忆旧游如隔世,再难一面到而今。漓江水接湘江水,直到湘西寄此心。"[4]可能就是这"漓江水接湘江水,直到湘西寄此心"的诗句启发了钱基博和钱锺书,决定了钱锺书与徐燕谋回上海的路线。

临行之前,钱锺书将《谈艺录》的原稿本"付忠匡藏之",与朋友、学人告别,写有《留别学人》诗一首,诗曰:

> 担簦挟策集英才,漫说春风到草莱。
>
> 偶被天教闲处著,遽看朋误远方来。
>
> 黄茅白苇腾前笑,积李崇桃付后栽。

〔1〕梁漱溟. 我和冯振先生. 冯振. 自然室诗稿与诗词杂话. 桂林:广西师范大学出版社,1989.

〔2〕冯振. 自然室诗稿与诗词杂话. 桂林:广西师范大学出版社,1989.

〔3〕苔岑,指志同道合的朋友。

〔4〕冯振. 自然室诗稿与诗词杂话. 桂林:广西师范大学出版社,1989.

转益多师无别语,心胸万古拓须开。[1]

　　诗的大意是说,担着书箱、行李来蓝田读书,光明山汇集了各方英才,就像春风吹到了荒芜之地。自己偶然被上天安排在这清闲之地(收获颇多),朋友们当时认为我仓猝远来蓝田是错误的(今天看来,我来这里是值得的)。自己学识不广博,以前就被人嘲笑过;[2]我离开后,培养人才的事只能留给后来的老师去做了。在这留别时刻,没有其他话相赠,赠给一句杜甫的"转益多师";希望你们拓宽自己的胸怀,吸纳古今知识。

　　这首诗是钱锺书写给为他送行的学生的,师生相别,依依不舍,叮嘱勉励。

　　临行前的晚上,突然下了一场大雨,真是天助我也! 就如杜甫闻官军收河南河北那样,钱锺书"漫卷诗书喜欲狂"。远行,谁都希望是晴天。1939 年,钱锺书在昆明时就写了一首《苦雨》诗,诗曰:

　　　　生憎一雨连三日,亦既勤渠可小休。
　　　　石破端为天漏想,河倾弥切陆沉忧。
　　　　徒看助长浇愁种,倘许分沾补爱流。
　　　　交付庭苔与池草,蚓箫蛙鼓听相酬。[3]

　　这诗的大意是,最恨一连三天下着雨,直到现在,天还殷勤下

---

〔1〕钱锺书.槐聚诗存.北京:生活・读书・新知三联书店,2003.
〔2〕李洪岩.智者的心路历程——钱锺书生平与学术.石家庄:河北教育出版社,2002.
〔3〕钱锺书.槐聚诗存.北京:生活・读书・新知三联书店,2003.

着雨,一刻也不停。叫人想起,这确实是女娲炼石补天处,石破天漏了;担忧江河横溢,水淹大地。如果分沾一点汇聚如流的众多情欲,但只看到雨水把心中的愁种浇得发芽疯长。[1]

把它交给庭院里的苔藓和池沼旁的小草,听蚯蚓夏夜鸣如箫来作为对它的酬答。[2]

为什么这次钱锺书会因下了大雨而兴奋呢?

这是因为平时涟水河水浅而滩多又险,从蓝田到湘潭这段水路行船艰难。杨建平、李朝华收集整理过当时有一首叫《涟水行船歌》的民谣,描写水路从蓝田到湘潭要过长滩、秤石滩、老君滩、菜油滩、皂角滩、鸬鹚滩、鲇鱼滩、木皮滩、鲤鱼滩、滑石滩、唐家滩等十一个险滩。

近代新闻史的一代著名报人、社会活动家、史学家、诗人李抱一,是今湖南省新邵县坪上镇长塘村人,距蓝田不远。他写了一篇《涟水舟行半月记》,记叙涟水乘舟去省城长沙的艰险经历:民国"二十三年十月二十二日,予由安化蓝田市买舟下省"。如果在春天,"……涟水上游,高江急峡,如逢春涨,日可行一二百里"。但此时"秋水既落,石骨森立,最浅处仅数寸,舟如胶结。舟人往往脱裤负之前趋,于喁之声满江。沿江多筒车,车水以灌田。一车必有坝,日逢车数十,坝亦数十。蓝田以下坝至高者,为大乌鸡坝、小乌龟坝。高各数尺,悬溜如瀑,当湍之处,仅容一艘。上行船最难,须数十百人缆牵始可徐上。缆粗如儿臂,石受啮处,缝深数寸,[非]积人之力,当不可已。故常须集多船,通力合作,始敢

---

[1]钱锺书自注:"《文选·王简栖〈头陀寺碑〉》:'爱流成海。'善注:'《瑞应经》曰:"感于世间没于爱欲之海。"'"
[2]钱锺书自注:"赁寓小园有池,雨后蛙声如沸矣。"

从事。下行船遇之,遝不能行,动须后半日。亦尝积泊至数十,满江舟楫,不辨上下,凌乱咽溢,更难通矣。故蓝田船以乌龟坝为一关。乌龟坝较乌鸡坝更高。水如过浅。则须封坝,封一坝不足,更须历封以上各坝,远至于十数里外。候其蓄水已满,以次决之,舟始乘流下行"。这天"乘流顺进,未逢阻遏。一日行五十余里",但有时则一日"行三十里"。更叫人焦急的是,有时,水浅,要等封坝蓄水,"往往胶守六七日"。这一次,李抱一"离家八日,仅行一百余里至于娄底"。[1] 这对归心似箭的人来说,会是何等痛苦的事!

幸好天下大雨,涟水河就好行船了! 钱锺书在蓝田写了最后一首诗《骤雨》,曰:

> 大暑陵人酷吏尊,来苏失喜对翻盆。
> 雷嗔斗醒诸天梦,电笑登开八表昏。
> 忽嘻雄风收雨脚,渐蜷雌霓接云根。
> 苍苍似为归舟地,试认前滩水涨痕。[2]

这首诗大意是说,暑热侵袭人体像执法严苛的酷吏不可亲近;倾盆大雨带来的喜悦[3],就如百姓盼望明君来解脱他们的苦难。突然雷霆隆隆,一声大怒,把天神从梦中唤醒,闪电撕开了八方之外的昏暗。大风呼啸,赶走了黑云,大雨停了,彩虹从深山高

〔1〕李抱一. 文史杂著. 长沙:湖南人民出版社,2009.
〔2〕钱锺书. 槐聚诗存. 北京:生活·读书·新知三联书店,2003.
〔3〕来苏,形容百姓盼望明君来解脱其苦难。语出自《尚书·仲虺之诰》:"徯姐之民,室家相庆,曰:'徯予后,后来其苏。'"南朝虞和《明君大雅》:"民庆来苏日,国颂熏风诗。"失喜,喜极不能自制。

远云起之处飞架天空。试认眼前河滩涨水的痕迹,苍茫一片,好似归舟之地的黄浦江口,好行船啊!

由于路上一帆风顺,钱锺书没有留下文字。也是这年夏天,时任湖南省立第一临时中学校长并在国师兼过课的熊梦飞坐船从涟水转湘江去耒阳,与钱锺书同一段航程。熊梦飞写了一首《赴耒阳涟水舟中》诗,诗中描写道:"连朝山雨涨满滨,好趁孤帆访故人。日午深潭沉树影,矶高疏网见鱼鳞……"涟水河水涨,船帆风顺,沿途一派诗情画意的情景。

钱锺书虽然离开蓝田回到了上海,但是还心系着蓝田,眷恋着国师。除与父亲保持通信外,还将自己写的诗,继续投寄到国师的报刊上发表。解志熙《文本的隐与显——中国现代文学文献校读论稿》有《"默存"仍自有风骨——钱锺书在上海沦陷时期的旧体诗考》一文,文中说:"钱锺书写于上海沦陷区的 12 首诗,除《吴眉孙先生示卖书词赋此慰之》3 首外,其他 9 首都刊登在蓝田国立师范学院的刊物《国力》月刊上,那显然是他寄去发表的,其明心见性之寄托灼然可感。"

刊登在《国力》月刊上的九首诗,只有《得龙丈书却寄》一首经修改后收入《槐聚诗存》,但诗题改为《得龙忍寒金陵书》。现将这九首诗抄录如下。

发表在《国力》月刊第二卷第九、十期合刊(1942 年 10 月 20 日)上,署名"默存"的《夜坐》。

发表在《国力》月刊第二卷第十二期(1942 年 12 月 20 日)上,署名"钱默存"的是:

叔子来晤却寄

斗室谈诗席尚温,堂堂交谊不磨存。

是非莫问心终谅,悲喜相看语屡吞。

志在全躯保妻子,事关孤注赌乾坤。

思君梦入渔洋句,残照西风白下门。

发表在《国力》月刊第三卷第一期(1943 年 1 月 20 日)上,署名"钱默存"的是:

重阳独登市楼有怀李拔翁病翁去岁曾招作重九

新来筋力上楼慵,影抱孤高插午空。

四望忽非吾土地,重阳曾是此霜风。

肃清开眼输宾客,衰病缠身念秃翁。

太息无期继佳会,借栏徙倚更谁同?

得龙丈书却寄

缄泪书开未忍看,差堪丧乱告平安。

尘嚣自惜缁衣化,日暮谁知翠袖寒!

浩劫[1]身名随世没,危邦歌哭尽情难。

哀思各蓄怀阙笔,和血题诗墨不干。

发表在《国力》月刊第三卷第二期(1943 年 2 月 20 日)上,署名"钱默存"的是:

---

[1]原刊"浩"后一字漫漶不清,试补"劫"字。

漫兴

诗书卷欲杜陵颠,耳语私闻捷讯传。

再复黄河收黑水,重光白日见青天。

雪仇也值乾坤赌,留命终看社稷全。

且忍须臾安毋躁,钉灰脑髓待明年。

发表在《国力》月刊第三卷七、八期合刊(1943 年 8 月 15 日)上,依次署名"钱默存""前人"的是:

颂陀表文(丈)惠赠《黄山雁宕山纪游诗》《箫心剑气楼诗存》 并以蒲石居未刻诗属定敬呈二律

市朝大泽学湛冥,阅世推排验鬓星。

得助江山诗笔敏,难浇垒块酒杯停。(丈止酒有诗)

纫蒲转石征心事,说剑修箫足性灵。

此日生涯惭故我,廿年辜负眼长青。

不屑酸吟饭颗山,自然真气出行间。

纸穿用必狮全力,管测文曾豹一斑。(丈以余未睹其已刊诗故悉举相赠)

换骨神方参药转,解尸仙术比丹还。

语言眷属犹堪结,况许姻亲两世攀。

大梁刘季高汇所撰读史论兵之文为《斗室文存》乞点定赋赠

吾乡老辈差能说,二士风流子得如。

惠麓酒民托洴澼(袁宫桂《洴澼百金方》),宛溪居士纪方舆(顾祖禹《读史方舆纪要》)。

千年赴笔论青史，万甲撑胸读素书。

磊落伊予拼懒废，只供商略到虫鱼。

发表在《国力》月刊第三卷第九期（1943 年 9 月 20 日）上，署名"默存"的是：

病中得步曾文（丈）书却寄之二

博物从知君子宜，诗人况自爽天机。

楚骚草木征刘杏，毛传虫鱼疏陆机。

山水友多词有托（宋王质《绍陶录》有山友、水友诸词，皆咏鱼鸟草木，以慨身世），园田居近望难归（渊明有《归园田居》诗，丈返赣掌太学，因故乡阻兵，匡山读书而迄未返也）。

待看演雅宗风继，鸥没江南事大非。

至于《大梁刘季高汇所撰读史论兵之文为〈斗室文存〉乞点定赋赠》署名"前人"，是当时署名的习惯，是指此诗的作者与前一首的作者是同一个人。

刘季高是谁呢？刘季高，1911 年出生于江苏镇江。幼时从父受业，由父亲自教诗和古文辞，同时进私塾读书。1933 年，他考入上海中华书局，任文书，得以饱览中华书局图书馆丰富的藏书，尤喜读地理历史著作。1938 年，他以数篇论文，获聘为震旦女子文理学院高中部国文与历史教员。两年后担任大学部讲师，讲授中国通史。1943 年晋级为副教授。1946 年晋级为教授，兼任大同大学国文讲席。1953 年 9 月，任复旦大学中文系教授。

在《刘季高文存》里还有多首和钱锺书酬唱的诗,可见两人交往是密切的。蒋凡《记季高先生及其〈斗室诗集〉》一文中说,刘季高"对于友人,以诗共勉,相期断金,其诚挚相知之,自由倾泄而出。如《赠默存》曰:'睹面三年久,相知此日深。才高倾老宿,识透印禅心。月旦严斤斧,文章掷石金。天涯同局处,握手一沉吟。'默存,即现代学术大师钱锺书先生。钱、刘二位先生多有往返赠答之作。锺书先生《酬季高》诗有句:'诗见忧时切,功闻汲古深。群经笥在腹,细律发如心。'又其《刘季高以〈斗室文稿〉见示赋此奉赠》句云:'千年赴笔论青史,万甲撑胸读素书。'对先生的道德学问及诗词文章,给予了恰如其分的评价。钱、刘二先生互为挚友知音。"[1]

这是钱锺书把又一位挚友知音引向蓝田,引向国师,这是他对蓝田、对国师的一种思念。

蓝田,是钱锺书忧乐相思之地,也是他诗作的一个高潮之地、散文丰收之地、学术著作《谈艺录》的发轫之地、《围城》孕育之地,也是值得他怀念之地。钱锺书没有枉来蓝田,也不为任教国师而后悔。

据说20世纪80年代,涟源市曾有人在北京参加一个会议,钱锺书向此人询问过蓝田的情况。1985年钱锺书还将写于蓝田的《山斋凉夜》一诗抄录寄赠给湖南著名学者、出版家锺叔河,并说明是"四十年前寓贵省时作"。[2]

将李白《闻王昌龄左迁龙标遥有此寄》中的诗句"我寄愁心与

---

〔1〕刘芳荪、陈尚君等. 刘季高文存. 上海:上海古籍出版社,2009.
〔2〕锺叔河. 钱锺书《山斋凉夜》诗. 湘水. 长沙:岳麓书社,2014.

明月,随君直到夜郎西"改为"我寄诗心与明月,随君直到蓝田城",来形容回到上海的钱锺书对蓝田、对国师的怀念之情,是很恰当的。

钱锺书没忘记蓝田,涟源人民也没有忘记国师和钱锺书这群知识分子留下的宝贵的文化遗产,在李园(今市委市政府办公大院)与国师二院(今涟源一中)之间建起了一堵约40米长的浮雕墙,再现国师创办和廖世承、钱基博和钱锺书等这群知识分子的形象和业绩。涟源一中1980届校友毕业35周年聚会将一尊钱锺书铜像献给母校,铜像根据钱锺书曾在杨家滩镇参加英文系教授汪梧封婚礼时的合影照中的影像设计,由涟源一中校友、雕塑家胡巍设计,全铜铸造,矗立在光明山顶广场上。2015年10月3日,秋高气爽,彩旗飘扬,老校友与在校师生汇聚一起,在涟源一中光明山广场举行钱锺书铜像揭幕仪式。钱锺书铜像被绿树相拥,鲜花相簇;面朝东方,凝视远方,一手持书,仿佛从图书馆借书出来,漫步在校园路上,衣襟飘动,神采飞扬。他将永远和莘莘学子在一起,沐浴校园书香,激励后辈学子牢记"转益多师无别语,心胸万古拓须开"的叮嘱,化作攀登科学文化高峰的力量。

后　记

　　2021 年 3 月 25 日,应邀参加涟源市共青团团委举办的读《围城》的读书会。与会者大部分是青年人,还有几个高中学生。大部分人都谈到,最初读《围城》,或读不懂,或读不下去。其实,三十年前,我也是硬着头皮读完的,并且没留下多少印象。只是以后,随着研究国立师范学院校史和钱锺书在蓝田的这段经历,才慢慢地有点收获。因为要读懂《围城》,要读出它的个中三昧,需要有背景知识,需要缩短与作者的学识差距。不了解背景,就不知哪些是讽刺和讽刺什么;没有一定的学识水平,就读不出其中的幽默来。我把《围城》送给文化水平不高的原国立师范学院的一位校工看,他比我们的高中生还读得有兴趣一些,因为他了解背景。

　　于是,更坚定了我开始写这本书的一个想法:应该把钱锺书在蓝田的这段经历写出来,包括钱锺书在蓝田时的思想品性和情感,提供有关《围城》的背景知识,有助于读者读懂《围城》。

读书会后，对书稿再进行了修改，想努力达到上述目的。但自己水平有限，要做到学术性与文学性兼顾，还是有困难。与钱锺书关系密切且情意甚笃的古代文学研究专家吴忠匡先生在《记钱锺书先生》一文中说，钱锺书"诗由于过分的雕琢，句意无不晦涩，要读懂它实在很费力气"。本人花了几年时间逐字逐句对钱锺书《槐聚诗存》里的诗进行了注解，部分成果便用在这本书里。

王安石在《游褒禅山记》里说得好："尽吾志也而不能至者，可以无悔矣，其孰能讥之乎？"

本书引用了众多资料，在此，向这些资料的拥有者表示衷心的感谢。还要衷心感谢曹亚瑟先生，是他将书稿推荐给出版社；也要衷心感谢编辑的辛劳；最后要感谢妻子，操持家务，支持我的写作。

2018 年 10 月 3 日初稿于龙塘镇龙欣村松谷园
2020 年 1 月 3 日修改于松谷园
2021 年 4 月 25 日再修改于松谷园